한국 시민교육론

- 학교 시민교육, 무엇을 어떻게 할 것인가? -

이 책은 2019년 대한민국 교육부와 한국연구재단의 지원을 받아 수행된 연구임
(NRF-2019S1A5C2A02083314)

CITIZENSHIP
EDUCATION
THEORY

한국 시민 교육론

학교 시민교육, 무엇을 어떻게 할 것인가?

강대현 설규주 송미리 송현정
이승연 전영은 정문성 정수진
공저

동문사

머리말

그동안 우리나라에는 시민교육에 대한 논의가 부족하였다. 그리고 대부분의 논의도 외국 시민교육 사례를 언급하면서 이러한 시민교육이 국내에서도 이루어져야 한다는 내용이 주를 이루었다. 특히 우리나라 학교에서 시민교육이 어떻게 이루어지고 있는지에 대한 구체적인 논의를 찾아보기 힘들었다. 이 와중에 저자들은 2018년 교육부 정책 연구에서 우리나라 학교 시민교육에 대해서 전반적으로 살펴볼 기회를 가지게 되었다. 이 책에서는 당시 연구 내용을 기초로 하여 우리나라에서 왜 시민교육이 필요하고, 현재 학교를 중심으로 어떻게 시민교육이 이루어지는지를 살펴보고 외국의 사례를 참고하면서 앞으로의 학교 시민교육 방향을 모색하고 있다.

이 책은 크게 네 부분으로 구성되어 있다. 제1부에서는 시민교육에 대한 기초적 논의를 토대로 시민교육의 의미와 유형, 우리나라 시민교육의 방향을 모색하고 있다. 제2부에서는 우리나라 시민교육의 역사와 학교 시민교육의 변천 및 현황을 살펴보고, 학교 시민교육의 실태 분석을 토대로 우리나라 시민교육의 특징과 과제를 제시하고 있다. 제3부에서는 독일, 미국, 영국, 프랑스 등 다른 나라의 시민교육을 초·중등학교를 중심으로 살펴보고 있다. 제4부에서는 시민교육 활성화를 위한 학교 교육과정의 개선 방향을 탐색하고, 교과 및 교과 외 교육과정의 개선 방안을 제시하고 있다.

이 책의 내용 구성을 좀 더 구체적으로 살펴보면 다음과 같다. 우선, 서론에서는 민주주의의 일상화와 공고화를 위해서 그동안 우리나라에서 이루어진 다양한 형태의 시민교육을 반성하고, 민주적인 공동체에서 더불어 살아갈 수 있는 시민의 자질을 함양하기 위해 학교에서 체계적인 시민교육이 이루어져야 한다는 점을 강조하고 있다. 그리고 이를 위해 이 책의 목적이 시민교육의 의미와 방향에 대한 논의를 토대로 우리나라와 다른 나라의 학교 시민교육 사례를 살펴보고, 시민교육 활성화를 위한 학교 교육과정의 개선 방향을 탐색하여 교과 및 교과 외 교육과정의 개선 방안을 마련하는 것이라는 점을 밝히고 있다.

제1부는 시민교육의 의미와 우리나라 시민교육의 방향을 탐색하는 3개의 장으로 구성되어 있다. 1장에서는 우리나라 시민교육의 추진 경과를 살펴보고, 우리나라 시민교육 연구의 경향과 시사점을 검토하고 있다. 그리고 다른 나라 시민교육의 특징을 살펴보고 다른 나라 시민교육에 대한 국내 연구의 경향과 시사점을 검토하고 있다. 2장에서는 우리나라도 민주화의 진전에 따라 시민교육 선진국처럼 ① 준법 성향, ② 정치참여 성향, ③ 존중의 정신(성향)을 지닌 시민을 길러야 한다고 주장한다. 그리고 이러한 시민 양성을 위해 어떤 유형의 시민교육이 가능한지를 살펴보고, 학교에서는 교과 및 교과 외 교육과정, 잠재적 교육과정 등을 통해 체계적인 시민교육을 실천해야 한다고 주장한다. 3장에서는 우리나라의 사회적 요구에 기초하여 향후 시민교육의 방향과 학교의 역할을 검토하고 있다. 향후 우리나라의 시민교육은 ① 쟁점 중심 토론을 통한 비판적 사고력 증진, ② 전인적이고 종합적인 시민 양성, ③ 민주적 과정 및 절차의 준수와 학교 및 교사의 자율권 강화, ④ 관용과 연대를 통한 사회통합 추구, ⑤ 세계 시민으로서의 자질 함양 등 5가지 방향을 지향하되, 학교의 정규 교육과정을 효과적으로 활용하고, 학교를 학생의 정치참여 공간으로 구성하고, 학교 밖 다양한 기관과의 연계 등을 통해 이를 추진해야 한다고 주장한다.

제2부는 우리나라 시민교육의 역사와 학교 시민교육의 과거, 현재, 미래를 다룬 4개의 장으로 구성되어 있다. 4장에서는 우리나라 시민교육의 전반적인 역사를 다루면서 우리나라에서 시민교육이 실질적으로 이루어지기 시작한 1987년 민주화를 기준으로 그 이전과 이후의 시민교육을 살펴보고 있다. 5장에서는 교과 교육과정과 범교과 학습 및 창의적 체험활동의 변화를 통해서 학교 시민교육의 변천 과정과 현황을 분석하고 있다. 특히 시민교육의 중핵 교과인 사회과와 도덕과의 변천 과정을 검

토하면서, 6차 교육과정부터 비로소 사회과와 도덕과를 중심으로 시민교육을 위한 실질적인 노력이 전개되어 왔음을 확인하고 있다. 6장에서는 교사 대상 설문 조사 결과를 토대로 학교 시민교육의 실태와 개선 방안을 제시하고 있다. 이를 통해 학교 시민교육에 대한 교사들의 인식을 살펴보고, 아직까지 시민교육에 대한 인식과 관심이 부족한 것을 확인하고 있다. 7장에서는 그동안 우리나라 시민교육은 전반적으로 국민교육, 합리적인 경제행위자 교육, 학교를 중심으로 한 교과 교육 형태로 전개되어 왔으며, 아직까지 학교 체제와 문화를 통한 시민교육을 하는 데까지는 이르지 못한 점을 지적하고 있다.

제3부는 다른 나라의 시민교육 사례를 학교를 중심으로 살펴보는 4개의 장으로 구성되어 있다. 8장에서는 독일의 시민교육이 미국의 영향하에 시작되었지만 보이텔스바흐 합의에 기초하여 주 차원에서 다양한 접근이 점진적으로 이루어져 왔고, 학교와 학교 밖의 시민교육의 연계가 잘 이루어지고 있음을 확인할 수 있다. 9장에서는 미국의 시민교육이 학교 교육에 근간을 두고 있으며, 연방이나 주차원의 정부 기관이 시민교육을 직접 주도하는 대신 다양한 기관에서 자율적으로 운영하고 있고 학생들의 선택권이 보장되고 있음을 확인할 수 있다. 10장에서는 영국의 시민교육이 정치적인 논쟁을 극복하고 제도화되는 과정을 살펴보면서, 관련 자문위원회를 통해서 다양한 의견을 수렴한 후에 시민교육을 위한 국가 정책을 수립하고 학교가 시민단체나 청소년단체와 협력하여 시민교육을 실천하면서 체험과 실천 중심으로 이루어지고 있음을 확인할 수 있다. 11장에서는 프랑스의 시민교육이 민주적 가치와 비판적 이성의 형성을 강조하며 초등학교부터 고등학교까지 시민교육 관련 과목을 이수하도록 의무화하고, 학생들이 경험할 수 있는 실제 쟁점에 대해 토론하면서 자신의 권리를 인식하고 실천할 수 있는 기회를 제공하고 있음을 확인할 수 있다.

제4부는 시민교육을 위한 교육과정 개선 방향과 방안을 제시하는 3개의 장으로 구성되어 있다. 12장에서는 왜 시민교육을 위해서 학교 교육

과정 개선이 필요한지에 대해서 언급하고, 향후 학교에서 어떤 교과목과 내용으로 시민교육을 강화하는 것이 효과적인지를 검토하고, 시민교육에 기여하기 위해 범교과 학습 주제 및 창의적 체험활동 등을 어떻게 개편하는 것이 나을지를 살펴보고 있다. 13장에서는 기존 교과 체제를 개편하여 시민 교과를 개설하는 방안, 기존 교과 체제를 유지하면서 시민 과목을 개설하는 방안, 기존 교과목 체제를 유지하면서 사회과와 도덕과를 중심으로 시민교육 내용을 강화하는 방안을 제시하고, 그 특징과 문제점을 검토하고 있다. 14장에서는 범교과 학습 주제의 범주를 재설정한 후, 현재 교과 수업과 향후 교과 교육과정 개정에서 범교과 학습 주제가 여러 교과에 걸쳐 제대로 다루어질 수 있도록 재구성하고 있다. 또한, 학교 밖과 연계한 체험 위주의 창의적 체험활동이 운영될 수 있는 방안을 마련하고 있다.

앞에서 밝힌 바와 같이 이 책은 저자들이 교육부 정책 연구에 참여하면서 기본 내용을 마련한 것이다. 그리고 이를 토대로 전북대 사회과학연구소의 한국연구재단 인문사회연구소 지원 사업 '파편사회의 정체성 경합과 시티즌십의 재구성' 팀의 총서로 기획하여 집필한 것이다. 이 책의 집필을 지원해 주신 교육부 및 한국연구재단과 전북대 사회과학 연구소에 감사드린다. 그리고 이 책의 출판을 격려해 주신 동문사 이중수 사장님과 임직원 여러분께도 감사드린다.

2022년 12월 전주에서

저자를 대표하여

강대현

차례

제 3 부 | 다른 나라의 학교 시민교육

제 4 부 | 학교 시민교육 교육과정의 개선

부 록

서론(Introduction)

■ 학교 시민교육의 중요성

현대 민주주의의 핵심은 시민 참여에 있다. 그리고 가장 공식적이고 제도적인 시민 참여 형태는 선거라고 할 수 있다. 시민 참여가 없는 선거는 상상할 수 없다. 왜냐하면 시민의 정치적 의사를 집약·표출하여 정책화하고, 궁극적으로 정치권력에 정당성을 부여하는 제도적 장치가 바로 선거이기 때문이다. 민주주의는 이러한 선거를 비롯한, 시민의 적극적인 정치 참여로 유지된다. 따라서 다수의 시민이 선거에 무관심하다면 민주주의는 심각한 위기에 직면할 가능성이 높다(박명호 외, 2011: 102-103).

또한, 선거 등 대의 민주주의의 한계를 극복하기 위한 보다 직접적인 방식의 시민 참여도 요청된다. 근래에 있었던 원자력 발전, 대입 제도에 대한 공론조사에서도 알 수 있듯이 우리 사회의 쟁점이 되는 현안에 대해 시민의 직접적인 의사 표현과 더불어 집단적인 숙의가 필요한 상황이 종종 등장하고 있다. 이처럼 우리 사회에서 대의 민주주의를 보완하는 형태의 직접 민주주의의 경향은 점차 확대될 것으로 보인다.

따라서 민주주의의 제도화를 넘어서서 민주주의의 일상화와 공고화를 위해서 현재 세대의 다양하고 적극적인 시민 참여가 필요하다. 동시에 미래 세대를 위한 시민교육 또한 민주주의의 유지와 성숙을 위해 필수적으로 요청된다. 우리나라는 4·19 혁명, 5·18 광주민주화운동, 6월 민주항쟁 등을 경험하면서 정치적·제도적 민주주의의 수준을 제고해 왔다. 그리고 2016~2017년 촛불집회와 그 이후 미투(me too) 운동 등을 거치면서 정치적·제도적 민주주의를 넘어 일상의 민주주의를 추구하는 단계로 나아가고 있다.

그런데 민주주의 일상화 혹은 일상생활의 민주화는 법과 제도의 개혁만으로는 완성하기 어렵고, 시민교육 등 시민의식 개혁을 통해서 이루어져야 하는 부분이 많다. 법적·제도적 불평등만이 아니라 개인이나 집단 간에 일상적으로 나타나는 차별과 편견도 우리가 극복해야 할 오랜 불평등에 해당한다. 이런 점에서 근래에 벌어진 미투 운동은 남성과 여성 간 불평등을 넘어서서 자유롭고 평등한 민주 사회를 지향하는 바람직한 움직임이라 할 수 있다.

한편 우리의 일상생활 공간인 사회의 민주화 수준이 매우 높다면, 우리는 시민교육의 내용이나 방법에 대한 근본적인 고민을 할 필요가 없을 것이다. 우리가 일상을 살아가는 공간 자체, 그리고 그 속에 서 있는 우리 자신의 모습 자체가 곧 미래 세대가 시민으로 자라날 수 있는 좋은 터전이자 본보기가 될 것이기 때문이다. 즉, 우리의 공적 문화 자체가 민주적이라면 우리는 구태여 미래 세대의 시민교육을 위해 별도로 노력할 필요가 없다. 우리 아이들이 우리 사회 속에서 자연스럽게 좋은 시민으로 자라날 것이기 때문이다.

그러나 현실은 그렇지 않다. 아무리 정치 선진국이라 할지라도 시민교육이 자연스럽게 이루어지는, 이상적으로 민주화된 사회를 만들기는 쉽지 않다. 우리 사회의 일상은 때로는 평온한 모습을 보이다가도 순식간에 그동안 잠재되어 있던 억압과 불평등이 표출되는 공간이기도 하다. 또한, 제도권에 속해 있는 학교 교육이 일상의 공간에서 결실을 맺기보다는, 때로는 학교 교육 자체가 비민주적인 방식으로 이루어져 오히려 일상을 왜곡시킬 수도 있고 때로는 학교 교육이 너무 피상적으로 이루어져 일상에 의미 있는 자극과 변화를 주지 못하는 경우도 발생한다.

이러한 현실에서, 우리 사회는 그동안 실시해 온 다양한 형태의 교육과 시민교육에 대한 성찰을 통해 민주주의의 일상화와 공고화를 위한 새로운 교육적 전망을 제시해야 할 과제를 안고 있다. 특히 우리 사회에서 더욱 거세지는 민주화, 세계화, 다문화적 변화 등의 흐름 속에서 제도적인 영역은 물론 일상의 공간에서도 시민교육이 기대하는 열매를 맺을 수 있도록 하기 위해서는 '학교'라는 공식적 기관에서, '교육과정'이라는 제도적 장치를 통해 이루어지는 시민교육의 문제점과 과제를 분석하여 이를 개선할 필요가 있다.

우리나라 학교 시민교육의 현황

우리 사회의 민주주의를 공고화하기 위해 시민을 양성하는 노력은 학교와 사회에서 이루어질 수 있다. 그래서 시민교육은 학교 시민교육과 학교 밖 시민교육으로 나눠 볼 수 있다. 이러한 구분은 동시에 아동 및 청소년 대상으로 하는 시민교육과 성인 시민교육의 구분으로도 볼 수 있다. 그러나 아동 및 청소년도 학교 밖에서 여러 정치 활동에 참여할 수 있고, 성인도 평생교육의 관점에서 학교로 돌아가서 재교육을 받을 수 있다는 점에 비추어 볼 때, 학교와 학교 밖 시민교육의 구분은 교육의 장소나 교육 대상의 연령보다는 오히려 시민교육과 시민참여(운동)의 우선순위에 따른 구분으로 보는 것이 더욱 적절할 수 있다.

즉, 학교는 시민교육을 우선순위에 두고 학교 안팎에서 학생들이 시민의식을 배울 수 있는 참여 기회를 제공하는 각종 프로그램과 풍토를 지원·조성할 수 있는 반면에 지역사회, 직장, 시민사회단체, 각종 미디어나 정보 매체는 시민참여나 시민운동을 우선순위에 두고 그것의 일환으로 각종 활동과 프로그램을 운영하여 시민교육의 기회로 삼을 수 있기 때문이다. 즉 학교 시민교육은 '교육과 교육을 위한 참여'라면, 학교 밖 시민교육은 '참여와 참여를 통한 교육'에 초점을 두고 있다.

이 책은 아동 및 청소년 등 미래 세대를 위한 시민교육에 보다 초점을 두고 있는데, 아동 및 청소년도 학교 시민교육과 학교 밖 시민교육을 동시에 받고 있다. 이를 좀 더 세분하면 아동과 청소년을 대상으로 하는 시민교육은 크게 ① 학교의 정규 교육과정(formal curriculum), 즉 학교 교과목 등으로 배우는 공식적인 학습 경험, ② 학교의 잠재적 교육과정(hidden curriculum), 즉 학교에서의 비공식적인 학습 경험, ③ 사회 관행적 교육과정(societal curriculum), 즉 학교 밖의 학습 경험 등으로 구분할 수 있다(Hepburn, M. A., 1983; 이광성 역, 2005: 22).

구체적으로 우리나라의 경우, 국가 수준의 교육과정 문서에 근거한 정규 교육과정을 통한 시민교육은 교과와 범교과 학습 및 창의적 체험활동 등으로 이루어져 왔고, 잠재적 교육을 통한 시민교육과정은 학교 환경 및 제도와 문화 속에서 교사와 동료 학생들과의 상호작용을 통해서 이루어져 왔다. 한편 사회 관행적 교육과정을 통한 시민교육은 가족, 이웃 및 지역사회, 국가 등에서 이루어지는데, 특히 최근 들어 대중매체 등 미디어의 영향력이 날로 커지고 있다.

이 책에서는 주로 정규 교육과정에 초점을 맞추어 학교 시민교육의 방향과 내용에 대해서 검토하려고 한다. 우선 정규 교육과정 중 교과를 통한 시민교육의 경우, 근대 이후 유럽에서는 지리(geography), 역사(history), 공민(civics) 또는 시민(citizen 혹은 citizenship)이라는 교과목 형태로 가르쳐 왔고, 20세기 들어 미국, 일본, 대만, 우리나라 등에서는 지리, 역사, 공민(시민)을 통합한 사회과(social studies)라는 교과 형태로 가르쳐 왔다. 현재 우리나라는 통합 사회과 체제를 형식적으로는 유지하고 있지만, 내용상으로는 지리, 역사, 사회과학[1](social science) 등의 교과 및 학문 중심 지식을 주로 전달하고 일부 지적 기능과 학문적 탐구 방법을 가르치는 형태를 띠고 있다(강대현 외, 2004; 강대현, 2009). 특히 우리나라의 경우, 사회과와 분리되어 '반공·도덕 생활'에서 시작된 도덕과도 가치 태도 교육 측면에서 인성 및 윤리, 통일 및 정치 교육 등의 내용을 중심으로 시민교육을 실시해 오고 있다.

따라서 시민교육을 위해서 어떤 교과 체제를 선택하고 해당 교과를 어떤 내용으로 구성해야 할 것인지에 대한 논쟁은 아직도 진행 중에 있다. 예컨대 오늘날도 사회과 교육과정의 성격, 목표, 내용에 대한 논쟁에서 사회 문제 중심 접근, 지리나 역사의 학문적 연구, 사회 정의를 위한 행동 등이 사회과 교육과정의 적정한 틀로서 계속해서 경쟁하고 있다(Ross, 2001). 그리고 이러한 논쟁의 와중에서, 통합 사회과 체제인 국가나 지리, 역사, 공민(시민) 등의 분과 체제인 국가를 막론하고, 대체로 교육과정이나 교과서에서는 사회과의 배경 학문이 되는 지리, 역사, 사회과학(정치학, 법학, 경제학, 사회학, 문화인류학 등) 등의 지식 체계를 중심으로 내용을 구성하고 학문적 탐구 방법을 안내하는 선에서, 소위 지식 중심 혹은 지식과 사고 중심으로 사회과 교육이 이루어져 왔다(강대현 외, 2004; 강대현, 2009; 이명희 외, 2000; 최석진 외, 2001).

한편 정규 교육과정 중 범교과 학습과 창의적 체험활동을 통한 시민교육은

---

1 우리나라에서는 공민(시민)이 일반사회와 도덕으로 분리되고, 일반사회는 사회과학 위주로 가르쳐지고 있다.

전반적으로 학교 현장에서 활성화되지 않았다. 그럼에도 불구하고 우리나라의 경우 범교과 학습 주제 중의 하나로 '민주시민교육'이 들어 있고, 이를 중점적으로 강조하는 시·도교육청과 학교들이 존재한다. 예컨대 경기도교육청, 인천시교육청, 서울시교육청 등은 '민주시민교육'을 강조하여 학교 현장에서 사용할 수 있는 교재를 만들고, 이를 창의적 체험활동 시간 등을 활용하여 가르쳐 왔다. 그러나 이러한 현상은 일부 시·도와 학교에 국한된 것으로 모든 지역과 학교에 일반화할 수는 없다.

이러한 현실과 상황을 고려하여, 이 책은 민주적인 공동체에서 더불어 살아갈 수 있는 시민 양성을 위해서 학교 교육과정 개선을 통한 체계적인 시민교육 방안을 마련하고자 한다. 이러한 목적을 위해 현재 학교에서 이루어지는 시민교육의 실태와 현황을 분석하고, 다른 나라의 시민교육 사례를 조사하고, 이에 기초하여 사회과와 도덕과 등 관련 교과목 개편을 통한 교과 중심의 학교 시민교육 방안을 검토하려고 한다. 그리고 이와 더불어 범교과 학습 주제 개편과 창의적 체험활동 활성화를 통한 교과 외 학교 시민교육 방안도 제시하려고 한다.

■ 우리나라 학교 시민교육의 실태

교과 교육과정과 교과 외 활동에 대한 시민교육 방안을 마련하기 위해서는 현재 학교에서 이루어지고 있는 시민교육 실태에 대한 분석이 필요하다. 그런데 학교 시민교육은 단순히 교과 및 교과 외 교육과정 등의 정규 교육과정뿐만 아니라 학교 체제와 문화 전반에 걸쳐 이루어져야 한다. 따라서 정규 교육과정 내용에 대한 분석 못지않게 학교 체제와 문화에 대한 반성도 요구된다. 따라서 이 책에서는 정규 교육과정뿐만 아니라 학교 체제와 문화에서 이루어지고 있는 학교 교육 전반에 대해서도 시민교육의 관점에서 성찰해 보려고 한다.

사실 의무교육 제도를 근간으로 하는 근대 학교는 자본가의 이익과 노동자의 이익 및 노동자 자녀의 행복을 주장하는 두 가지 입장의 교차점에서 발생한 제도였다. 그리고 이러한 의무교육은 대개 전통적인 교과 체제와 일부 새롭게 등장한 학문 체계를 기반으로 해서 사회적으로 합의된 지식과 기능, 사회적 기본 가치의 전달과 수용의 형태로 이루어져 왔다. 그 결과, 근대 산업 도시를 근간으로 하여 발생한 학교는 성립 초기부터 현재에 이르기까지 유사한 특징과 문제점을 지니게 되었다. 첫째, 학교는 성립 초기부터 그 성격상 권위적이고 관료적인 형태를 띠었다. 둘째, 학교의 규모가 커지면서 학생들의 소외가 지속적으로 발생하였다. 셋째, 학교의 일상적인 업무 관계와 교장의 리더십에서도 권위주의적이고 관료적인 풍토가 나타났다(강대현, 2009: 83-84).

우리나라의 경우 학교의 성격, 규모, 풍토 등 학교 제도의 일반적인 문제점 외에도 학교 체제와 문화, 특히 교실 및 수업 문화와 관련해서 몇 가지 문제점이 있다. 첫째, 우리 학교에서는 교육보다는 선발(변별)이 우선되고, 교수학습보다는 평가가 주가 되면서, 학교 교육과 수업이 주로 교과서 지식을 전달하여 수용시키는 데 집중되었다. 둘째, 우리 학교에서는 교사의 교수가 학생의 학습을 압도하는 경우가 많아 일방적인 강의 위주의 수업 관행이 자리 잡았다. 셋째, 입시와 선발에 경도되면서 학교 현장은 갈수록 교육과정과 교과서 내용을 전달하는 데 급급한 나머지 학생들이 경험하는 세계와 거리를 두게 되었다(강대현, 2009: 84-85).

이러한 문제점을 지닌 학교 제도와 문화 속에서 정규 교육과정을 통해서 시민교육을 한다는 것은 그리 쉬운 일이 아니다. 물론 현재도 학교 교육에서 시민교육이 교과와 범교과 학습 주제 및 창의적 체험활동에서 주요한 목표와 내용으로 자리 잡고 있다. 먼저 교과 교육의 경우에는 사회과와 도덕과를 중심으로 시민교육이 이루어지고 있다. 사회과 시민교육의 경우에는 정치, 법, 경제, 사회·문화, 법 등 사회과학을 배경으로 한 일반사회 영역을 중심으로 시민의 인지적 영역과 관련된 능력을 기르는 데 주로 초점이 맞추어져 있고, 도덕과 시민교육의 경우에는 가치 태도 교육을 중심으로 하여 정의적 영역과 관련된 능력을 기르는 데 주로 초점이 맞추어져 있다.

그리고 그동안 우리나라 사회과 교육과정의 경우에는 여러 배경 학문의 지식을 전달하거나 학문적 탐구 방법을 안내하는 선에서 교육과정 구성이 이루어져 왔다. 물론 6차 사회과 교육과정부터 시민교육을 강조하면서, 7차 사회과 교육과정에서는 구성주의적 관점의 도입과 더불어 지식보다 사고에 초점을 맞추고, 실체적 지식보다 절차적 지식을 가르치는 것에 주목한 면이 있었다. 그러나 실제 6차, 7차, 2007 개정, 2009 개정, 2015 개정 교육과정 문서와 교과서는 과거의 교육과정 및 교과서와 마찬가지로 사실, 개념, 일반화(원리), 이론 등의 내용을 중심으로 구성되어 있다고 볼 수 있다(강대현, 2008: 170).

이러한 교과 교육의 상황에 비추어 볼 때, 만약 우리가 바라는 시민이 사회 현상을 이해하고, 학문적 탐구 방법을 알 뿐만 아니라, 이러한 학문적 탐구 방법을 통해 사회 현상에 대해 체계적으로 분석할 수 있는 사람이라면 현재 우리나라에서 이루어지는 사회과로 대표되는 교과 수업을 통해서도 충분히 시민을 양성할 수 있는 가능성이 존재한다. 그런데 문제는 우리가 길러내고자 하는 시민의 자질에는 학문적 지식과 기능 및 사고 등 인지적인 요소뿐만 아니라 가치 태도 및 행동 등 정의적인 요소가 포함되어 있다는 점이다. 소위 가치 태도 및 행동 교육은 인격 형성과 깊은 관계가 있기 때문에 교과 수업의 형식으로 가르치는 것은 한계가 있을 수밖에 없다.

이 책에서는 사회과 및 도덕과 등 교과 교육과정이 시민교육 측면에서 어떤 역할을 담당하고 있는지 살펴보고, 동시에 어떤 문제점이나 한계를 지니고 있는지를 분석하려고 한다. 특히 지식 위주 혹은 인지적 요소 중심의 교과 교육이 지닌 문제점과 한계를 분석하여, 이를 교과 교육과정에서 보완할 수 있는 방안과 더불어 다른 교육 활동을 통해 보완할 수 있는 방안을 모색하는 데 기초자료로 삼으려고 한다. 또한, 사회과와 도덕과의 분리를 토대로 지식 등 인지적 영역의 교육과 분리하여 가치 태도 등 정의적 영역을 별도로 가르치는 문제에 대해서도 검토하려고 한다. 예컨대 사회 현상에 대한 지식 등 인지적 요소 없이 배우는 가치 태도 등의 정의적 교육은 추상적일 수밖에 없고 구체적인 사회적 맥락 속에서 행동하는 학생들에게 적절한 지침이나 안내가 될 수 없다는 문제점을 언급할 것이다.

한편 시민교육은 범교과 학습 주제 및 창의적 체험활동에서도 주요한 영역으로 다루어지고 있다. 예컨대 2015 개정 교육과정에서는 범교과 학습 주제를 2009 개정 교육과정의 39개에서 10개의 주제로 범주화하여 안전·건강교육, 인성교육, 진로교육, 민주시민교육, 인권교육, 다문화교육, 통일교육, 독도교육, 경제·금융교육, 환경·지속가능발전교육 등으로 제시하였다. 이를 표로 정리하면 표 1 과 같다.

표 1 2015 개정 교육과정의 범교과 학습 주제

연번	통합주제명	관련 내용요소
1	안전·건강교육	안전·재난대비, 성, 보건, 영양·식생활
2	인성교육	인성(효도·경로·전통윤리), 생명존중 및 자아정체성
3	진로교육	진로탐색, 창업(기업가)정신, 근로자, 여가활용
4	민주시민교육	자유와 평등, 청렴·반부패, 법
5	인권교육	인간의 존엄성과 인권(아동, 청소년, 장애인, 양성평등 등), 폭력예방(학교폭력, 가정폭력 등), 노동인권
6	다문화교육	다문화, 세계시민(국제이해)
7	통일교육	통일대비, 국가정체성, 호국보훈, 나라사랑
8	독도교육	영토, 독도
9	경제·금융교육	경제·금융, 소비자의 책임과 권리, 복지와 세금, 지적재산권
10	환경·지속가능발전교육	저출산·고령화사회대비, 환경·녹색, 물보호, 에너지, 농·수산생명

* 출처: 교육부(2015a: 8)와 교육부(2015b: 26) 자료를 재구성

사실 이러한 범교과 학습 주제는 교과 교육과정 개정에 반영하는 것을 일차적인 목적으로 하고 있지만, 교과에서 반영이 어려운 경우 독자적으로 가르칠 수 있는 시간을 확보해야 하는데, 이를 위해서는 창의적 체험활동 시간을 할애하는 수밖에 없다. 따라서 현재의 범교과 학습 주제는 창의적 체험활동 시수(국가 수준에서는 학년별로 주당 3시간 이상 편성되어 있으나, 현실적으로는 학교별 평균 주당 2시간 정도로 운영)에 비추어 봤을 때 많은 편이다. 이 책에서는 현재 학교 현장에서 창의적 체험활동이 어떻게 운영되고 있는지를 검토하면서 그 실태와 문제점을 분석하려고 한다. 이를 통해 학교 현장에 범교과 학습 및 창의적 체험활동을 통한 시민교육이 충분한 시수를 가지고 제대로 이루어지도록 하기 위해서는 어떤 문제들을 해결해야 하는지를 살펴보려고 한다. 이러한 분석 결과를 범교과 학습 주제 및 창의적 체험활동 등 교과 외 활동을 통한 시민교육 방안을 마련하는 데 기초 자료로 삼으려고 한다.

다른 나라의 학교 시민교육 사례

이 책에서는 다른 나라의 시민교육 사례를 조사하여 우리나라 학교 민주시민교육 활성화 방안, 특히 학교 교육과정 개선 방안을 마련하는 데 참고 자료로 삼으려고 한다. 따라서 이 책에서 조사 대상으로 선정한 국가는 우리나라에 좋은 선례를 제공할 수 있는 시민교육 선진국들이다. 그리고 그중에서도 그동안 국내에 소개되어 많은 영향을 준 독일, 미국, 영국, 프랑스 등의 시민교육 사례를 종합적으로 살펴보려고 한다.

우선, 독일은 우리나라와 유사한 상황과 맥락에서 시민교육을 도입했다는 점에서 좋은 선례가 될 수 있다. 물론 독일은 미군정 이전에도 시민교육을 시도했지만, 본격적으로 시민교육을 도입한 것은 미군정하에서 사회과 등의 교과를 도입하면서부터이다. 그러나 독일은 우리나라와 달리 지방분권 및 교육자치의 전통이 강하여 16개 주별로 다양한 형태로 시민교육을 실시해 왔다. 또한, 독일은 연방정치교육원과 주정치교육원을 통해서 학교 밖 시민교육, 성인 시민교육 등을 학교와 연계하여 평생교육 차원에서 실시해 왔다는 점에서도 주목할 만하다. 게다가 독일은 분단 상황을 극복하고 통일을 이루었고, 이후 유럽연합을 주도하고 이주노동자나 난민 문제에 대처해 오면서 시민교육의 성격과 역할을 조정해 온 점도 우리에게는 좋은 참고가 될 수 있다. 그래서 저자들은 특별히 독일을 방문하여 관련 전문가 면담 및 학교 수업 관찰 등을 통해서 독일 시민교육의 이론적 논의뿐만 아니라 실천적인 현장도 확인했기 때문에, 독일이 다른 나라의 시민교육 사례에서 가장 중요한 비중을 차지한다.

미국은 우리나라 학교 시민교육의 근간이 되는 통합적 성격의 사회과(social studies) 체제를 도입하는 데 큰 영향을 준 나라이다. 그리고 오랜 기간 공교육, 즉 학교를 통해서 시민교육을 실시한 대표적인 나라이기도 하다. 한편 미국의 50개 주는 저마다 다른 교육과정을 가지고 있지만, 최근의 학교 교육 경향에 따르면 국가 수준의 표준화 작업도 어느 정도 진행되고 있다. 물론 여전히 지방분권 및 교육자치의 경향이 강해서 주, 교육구, 학교마다 교육과정을 개발하여 운영해 오고 있다. 또한, 학교 시민교육과 학교 밖 시민교육의 연계도 비교적 활성화되어 있다. 따라서 우리나라 시민교육의 출발점을 제공했던 미국의 시민교육을 검토하고, 또 우리가 알고 있지 못했던 미국 시민교육의 새로운 모습을 살펴보면서 좋은 아이디어를 얻을 수 있다.

영국은 최근에 학교 시민교육이 가장 활발히 진행되고 있는 나라이다. 과거 영국은 공교육, 특히 학교를 통해서 민주주의를 가르쳐야 한다는 사회적 요구가 다른 나라에 비해 크지 않았다. 영국은 토론을 중심으로 하는 의회 민주주의가 발달했으며 정당 정치와 지방정치의 전통, 노동조합의 정치 참여, 청소년들의 정당 활동 등으로 인해 학교 밖 시민교육이 폭넓게 이루어져 왔다. 그러나 최근 들어 청소년 투표율의 급락, 공적 문제에 대한 무관심, 각종 청소년 문제가 대두되면서 학교 시민교육의 필요성에 대한 논의가 활발해졌다. 그 결과 학교 시민교육의 정치적 획일성과 편향에 대한 우려에도 불구하고, 보수와 진보 진영 간에 시민교육에 대한 합의를 도출하면서 학교에서 시민교육을 실천하고 있다. 따라서 영국의 시민교육은 가장 오랜 전통을 가진 민주주의 국가에서 이루어지는 가장 최신의 시민교육 사례라는 점에서 민주주의의 제도화를 넘어서 일상의 민주주의를 추구하는 우리나라에 좋은 시사점을 제공할 수 있다.

프랑스는 시민교육의 역사가 오래되었을 뿐만 아니라 그 부침이 컸다는 점에서 좋은 참고가 될 수 있다. 프랑스의 시민교육은 계몽주의와 공화주의 전통에 기반을 둔 프랑스 근대 교육 이념에 기초하여 19세기 말에 제도화되기 시작하여 1960년대까지 국가 주도의 보통교육(일반교육)을 통해 국민 교화, 애국심 함양, 국민적 통일성 제고 등을 강조하는 형태로 진행되었다. 그러나 프랑스에서 시민교육은 68운동(혁명)을 계기로 1960년대 후반부터 1980년대 초중반 무렵까지 점차 위축되어, 진보와 보수 양쪽으로부터 비판을 받는 상황에 처하였다. 진보세력은 시민교육이 기득권의 가치관과 이념을 전파하는 도구라고 비판하였고, 보수층에서는 시민교육이 급진적인 교사들의 정치교육 도구로 이용되는 것을 우려하였다. 그러나 1980년대 초중반 무렵 정치적·경제적·사회적 변화와 문제가 대두되고 사회당이 집권하면서 시민교육 확대의 필요성이 부각되었고, 시민교육이 다시 강조되기 시작하였다. 특히 2001년에 제정된 시민교육법에 기초하여 프랑스의 시민교육은 자신의 정치적 견해를 합리적으로 표명하고 그것을 구현하기 위해 실천할 수 있는 적극적인 시민의식을 강조하고 있다. 이처럼 프랑스에서는 사회 변동 과정에서 확장과 위축의 과정을 겪으면서 과거의 국가 중심 시민교육의 경향을 벗어나 민주적 가치와 절차를 구현하는 시민교육이 새롭게 정립되고 있다는 점에서 우리나라에 좋은 시사점을 제공할 수 있다.

■ 시민교육을 위한 학교 교육과정 개선

그동안 여러 차례 교육과정 개정을 통해서 교과목 체제 개편이 이루어졌지만, 2015 개정 교육과정을 포함해서 우리나라의 교과 교육과정에서는 주로 사회과(특히 일반사회 영역)와 도덕과 등에서 시민교육이 강조되어 왔다. 이처럼 시민교육이 2개 교과로 분리된 것은 도덕과가 교과로 독립한 3차 교육과정부터인데, 이에 따라 시민교육의 두 측면이라고 할 수 있는 사회 현상 및 사회 문제 이해 및 탐구와 가치 태도 교육이 2개 교과로 분리되어 이루어지고 있는 셈이다.

이에 이 책에서는 다른 나라의 교과 교육과정에 대한 조사를 토대로, 시민교육을 위한 교육과정 개선 방안을 마련하려고 한다. 이러한 방안에 대해서 좀 더 구체적으로 살펴보면 1) 기존 교과 체제를 개편하여 '시민' 교과를 개설하는 방안, 2) 기존 교과 체제를 유지하는 가운데 '시민' 과목을 개설하는 방안, 3) 기존 교과목 내의 시민교육 내용을 강화하는 방안 등이 있을 수 있다.

먼저 우리나라에서 교과라 함은 일반적으로 초등학교부터 중등학교까지 연속성을 가지고 가르쳐지는 관련 과목들의 대범주로, 교과 개설은 별도 전공의 교사 양성을 전제로 하여 보통 교대의 심화 전공 및 사대의 학과 설치, 교육대학원의 해당 전공 개설을 염두에 두고 이루어진다. 물론 교과 개설을 어떤 방식으로 하느냐에 따라서, 즉 어느 시기부터 교과를 개설하느냐, 기존의 학과에서 배출된 교사들이 가르칠 수 있는 방식의 교과 개설이냐 아니냐에 따라서 교대의 심화 전공, 사대의 학과 설치, 교육대학원 해당 전공 개설 등의 작업이 이루어질 수도 있고, 기존의 전공 및 학과 혹은 연계 전공의 형태로 교사 양성이 이루어질 수도 있다.

교과 개편을 통해 '시민' 교과를 개설하는 방식은 크게 ① 사회과와 도덕과를 통합하여 시민 교과로 개편하는 방안, ② 일반사회 영역과 도덕을 통합하여 시민 교과로 개편하는 방안, ③ 도덕과를 시민 교과로 개편하는 방안, ④ 일반사회 영역을 시민 교과로 개편하는 방안, ⑤ 시민 교과를 신설하는 방안 등 크게 5가지가 있을 수 있다. 이 중에서 ①은 기존 10개 교과가 9개로 줄어드는 방식이고, ②와 ③은 기존처럼 10개 교과를 유지하는 방식이고, ④와 ⑤는 11개 교과로 늘어나는 방식이다. 이 책에서는 이러한 방안들을 채택했을 때 어떤 효과와 문제점이 나타날 수 있는지에 대해서 살펴보려고 한다.

다음으로 기존의 사회과와 도덕과 체제를 유지하면서, 일반사회와 도덕 등의 영역을 종합한 시민 과목을 각 학교급의 일부 학년에 개설하는 방안을 검토하려고 한다. 시민 교과 개설이 아니라 기존의 사회과와 도덕과라는 교과 체제를 유지하면서도, 사회과와 도덕과를 통합한 '시민' 과목을 각 학교급의 일부 학년에 개설하는 방안을 검토하는 것이다. 이는 기존의 교과 체제를 유지한다는 점에서 현실성이 높은 안이며, 초·중등학교와 교·사대 교육의 개편 없이 운영 가능한 방안이라 할 수 있다.

이러한 '시민' 과목 개설은 모든 학교급에 '시민' 과목을 1개 학년 혹은 1학기 이상 개설한다는 원칙하에 대체로 해당 학년에 배정되어 있는 기존의 사회과와 도덕과의 시수를 활용하는 방식이 될 것이다. 따라서 당연히 사회과와 도덕과 과목들이 일부 학년에서 축소 운영되는 것이 검토되어야 할 것이다. 만약 유럽의 여러 나라처럼 쟁점 중심의 토론 수업을 지향하는 과목을 상정할 경우에는 가급적이면 학교급별로 마지막 학년에 시민 과목을 개설하는 것을 고려해 볼 수 있다.

끝으로 기존 사회과와 도덕과의 교육과정 내용(성취기준)을 개정하여 시민교육을 강화할 수도 있다. 예컨대 기존 사회과학 중심 사회과 교육과정의 내용(성취기준)을 일부 개정하여 쟁점 중심 사회과 교육과정을 구현할 수 있다. 사회 문제와 공공 쟁점이 사회과학 용어로 표현되고 사회과학 개념과 원리를 통해서 더 명확히 드러날 수도 있기 때문에, 이러한 방안의 구현은 그리 어려운 것이 아니다. 그리고 더욱 현실적인 문제로 교과서의 모든 내용을 사회 문제 및 공공 쟁점으로 만들기는 어려울 뿐만 아니라 정치적·교육적으로 논란의 소지가 있어서 결과적으로 상당수의 문제나 쟁점을 교과서에 담기 어려울 수도 있다는 점을 고려했을 때 사회과학과 사회 문제 및 공공 쟁점을 연계하는 방식으로 기존 교육과정 내용을 재구성하거나 일부 개정하여 시민교육을 강화하는 것은 좋은 전략이 될 수 있다.

이러한 전략은 기존 교육과정 성취기준을 재구성하여 활용하는 것을 통해서도 가능하고, 향후 교육과정 개정에서 쟁점 중심 교육을 성취기준에 반영하는 것을 통해서도 가능하다. 개정의 주요 방식은 현재 학문적 개념과 일반화를 중심으로 구성된 성취기준에 쟁점 요소를 첨가하는 방식이 될 것이다. 일례로 기존 사회과 교육과정 성취기준을 토대로 할 경우 주제(대단원)를 구성하는 몇 개의 성취기준 중 하나 정도를 쟁점 중심으로 기술하는 것을 고려해 볼 수 있다. 또한, 주제 전반에 걸쳐 학문 중심과 쟁점 중심 교육의 종합을 시도해 보는 것도 좋을 것이다.

한편, 이 책에서는 교과 교육과정뿐만 아니라 범교과 학습 주제 및 창의적 체험활동을 포함한 범교과 학습 및 교과 외 활동을 통한 시민교육 방안도 검토하려고 한다. 이미 언급한 바와 같이 2015 개정 교육과정에서는 범교과 학습 주제를 2009 개정 교육과정의 39개에서 10개로 범주화하여 안전·건강교육, 인성교육, 진로교육, 민주시민교육, 인권교육, 다문화교육, 통일교육, 독도교육, 경제·금융교육, 환경·지속가능발전교육 등을 제시하였다.

사실, 이러한 범교과 학습 주제는 시민교육을 위해 다시 재범주화하는 것이 필요하다. 예컨대 인권교육, 다문화교육, 통일교육 등은 어떤 형태로든 시민교육과 관련될 수밖에 없다. 따라서 학교에서 여러 교과 및 창의적 체험활동에서 이루어질 수 있는 범교과 학습 주제를 재범주화하고, 이를 통해서 범교과 학습 및 창의적 체험활동에서 시민교육을 활성화시킬 수 있는 방안을 모색해 보려고 한다.

우선, 현재 학교 교육에서 이루어지는 범교과 학습 및 창의적 체험활동은 크게 몇 가지로 재범주화할 수 있을 것이다. 하나의 범주는 안전·건강 등 학생들의 육체적·정신적 건강을 유지시키는 활동이다. 또 다른 범주는 학생들 개개인의 적성, 취미, 진로 등을 고려하여 학생들의 진로 탐색 및 여가 활동 등을 돕는 활동이다. 끝으로 학생들이 자신의 권리를 찾고 공동체 생활에 필요한 의식과 자질을 길러주는 시민교육 관련 활동이 있을 수 있다.

이처럼 이 책에서는 기존 범교과 학습 주제를 몇 개의 범주로 재구성하고 그 중 하나의 주요한 영역으로 시민교육을 제시하고, 기존의 유사한 범교과 학습 주제를 재구성하여 시민교육의 활성화를 도모하려고 한다. 특히 창의적 체험활동의 네 가지 영역인 자율 활동, 봉사 활동, 동아리 활동, 진로 활동 등 학생들의 학교생활과 관련된 다양한 영역에서 시민교육이 활성화될 수 있는 방안을 모색하려고 한다. 또한, 자유학기제 등 기존의 프로그램에서도 시민교육을 활성화할 수 있는 방안을 검토해 보려고 한다.

제1부 | 시민교육의 의미와 방향

1장 시민교육에 대한 기초적 논의

2장 시민교육의 의미와 유형 탐색

3장 우리나라 시민교육의 방향 모색

제1장 시민교육에 대한 기초적 논의

1. 우리나라 시민교육의 추진 경과

우리나라에서는 해방 직후부터 시민교육을 위해 미국에서 사회과(social studies)를 도입하여 가르쳐 왔다. 또한, 이에 더하여 3차 교육과정부터 도덕과를 사회과에서 독립시켜, 사회과에서는 역사, 지리, 일반사회(사회과학)를 배경으로 한 지식과 기능 및 사고 중심의 시민교육을 강조해 왔고, 도덕과에서는 가치 태도 및 행동 등 인성교육을 중심으로 한 시민교육을 강조해 왔다. 물론 권위주의 체제에서 진행된 국가 주도의 교육과정 개정 및 운영 과정에서 이루어진 학교교육을 제대로 된 시민교육으로 보기는 어렵기 때문에, 우리나라의 학교 시민교육은 상당 기간 왜곡되어 운영되었다고 볼 수 있다.

따라서 우리나라에서 시민교육에 대한 관심이 실질적으로 제고된 것은 1980년대 후반부터였다. 1987년 6월 항쟁 이후 민주주의의 제도화와 더불어 시민사회가 활성화되면서 국가 및 민간단체 차원에서 시민교육을 강조하는 논의들이 꾸준히 이루어져 왔다. 이러한 논의들은 문민정부인 김영삼 정부가 등장하면서 시민교육에 관한 법적·제도적 논의로 확장되었고, 학교 시민교육의 내용과 방법에 관한 논의도 구체적으로 진행되었다.

그 결과 민주화 이후 개정된 6차 교육과정에서는 사회과의 기본 방향을 시민의 자질 육성에 두고 개인과 사회, 국가와 인류 발전에 기여할 수 있는 시민을 길러 내는 것을 사회과의 기본 목표로 강조하였다(김영석, 2013). 또한, 시민교육은 학교 교육 전반의 이념 및 목표로 여겨져 「교육기본법」 제2조(교육이념)와 교육과정 총론의 '추구하는 인간상'에도 반영되었다(교육부, 2017). 그리고 최근 들어 민주화 운동 관련 시민단체들과 선관위 등 국가기관을 중심으로 한 학교 밖(사회) 시민교육도 활성화되는 추세이다.

특히 2016~2017년 촛불집회 이후 민주주의에 대한 요구가 높아졌고 문재인 정부가 등장하면서 학교 시민교육을 법적·제도적으로 정착시키려는 논의들이 진행되었다. 특히 시민교육에 대한 논의가 교육부와 교육청(특히 서울시교육청과 경기도 교육청)을 중심으로 활발하게 진행되어, 교육부와 교육청에 '민주시민교육과'가 설치되고 사회과와 도덕과와 별도로 '민주시민' 혹은 '시민' 교과를 만들어 시민교육을 실시하자는 주장도 제기되었다(정철민, 2017). 그리고 이러한 논의들을 토대로 교육부에서는 '민주시민교육 활성화를 위한 종합계획'을 발표하기에 이르렀다(교육부, 2018).

2. 우리나라 시민교육 연구의 경향과 시사점

이와 같이 1980년대 후반부터 학교와 사회 차원에서 시민교육에 대한 논의들이 활발해졌고, 이와 관련된 연구들도 점차 늘어나고 있다. 최근에 이루어진 우리나라 시민교육 연구의 경향을 살펴보면 다음과 같다.

첫째, 민주주의 사회에서 시민 육성과 사회통합을 위해 시민교육이 필요하다는 이론적 논의들이 있다. 신형식(2012)은 민주화 이후 민주주의의 공고화를 위해 형식적 민주화를 넘어선 실질적 민주화가 필요하다는 점을 강조하면서, 시민사회에서 민주적인 정치 문화를 구축하고 사회통합을 이루기 위해 시민교육이 중요하다는 점을 강조하였다. 조철민(2017)도 원론적 차원에서 시민교육의 중요성을 강조하였고, 엄종식(2016)은 사회(학교 밖) 시민교육에 주목하여 국민통합과 공동체를 위한 시민교육을 강조하였다. 한편 장은주(2017)는 사회현실에 대한 비판적 성찰 위에서 '시민적 자존감'을 향상시키는 것을 시민교육의 중요한 목표로 제시하였다. 그리고 이를 위해 민주적 상호인정 관계의 경험 공간을 확대하려는 노력이 필요하다고 주장하였다. 그는 사회현실에 대한 성찰을 강조하고 상호인정 관계의 경험 공간 확장에 주목한다는 점에서 시민교육이 지향해야 할 중요한 방향을 제안하고 있다.

둘째, 시민교육의 개념과 내용을 체계적으로 정리하고 있는 연구들이 있다. 조찬래(2012)는 시민교육의 내용으로서 핵심 역량, 시민성 역량, 민주주의 역량에 대해 개념화하면서, 보편성, 전문성, 자발성, 주체성(자기주도성)을 시민교육의 원칙들로 제시하였다. 심성보(2017)는 우리나라 시민교육의 현황과 과제를 체계적으로 정리하였다. 그는 민주적 시민성(citizenship)을 사회 구성원들이 실천적으로 추구해야 할 포괄적 가치라고 규정하면서, 민주적 삶의 양식을 내면화한 교양 시민인 공중(公衆)의 탄생이 필요하다고 강조하였다. 여기서 그는 시민교육의 내용과 방법, 법적·제도적 기반, 혁신학교와 같은 제도적 실현 방안, 시민교육의 지향점 등을 체계적으로 제시하였다.

셋째, 시민교육의 역사, 제도, 실태 등에 관한 연구들이 있다. 신두철(2010)은 시민교육의 제도화와 실태에 관해 논의하고 있는데, 특히 국가기관에서 이루어지고 있는 시민교육의 실태를 분석하였다. 조찬래(2012)는 신두철의 논의를 토대로 정부로부터 독립된 '민주시민교육원'이라는 기관을 설립할 것을 주장하였다. 정하윤(2015)도 시민교육이 추진되어 온 역사와 제도화 과정을 살펴보고 있는데, 그녀는 공교육을 통한 시민교육의 중요성을 강조하는 동시에, 제도화 과정에서 다양한 주체(행정부, 입법부, 중앙선거관리위원회, 민간 등)와 시민들 간의 사회적 합의가 중요하다는 점을 강조하였다. 홍윤기(2017)는 민주적 정치공동체의 시민과 국가의 권력관계 속에서 민주주의 발전을 위해 시민교육을 강화시켜야 한다는 점을 강조하면서, 이를 위해 다양한 영역에서 제도적 기반을 갖추기 위한 방안을 제시하였다.

넷째, 시민교육이 사회현실의 변화에 대응하여 이루어져야 한다는 점을 강조하는 흐름이 있다. 전득주(1995)는 김영삼 정부 하에서 민주화가 진행되는 가운데 세계화, 지방화, 통일의 과제가 중요해지면서 대화와 타협의 민주적 정치문화가 중요해졌음에 주목하였고, 이를 위해 시민교육이 요구된다는 점을 강조하였다. 그리고 정하윤(2012, 2017)은 남북통일 이후 사회통합 문제에 주목하면서 남북한 주민들의 사회통합을 위한 시민교육의 필요성을 강조하였다. 이처럼 사회현실에 주목하는 논의들은 세계화나 통일과 같은 대외적인 사회현실이나 쟁점들에 주목하지만, 국내의 다양한 사회문제나 사회갈등에 주목하거나 이러한 국내 현실을 바라보는 관점과 문제해결의 방안을 체계적으로 제시하고 있지는 못하다.

다섯째, 학교 시민교육의 방법에 관한 연구들이 있다. 먼저 임종헌(2013)은 사회과 교육의 여러 전통에 대해 비판적인 평가를 하면서, 다양한 수업 방식을 통해 학생들을 정치의 주체인 시민으로 육성할 것을 강조하였다. 양흥권(2017)은 학교와 사회의 시민교육으로 구분하고, 학교 시민교육이 교과목을 통한 지식 전달 방식에서 현장 실천 중심으로 전환되고 있음에 주목하였다. 이에 따라 실질적 민주주의 실천 역량을 계발할 수 있는 현장 중심의 구체적인 참여와 토론 중심의 실천적 교육 방법이 필요함을 강조하였다. 비슷한 맥락에서 유제순(2017)은 창의적 체험활동의 실천성과 자발성에 주목하면서 교과서를 중심으로 한 교과 학습과 창의적 체험활동을 통합하는 교수학습 방법을 강조하였다.

지금까지 시민교육에 관한 연구의 다양한 흐름을 개괄적으로 살펴보았는데, 전체적인 연구의 흐름을 보면 민주주의나 시민성에 관한 이론적 연구로부터 시민교육의 구체적인 내용·방법·제도에 관한 연구로 확장되어 왔다고 할 수 있다. 이 책의 문제의식과 관련하여 보면, 우선 전득주(1995), 정하윤(2012, 2017)의 연구들이 사회현실의 변화에 대응하여 시민교육의 내용을 구성하고자 시도했다는 점에서 주목할 만하다. 이 연구들은 청소년들이 정치공동체의 구성원으로서 대외적인 환경과 사회현실의 변화를 인식하고 이에 적극적으로 대응할 수 있는 역량을 키워야 한다는 점을 강조하고 있다.

그런데 현대사회의 현실은 대내외적으로 훨씬 다양하고 복잡해졌다. 그래서 다양한 이해관계와 가치들 속에서 생겨나는 다원적인 이해 갈등이나 가치 갈등의 배경과 쟁점을 인식하는 것이 민주주의 사회에서 다양한 사회 구성원이 민주적으로 합의와 타협을 이루어나가는 데 중요한 기초가 되었다. 그래서 시민교육의 내용에서는 이러한 다양한 이해 갈등이나 가치 갈등이 나타나게 된 현실적 배경과 갈등의 쟁점을 다양한 이해당사자의 관점에서 인식할 수 있도록 하는 지식을 담아야 한다. 물론 이것은 기존 사회과의 '쟁점 중심 교육'에서 강조해 온 바이지만, 이를 좀 더 다양화하고, 구체화시켜 나갈 필요가 있으며, 무엇보다도 이러한 쟁점들이 나타나게 된 사회적 배경들을 이해하고 정치공동체 속에서 그 문제를 해결해 나가는 시민으로서의 자세를 인식할 수 있도록 하는 것이 중요하다. 이런 점에서 학교 시민교육의 교과목 체제와 내용 등을 체계화하고 구체화하는 연구와 논의가 필요하다.

또한, 이와 관련하여 시민교육의 방법에 대해서도 좀 더 구체적이고 실천적인 방안을 찾으려는 노력이 필요하다. 이명박 정부 시절 2009 개정 교육과정에서 체험과 실천 중심의 '민주시민교육 활성화 방안'이 제시된 바 있는데, 임종헌(2013), 양흥권(2017), 유제순(2017)의 연구들은 이러한 맥락에서 체험과 실천 중심의 교수학습 방법을 심층적으로 다룬 연구 성과들이다. 또한 심성보(2017)는 시민교육이 학생들의 자치활동뿐만 아니라 학교 울타리를 넘어서 학부모, 마을, 시민단체, 유관기관 등 지역사회와의 협력 속에서 체험활동을 통해 이루어져야 한다는 점을 강조하고 있다. 따라서 이런 점들을 좀 더 체계적으로 연구하여 범교과 학습 및 창의적 체험활동 등을 포함해서 학생들의 민주적인 사고와 생활 습관을 기르고 학교의 일상생활 문화를 민주화하는 방안도 모색할 필요가 있다.

3. 다른 나라의 시민교육 사례에 대한 검토

학교 교육과정 개선을 통한 시민교육의 활성화 방안을 모색하기 위해서는 우리나라의 시민교육에 대한 검토와 더불어 다른 나라의 사례에 대한 검토도 필요하며, 특히 이를 다룬 기존 연구들을 살펴볼 필요가 있다. 여기서는 국내에 많이 소개된 시민교육의 '선진국'이라 불리는 독일, 미국, 영국, 프랑스 등의 사례에 관한 대표적인 연구들을 살펴보려고 한다.

우리나라에 가장 많이 소개되고 있는 독일의 시민교육은 현지에서는 '정치교육(Politische Bildung)'이라고 불린다. 여기서 '정치'라는 말은 '인간은 사회적 동물이다'라는 말처럼 인간의 공동체성을 나타내는 의미로 이해하는 것이 적절하다.

독일 시민교육의 특징은 아동 및 청소년뿐만 아니라 성인을 대상으로 '평생교육'의 차원으로 꾸준히 이루어진다는 점이다. 학교에서는 보통 중등학교(김나지움 등) 과정에서 시민교육을 주로 실시하는데, 대체로 사회과 수업에서 시민교육이 이루어진다. 학교 밖에서는 연방정치교육원, 주정치교육원, 정당재단, 시민대학 등을 통해서 시민교육이 진행된다. 특기할 만한 점은 독일에서는 이념적·학술적·정치적 논란에도 불구하고 시민교육의 공통 기반에 대한 공감대로 '보이텔스바흐 합의'라는 기본 원칙을 공유하고 있다. 그리고 이러한 합의는 좌우 진영의 정당을 넘어서, 보수적인 주와 진보적인 주 사이에서, 그리고 정권 교체의 상황 속에서도 안정적인 시민교육을 추진하는 토대가 되고 있다.[2]

미국의 시민교육은 주로 학교를 통해서 수행되지만, 주 정부와 교육위원회, 개별 학교와 지역단체들에 의해서도 전개되어 왔다. 그리고 미국의 초기 시민교육은 주로 역사, 헌법, 정치 등을 통해 미국 사회에 대한 애국심과 일체감을 키우는 데 초점이 맞추어져 있었다. 그러나 1916년 이후 진보적인 형태의 사회과가 등장하여 시민교육의 전환이 이루어졌고, 1960년대 이후 민권운동, 베트남 전쟁, 유럽의 68운동 여파 등과 같은 사회 변동 속에서 시민교육도 변화를 맞이하였다. 이후 미국의 시민교육은 정치 구조와 참여, 인권, 관용, 비판적 사고, 문제해결 등 공동체 구성원으로서 갖추어야 할 지식과 책임감, 태도를 강조하게 되었다. 미국에서는 학교 시민교육을 위한 국가(연방) 교육과정은 존재하지 않으며, 주 교육위원회나 학교별로 시민교육을 위한 사회과(social studies) 교육과정을 구성하여 운영하고 있다. 다만 연방정부의 지원을 받은 교육연구기관이나 주정부와 주교육위원회 또는 미국사회과 교육학회(National Council for the Social Studies, NCSS)에서 교육과정이나 교육프로그램들을 연구·개발하여 각급 학교(K-12)에 사회과 교육의 방향과 지침을 제공한다. 한편, 미국에서 학교 밖 시민교육을 담당하는 주체는 주로 가정, 지역사회단체, 정당, 종교단체, 대중매체, 노동단체를 포함한 이익집단, 군대, 정부 기관 등이다. 미국에는 독일의 연방정치교육원이나 주정치교육원 같은 별도의 시민교육 기관은 없지만, 위에 소개한 주체들을 통해 다양한 차원의 시민교육이 실시되고 있다.

2 물론 이러한 합의는 고정불변의 상수가 아니라, 오히려 역동적인 소통과정에서 언제든지 대화와 논쟁의 대상이 될 수 있는 주제 혹은 의제라 할 수 있다(허영식, 2018).

독일이나 미국과 달리, 영국의 시민교육은 국가 주도의 시민교육에 대한 정서적 반감과 다양한 관점의 충돌로 인해 1990년대 후반 이후(1998년 크릭위원회의 시민교육보고서 제출)에 들어서야 비로소 학교를 중심으로 제도화되기 시작하였다(권진욱 외, 2016: 3). 그 결과 영국에서는 2002년부터 '시민(citizenship)' 교과목이 중등학교 필수 교과목으로, 그리고 2014년에는 초등학교 선택과목으로 지정되었다. 또한, 2009년부터 '시민' 교과목이 중등교육 일반 자격시험(General Certificate of Secondary Education, GCSE)과 대입시험(A level)에서 선택과목으로 추가되었다. 영국의 시민교육은 정치적 소양(political literacy), 사회적 및 도덕적 책임감(social and moral responsibility), 사회 참여(community involvement)라는 3가지 요소(성향)에 바탕을 두고 있는데, 2008년에는 정체성 및 다양성(identity and diversity) 등이 시민교육의 요소로 등장하였다. 한편 영국에는 독일과 달리 공공 영역과 민간 영역 어느 쪽에도 시민교육을 전담하거나 통할하는 기구가 존재하지 않는다. 영국의 학교 시민교육은 통합적인 교과 내용으로 구성되어 있으며, 일선 학교와 교사의 재량에 의해 자율적으로 이루어진다. 한편 학교 밖 시민교육은 시민교육 관련 프로그램, 콘텐츠, 교육방법 등을 개발하여 학교에 제공하는 보충적 기능을 담당한다.

프랑스는 유럽에서 가장 앞선 시기에 시민교육(쥘 페리의 교육 개혁, 1882년)을 실시하기 시작하였다. 프랑스의 시민교육은 비판적이고 적극적인 공화국 시민을 길러낸다는 목표 하에 공교육 중심으로 제도화가 진행되어 학교 교육에 체계적으로 반영되었다(권진욱 외, 2016: 2). 그러나 1960년대 후반부터 시민교육이 지배층의 이데올로기를 확산하는 도구가 된다는 우려 때문에 학교 시민교육이 위축되기 시작하였다. 진보적 지식인층은 시민교육을 국가 이데올로기 교육으로 의심했고, 반면에 교육 당국은 교사들이 시민교육을 내세워 학생들에게 급진적인 정치교육을 시키는 것을 우려했다. 이러한 분위기 속에서 학교 시민교육은 적극적·참여적 시민교육에서 개인주의, 공리주의에 입각한 합리적 소비자교육(경제교육)으로 전환되었다. 그리고 1980년대 이르러 정치권은 물론 언론계에서 시민교육의 부활을 요구하는 목소리가 높아지면서 초등학교, 중학교, 고등학교에서 순차적으로 시민교육이 재도입되었고, 십여 년에 걸친 공청회를 통해 지금과 같은 토론 중심의 시민교육 수업 과정을 갖추게 되었다.[3]

3 프랑스의 시민교육 교과서는 질문과 토론을 통해 프랑스 공화국이 중요하게 여기는 가치(자유, 연대, 인권,

4. 다른 나라의 시민교육에 대한 국내 연구의 경향과 시사점

그동안 다른 나라의 시민교육을 국내에 소개하는 연구들은 꾸준히 있었다. 우선 독일의 정치교육 혹은 시민교육을 국내에 소개하는 연구들이 많았다. 대표적으로 심익섭(1998)은 독일 정치교육의 의미를 법적·제도적 측면에서 살펴보고, 정치교육의 모체인 연방정치교육원과 주정치교육원을 중심으로 학교를 포함한 다양한 정치교육 주체의 조직메커니즘에 대해 고찰하였다. 전득주(2000)는 시대적 변화에 따른 독일 정치교육 목표와 내용의 강조점들을 비교 분석하였다. 이러한 연구들에 기초하여 김미경(2009)은 독일의 정치교육 체계와 국내 시민사회단체의 정치교육 현황 검토를 통해 우리나라 정치교육에 주는 시사점을 제시하였다. 박광기(2010)는 독일에서 실시되고 있는 정치교육의 방향과 내용이 우리나라의 통일교육에 주는 시사점을 제시하면서 통일교육의 대안을 모색하였다. 또한, 최근에 학교 시민교육의 기본 원칙을 세우는 노력이 필요하다는 문제 제기가 이루어지면서, 허영식(2018)은 보이텔스바흐 합의에 관한 담론과 합의를 검토하고 이를 몇 가지 명제로 정식화하였다. 향후 우리나라에서도 시민교육의 방향 설정과 관련하여 최소한의 합의에 도달하기 위한 담론 과정에서 이러한 독일의 경험을 참고할 수 있을 것이다.

한편 미국의 시민교육은 해방 직후 사회과 도입 등을 통해서 우리나라에 영향을 주었기 때문에 미국의 시민교육을 국내에 소개하는 연구들도 지속적으로 수행되어 왔다. 최근에 이루어진 대표적인 연구들을 살펴보면 다음과 같다. 전득주(2002)는 미국 시민교육의 역사적 배경, 목표와 내용, 운영 체계에 대한 소개를 통해 우리나라 시민교육에 주는 시사점을 제시하였다. 최종덕(2000, 2007)은 미국 시민교육이 어떤 역사적 과정을 거쳐서 오늘에 이르고 있는지를 살펴보고 시민교육의 내용, 운영 방식, 쟁점에 대해서 논의하면서 미국 시민교육의 특징을 검토하였다. 또한, 미국 시민교육에 대한 평가와 전망을 통해 시민교육의 바람직한 방향과 우리나라 시민교육에 주는 시사점을 논의하였다. 차조일(2016, 2017a, 2017b)은 존스의 햄프턴 학교 사회과, 던의 공동체 공민, NEA(National

노동, 공동선 등)를 자연스럽게 습득하도록 구성되어 있다.

Education Association) 사회과 위원회 성립 배경 및 활동을 중심으로 시민교육의 중핵 교과인 사회과의 성립 과정을 체계적으로 고찰하였다. 곽한영(2018)은 일리노이 주의 사례를 중심으로 미국 각 주에서 사회과를 중심으로 한 시민교육을 강화시켜 나가는 과정을 추적하여 우리나라 사회과와 시민교육(법교육)의 위기에 대응하기 위한 시사점을 제시하였다.

영국의 시민교육은 공교육에 도입된 시점이 늦었기 때문에 독일에 비해 최근에야 국내에 소개되기 시작하였다. 박선영(2007)은 2002년부터 국가 교육과정으로 실행되기 시작한 영국 시민교육의 개념과 배경을 문헌을 통해 소개하고, 최근 영국에서 중요한 시민교육의 장으로 인식되고 있는 시민단체의 시민교육을 고찰하였다. 한규선(2013)은 영국의 '시민(citizenship)' 교과목이 국가 교육과정의 필수 교과목으로 선정되는 과정을 통해 영국의 시민교육을 조명하고 우리나라 시민교육에 주는 시사점을 논의하였다. 심성보(2018)는 독일의 보이텔스바흐 합의와 영국의 크릭 보고서(Crick report)를 양국에서 시민교육과 관련된 진보와 보수의 소모적 이념 대립을 극복한 사례로 보고 이를 우리나라 시민교육의 토대로 활용할 수 있다고 제안하였다.

프랑스의 시민교육을 국내에 소개한 연구들도 최근 들어 늘어나고 있다. 송용구(2010)는 1985년 '시민교육' 교과목 개설 이후 꾸준히 실시되어 오고 있는 프랑스 '시민교육' 교과목의 배경이 되는 사회적 기조, 교육체제, '시민교육' 교과목의 목표 및 내용구성 원리, 교육 방법을 분석하여 우리나라 사회과에 주는 시사점을 도출하였다. 홍태영(2012)은 프랑스 시민교육의 중심이 되고 있는 학교 시민교육과 정당에서 이루어지고 있는 청년 당원의 재생산을 위한 교육을 살펴보면서 프랑스 시민교육의 특징을 제시하였다. 정현이와 남상준(2012)은 프랑스의 초등학교 '시민교육' 교과서 분석을 통해 공화주의 교육이 어떠한 내용과 방법으로 이루어지고 있으며, 어떻게 시민적 성향을 갖춘 시민을 길러내고자 하는지를 분석하였다. 양삼석(2015)은 다인종·다문화 사회에 적합한 제도적 틀을 마련함으로써 비교적 성공적인 사회통합을 이룬 것으로 평가받는 프랑스의 다문화 시민교육 사례를 통해 우리나라 다문화 시민교육의 대안을 모색하였다.

이처럼 국내에서 이루어진 독일, 미국, 영국, 프랑스 등 다른 나라의 시민교육 사례에 대한 연구들은 대부분 해당 국가의 시민교육 사례를 소개하고, 그 특징을 분석하여 우리나라 시민교육에 주는 시사점을 제공하는 목적으로 이루어졌다. 따라서 이러한 연구들은 우리나라 시민교육을 개선하는 데 의미 있는 좋은 시사점을 제공하고 있다. 그러나 일부 연구를 제외하고는 우리나라의 시민교육 관련 교육과정 개발을 위한 구체적인 내용 요소 발굴 및 강화 측면에서는 참고할만한 부분이 많지 않다. 따라서 이 책에서는 독일을 중심으로 가능한 범위 내에서 해당 국가의 1차 자료들, 예컨대 교육과정, 교과서, 수업 등을 분석하여 이를 우리나라 시민교육 활성화를 위한 교육과정 개선 방안에 적용하려고 한다.

제2장

시민교육의 의미와 유형 탐색

1. 시민과 좋은 시민

여기서는 시민교육이란 무엇인가에 대해서 알아보기에 앞서 우리가 기르고자 하는 좋은 시민 혹은 시민의 자질에 대한 합의가 가능한지에 대해서 검토해 보려고 한다. 좋은 시민 혹은 시민의 자질에 대한 견해는 여러 관점과 입장에 따라 달라진다. 이에 대해 살펴보기에 앞서 우선 시민 개념이 어떻게 등장했는지에 대해서 간단히 살펴보려고 한다.

우선 시민은 고대와 현대를 연결하는 역사적 개념으로 고대 그리스의 폴리스나 로마 제국의 정치적인 주체 개념에서 출발해서 프랑스 혁명과 계몽 시대를 거치면서 모든 인간의 동등한 도덕적 가치를 강조하는 개념으로 이어진다. 시민 개념은 자유, 평등, 박애의 계몽주의 사상과 갈등, 억압, 저항의 사회주의 사상의 등장에서도 잘 나타난다. 그리고 시민과 시민성과 관련된 질문들은 지난 수십 년간 주요한 현대적 변화들(동구 · 아프리카 · 라틴아메리카의 민주화와 통합, 서구의 민족 갈등, 복지 정책에 대한 논쟁, 이민 등)과 관련된 정책들과 연구들의 초점으로 공공 논쟁의 중심에 등장해 왔다(강대현, 2007: 89-90).

여기서 주목할 만한 것은 바로 시대별 시민의 역사적 개념 그 자체가 아니라 시민의 개념이 시대와 장소에 따라 변한다는 사실과, 그러한 변천의 과정에서 일종의 유형을 발견할 수 있다는 사실이다(Shafir, 1998: 2). 이러한 일련의 시민 개념 변화를 살펴보면, 시민 개념에는 공동체와의 관계 속에서 일종의 해방(초월)과

연합(참여)이라는 과정이 포함된다는 것을 알 수 있다. 즉, 시민은 연고와 필요에 바탕을 둔 전통적인 공동체로부터 벗어나 자유와 평등을 보장하는 민주적인 공동체를 지향해 왔으며, 이는 일정 정도 경제적 소유(풍요)를 기반으로 한다는 것이다(강대현, 2007: 90).

현대사회에서 시민권 혹은 시민성(citizenship)은 결국 자본주의를 물적 토대로 하는 민주국가에 의하여 개인에게 부여된 것이며, 시민이란 합법적으로 인정된 민주국가의 구성원을 의미한다. 그 결과, 시민은 개인과 국가 사이에 존재하는 일련의 관계인 권리(지위)와 의무(역할)로 정의된다(강대현, 2007: 91). 물론 또 다른 견지에서 보면 시민성은 국가의 문제들을 넘어선다. 사람들은 엄밀히 말해서 국가의 범위를 초월하는 집단의 구성원들이다. 이런 관점에서 보면, 사람들은 가족, 종교단체, 직장, 학교, 그리고 세계의 시민들이다(Heater, 1990: 318-319).

이러한 현대사회의 시민들이 어떤 자질을 갖추어야 할 것인가에 대해서는 크게는 자유주의자, 공동체주의자, 그리고 세계화의 흐름 속에서 다원주의자, 혹은 다문화론자의 시각이나 관점에 따라서 달라진다. 우선 자유주의자들이 생각하는 좋은 시민은 합리성을 갖춘 자율적인 주체이다. 즉, 자신이 스스로 선택하고 행동하는 주체적 행위자라고 할 수 있다. 다음으로 공동체주의자들이 생각하는 좋은 시민은 공동체의 정치 활동에 적극적으로 참여하는 구성원이다. 즉, 공동체에서 요구하는 정치적 역할을 적극적으로 수행하는 사람이다. 다원주의자 혹은 다문화론자들이 생각하는 좋은 시민은 다른 시각과 관점, 다른 문화에 속한 사람들과 더불어 살아갈 수 있는 사람들이다(강대현, 2007: 83).

이처럼 시민은 역사적 개념인 동시에 정치적 혹은 규범적 개념이기 때문에 시대와 사회마다 다르고, 정치적 혹은 철학적 입장에 따라서 시민과 좋은 시민에 대한 견해가 달라질 수 있다. 따라서 좋은 시민과 시민의 자질에 대한 일반적·보편적 개념을 정하는 것은 불가능하다. 그러나 적어도 자본주의를 물적 토대로 한 민주주의 체제를 특징으로 하는 현대사회로 국한할 경우 시민과 좋은 시민의 자질에 대해서 합의가 불가능한 것은 아니다. 예컨대 브릭하우스(Brighouse, H.)는 미국, 영국 등 민주화가 제도화된 나라에서 요구되는 좋은 시민의 자질을 다음의 세 가지 성향(disposition)으로 제시하였다(Brighouse, 2006: 63-68).

첫 번째는 법을 준수하는 성향이다. 민주주의 제도를 지니고 있고 법의 지배가 효과적으로 이루어지고 있으며 개인의 자유가 합당하게 보호되는 사회에서 좋은 시민은 합법적으로 통과된 법규를 준수하는 성향을 지녀야 한다. 설령 그 법규가 마음에 들지 않거나 심지어 그 법이 정의롭지 못하다고 생각할 경우에도 그렇다. 물론 가끔은 정의 혹은 여타의 더 큰 가치를 추구하는 과정에서 법규 위반이 정당화되기 때문에 이러한 준법 성향은 예외가 인정되어야 한다.

두 번째는 정의를 달성하기 위해 법적 통로를 통해 정치 참여에 동참하며, 또한 정치 참여를 통해 자신의 이익을 합법적으로 추구하는 성향이다. 앞부분과 관련해서 좋은 시민은 자신의 노력으로 부정의를 완화시킬 수 있는 확률에 기초해서 사고하고 법적·정치적 통로가 마련(확보)되어 있는 경우에는 불법적인 수단보다는 합법적인 방법에 의거하여 정치에 참여할 것이다. 뒷부분은 좀 더 복잡하다. 모든 시민은 자기 이익에 관심이 있으며 정치적 통로를 통해 자기 이익 중의 어떤 것을 추구하는 것은 정당한 반면 다른 것을 추구하는 것은 부당할 수 있다. 여기서의 논점은 어느 정도 부정의한 사회에서 개개인은 완전히 정의로운 사회에서는 전혀 정당화되지 못할 일을 하는 게 정당화될 수 있으며, 따라서 좋은 시민은 자신의 사적 이익을 추구할 때 합법적인 이익 추구 상황임에도 불구하고 신중하게 이익을 추구하는 성향을 지녀야 한다.

세 번째는 존중의 정신으로 공적 추론과 토론에 기꺼이 참여하려는 자세를 갖고 정치 참여에 관여하려는 성향이다. 이런 구상(관념)은 롤스(Rawls, J.)의 저작을 통해 학계에서 널리 알려진 것이다. 이 원칙은 이렇게 생각해 볼 수도 있다. 즉, 우리는 공적 추론에 의거하여 정치에 참여할 때, 합당한 사람들이라면 동의하지 않을 거라 기대되는 근본적인 도덕적 신념을 타인들이 가지고 있는 게 아니라면, 그들이 받아들일 수 없는 주장과 논변을 제기해서는 안 된다. 따라서 공적 토론 과정에서 시민은 아주 상이한 도덕적 관점을 지닌 사람들도 공유하는 가치에 근거하여 이유를 제시할 수 있어야 하는데, 이를 상호성의 원칙(norm of reciprocity)을 준수하는 성향이라 부른다.

이러한 브릭하우스의 견해는 민주화가 진전된 우리나라에서도 충분히 공유할 수 있는, 좋은 시민의 자질이자 성향이라고 할 수 있다. 즉, 미국과 영국처럼 ① 준법 성향, ② 정치 참여 성향, ③ 존중의 정신 혹은 상호성의 원칙 준수 성향 등은 우리나라를 비롯한 민주사회의 시민에게 요구되는 자질이자 시민교육에서 길러내야 할 성향이라 할 수 있다. 특히 이러한 자질이 성향이라는 점은 유의할 필요가 있다. 즉, 좋은 시민이 갖추어야 할 자질은 어떤 지식이나 지적 능력이 아니라, 지식, 기능 및 사고, 가치 태도 및 행동을 아우르는 종합적인 성향 혹은 성격이라는 것이다. 따라서 제대로 된 시민교육은 교과 수업만으로는 불충분하고 학교생활 전반에 걸쳐 참여와 체험의 기회를 제공하여 학생들이 행동을 통해 습관을 형성하고, 습관 형성을 통해 성향을 기를 수 있도록 해야 한다.

2. 시민교육과 학교

그렇다면 시민교육이란 무엇인가? 시민교육은 좁은 의미로는 주로 정치 참여 교육 혹은 정치교육[4]을 가리키기도 하지만 넓은 의미로는 정치, 경제, 사회, 윤리 등 시민의 전 생활 영역을 아우르는 모든 인간관계와 사회적 활동에 관련된 교육을 의미한다(김미란, 1998; 성낙돈, 2000 재인용). 또한, 이러한 정의를 넘어 시민교육을 보다 규범적인 측면에서 접근할 수도 있다. 예컨대 시민과 시민성의 규범적 측면을 담아 시민교육을 정의해 본다면, 사회의 각 분야에서 자신의 권리를 합리적으로 행사하고 공동체 구성원으로서의 의무를 성실히 이행하는 시민의 자질을 함양하기 위해 지식, 기능 및 사고, 가치 태도 등을 가르치는 교육이라고 할 수 있다.

한편 시민교육을 표현하는 용어들로는 citizen education, education of citizen, civic education, citizenship education 등이 있다. 앞의 둘은 규범적 의미와 성격이 뚜렷이 담겨 있지 않은, 다소 소박한 의미에서의 시민이 주체이자 대상이 되는 시민교육에 대한 포괄적 의미를 담고 있다. 반면에 civic education은 '국가 공동체의 구성원'으로서의 시민의 자질을 함양하는 교육으로서 흔히 '공민교육(公民教育)'이라는 이름으로도 불린다. 이에 비해 citizenship education은 '시민사회의 구성원'으로서의 자질을 함양하는 교육을 강조하고 있다(서울대 교육연구소, 1998: 1741-1742).

이들 중 일반적으로 시민교육을 가리키는 것은 civic education과 citizenship education이다. 그래서 기본적으로 시민을 '공동체의 구성원'이라고 표현할 수 있다면 시민교육은 공동체의 구성원으로서 시민이 갖추어야 할 자질과 의식을 기르기 위한 교육으로 개념화할 수 있다. 여기서 그 공동체의 범주와 특징을 무엇으로 보느냐에 따라 civic education과 citizenship education 중 어느 하나의 특징이 보다 부각될 수 있다. 즉, 그 공동체를 주로 국가로 한정한다면 전자의 의미가 강조될 것이고, 공동체의 범주를 지역, 국가, 세계 등으로 확대한다면

4 여기서 정치교육은 독일에서 사용하는 인간의 공동체성을 나타내는 의미의 정치가 아니라 정치 과정 정도의 의미로 사용한 것이다.

후자의 의미가 더 강조될 것이다.

지금까지 살펴본 개념과 용어들은 시민교육에 대한 형식적 정의들이라고 할 수 있다. 시민교육이 형식적 정의를 넘어서서 실질적 의미를 갖기 위해서는 해당 국가 및 사회에서 추구하는 시민의 구체적인 자질과 성향을 포함해야 한다. 예컨대 영국의 경우 크릭 보고서를 통해서 영국 사회에서 요구하는 시민의 자질을 사회적·도덕적 책임감, 지역사회 참여, 정치적 소양으로 설정하였고, 독일의 경우에는 교화 금지, 논쟁성 원칙, 학생 태도 등 보이텔스바흐 합의와 같은 시민교육 원칙을 정립하면서 암묵적으로 독일 사회에서 요구하는 시민의 자질을 내비쳤다.

사실 우리나라의 경우에도 이러한 공감대 형성이 필요한 시점이 되었다. 예컨대 브릭하우스의 견해(Brighouse, 2006)를 따라 준법 성향, 정치 참여 성향, 존중의 정신(상호성의 원칙을 지키는 성향) 등을 우리나라에서 길러내야 할 시민의 자질이자 시민교육의 목표로 설정하는 것은 진영에 상관없이 동의를 확보할 가능성이 높다는 점에서 시도해 볼 만한 생각이다.[5]

그렇다면 학교는 아동 및 청소년이 좋은 시민으로서의 자질과 성향을 함양하는 것을 어떻게 도울 수 있을까? 과연 학교는 시민교육의 적합한 장소일까? 만약 국가와 사회, 그리고 공적 문화, 즉 정치 체제와 정치 문화가 민주적이고 성숙되어 있다면 구태여 학교에서 시민교육을 할 필요가 없을 것이다. 그러나 민주화가 진전되었다고 하더라도 대부분 국가의 정치 체제와 문화는 여러 문제를 지니고 있다. 그래서 미래 세대를 위한 시민교육을 위해서 학교가 기여해야 하는 부분이 생기는 것이다. 그렇지만 학교가 시민교육에 완전한 대안이 되는 것도 아니다. 그래서 브릭하우스는 학교가 시민을 가르칠 때 적어도 다음의 세 가지 사항을 유의해야 한다고 보았다(Brighouse, 2006: 72-73).

> 첫째, 학교는 정치 체제와 정치 문화의 실패를 보상하는 데 한계가 있다는 점을 유의해야 한다. 예컨대 범죄나 불합리성을 보상하는 정치 체제는 학교가 법을 준수하라든지 공적으로 합당한 자세를 가지라고 촉구하기 어렵게 만들 것이다. 사리에 맞게 잘 구축된 정치 체제에서조차 공적 이성의 원칙을 따르는 성향을 길러주는 일은 매우 어려울 수 있다.

---

5 시민교육이 어느 정도 진행되면, 여러 분야의 전문가와 17개 시 · 도교육청 관계자들이 모여서 우리나라에서 요구하는 시민의 자질과 시민교육의 원칙을 세우는 작업을 진행하는 것이 필요할 것이다. 물론 국가 수준의 교육과정 개정 과정에서 시민교육 관련 교과목 개설을 하면서 이러한 작업이 진행될 수도 있다.

둘째, 학교의 기풍과 구성이 공식적 교육과정만큼이나 중요할 수 있다는 점을 유의해야 한다. 좋은 시민을 기르는 데 적합한 공식 교육과정이 충분치 않더라도, 사람들은 자신들이 성장한 주요한 사회적 환경 속에서 상당한 정도로 자기규율 능력을 보여줄 수 있다면 법규 준수는 보다 쉬운 일로 여길 것이다. 사람들은 아동·청소년 시절에 규율이 적절하게 적용되는 분위기 속에서 다른 문화적·사회적 혹은 종족적 배경의 타인들과 어울려 지내는 시간을 어느 정도 가졌다면 그 타인들이 지닌 생각을 이해하고 공감하는 것을 더욱 쉽게 여길 수도 있다.

셋째, 아동의 학교 내 입장은 시민의 국가 내 입장과 비슷하다는 점을 유의해야 한다. 학교는 적어도 아동이 학교에 다니는 동안에는 아동의 삶에 커다란 영향을 끼치며 대체로 학교를 졸업한 후에도 상당한 정도로 영향을 준다. 따라서 학교가 운영되는 방식 그리고 아동이 학교 내에서 자신의 입장을 어떻게 여기는가 하는 방식은 아동의 어떤 자질이 함양되는가에 영향을 줄 수 있다. 교사들은 서로 동등하게 대하면서도 연대감을 지니며, 교사와 교장은 아동을 품위와 존중으로 대할 뿐만 아니라 직원들도 존중해야, 아동도 학교의 상호 존중 분위기 속에서 자연스럽게 시민의 자질을 형성할 수 있다.

따라서 학교는 시민교육을 위한 최적의 장소는 아니지만, 아동 및 청소년을 대상으로 하여 시민교육이 이루어질 수 있는 중요한 공간이자 기관이라고 할 수 있다. 아동 및 청소년은 대부분의 시간을 학교에서 보내며, 정규 교육과정뿐만 아니라 학교 환경과 문화 속에서 좋은 시민으로 자랄 수 있는 개연성을 지니고 있다. 물론 시민교육이 학교에서만 이루어지는 것은 아니며, 학교 밖 사회도 시민교육의 중요한 장소이므로, 때로는 학교와 학교 밖이 연계될 때 보다 바람직한 형태의 시민교육이 이루어질 수도 있다.

3. 시민교육의 유형

1) 주체와 대상에 따른 구분

시민교육의 유형을 구분하는 방식은 여러 가지가 있을 수 있다. 우선 설규주(2008)는 시민교육을 주체와 대상에 따라 네 가지 유형으로 분류하였다. 즉, 시민교육의 주체를 국가와 민간으로 구분하고, 대상을 학생과 성인으로 구분하여 시민교육의 유형을 네 가지로 분류한 것이다.

표 1 시민교육의 유형(주체와 대상에 따른 구분)

<table>
<tr><th>주체
대상</th><th colspan="2">국가</th><th colspan="2">민간</th></tr>
<tr><td rowspan="2">학생</td><td colspan="2">I
공교육 제도 등에서 이루어지는 시민교육</td><td colspan="2">II
시민단체, 경제단체, 언론기관 등이 실시하는 시민교육</td></tr>
<tr><td>예</td><td>학교의 정규교육과정에 반영된 시민교육</td><td>예</td><td>시민단체의 방학 중 청소년 캠프, 경제단체의 학교방문 경제교육 등</td></tr>
<tr><td rowspan="2">성인</td><td colspan="2">III
중앙 및 지방 정부, 국가 기관 등을 통해 이루어지는 시민교육</td><td colspan="2">IV
시민단체, 지역사회 기관 등이 실시하는 시민교육</td></tr>
<tr><td>예</td><td>국가인권위원회가 실시하는 인권교육 등</td><td>예</td><td>언론단체 주관의 언론학교, 지역사회 복지기관에서 실시하는 시민강좌 등</td></tr>
</table>

유형 Ⅰ은 국가가 시민교육의 주체이고 학생이 대상이 된다. 이것은 우리나라 시민교육에서 그 역사가 가장 길고 체계적으로 이루어지는 유형이라고 할 수 있다. 특히 우리나라에서는 사회과와 도덕과를 중심으로 학교 내에서 교과 중심의 시민교육이 강조되어 왔다. 최근에는 특정 교과의 경계를 넘어 범교과 학습 및 창의적 체험활동 등을 통한 시민교육이 부각되고 있다. 이 유형은 국가 수준의 교육과정 문서에 많이 의존하고 있기 때문에 다른 유형에 비해 상대적으로 융통성이 부족하지만, 다른 한편으로는 그만큼 안정적으로 시민교육을 실시할 수 있는 통로라고 할 수 있다.

유형 Ⅱ는 민간단체나 기관이 학생을 대상으로 실시하는 시민교육이다. 여기서 교육이 일어나는 장소는 해당 학생들이 소속되어 있는 학교가 될 수도 있고, 민간단체나 기관이 마련한 별도의 장소가 될 수도 있다. 이러한 프로그램은 대상이 학생이지만, 정규 교육과정의 구속을 거의 받지 않기 때문에 내용과 방법을 구성하고 프로그램을 운영할 때 더욱 자유롭고 유연한 대응을 할 수 있다는 장점이 있다. 여기에는 시민단체가 운영하는 방학 중 인권캠프나 환경캠프, 경제교육 단체가 운영하는 주말 경제교실 등이 포함된다. 이러한 유형은 우리나라보다 해외 시민교육에서 활성화되어 있다.

유형 Ⅲ은 성인을 대상으로 정부나 국가기관 등이 실시하는 시민교육이다. 이 경우 그 대상에 일반 시민도 포함될 수 있지만, 주로 공무원들이 많이 해당

될 수 있다. 예를 들어, 국가인권위원회에서는 인권 관련 문제가 상대적으로 많이 제기될 수 있다고 판단되는 기관(경찰, 군, 교도소, 복지시설 등)에 종사하는 공무원들을 대상으로 지속적으로 인권교육을 실시해 오고 있다. 또한, 선거, 성희롱 예방 관련 등의 주제를 가지고서 해당 기관이 관련 공무원들을 대상으로 교육을 실시하는 사례들도 여기에 포함될 수 있다.

유형 Ⅳ는 민간단체나 기관이 성인을 대상으로 실시하는 시민교육이다. 이 유형은 다른 유형들에 비해 자율성과 융통성이 많이 발휘된다고 볼 수 있다. 그런데 자율성이 높다고 해서 그것이 곧 체계적이지 못함을 의미하는 것은 아니다. 특정 분야에 전문성을 가진 민간단체나 기관들은 오랫동안 시민교육을 실시해 오는 과정에서 높은 수준의 체계성과 전문성을 보여주는 경우가 적지 않다. 언론 관련 시민단체가 일반 시민을 대상으로 개최하는 언론학교, 언론사나 지역사회 복지기관 등에서 실시하는 시민강좌 등이 여기에 해당된다.

물론 위의 유형 구분은 다분히 이념형에 가까운 것으로 시민교육의 실천 과정에서 나타나는 구체적인 사례들은 이와 같은 구분 방식으로 설명하기 어려울 수도 있다. 또한, 어떤 사례들은 위의 유형들 중 2～3개에 걸쳐서 존재할 수도 있다. 따라서 위의 구분 방식은 시민교육의 유형을 구분하는 여러 방법 중 하나로서 시민교육의 다양한 측면을 이해하는 데 기여하는 정도의 의미를 지닌다.

2) 학습 방법에 따른 구분

허영식 등(2007)에 따르면, 시민교육은 '학습 방법'의 성격에 따라 크게 '내용 전달'의 성격을 띠는 닫힌 모형과 '문제해결'의 성격을 띠는 열린 모형으로도 구분할 수 있다.

표 2 시민교육의 유형(학습 방법에 따른 구분)

구분	닫힌 모형	열린 모형
목적	내용 전달	문제해결
성격	지식, 기능, 가치의 전수	지식, 기능, 가치의 적용
수업 형태	선형적	동심원적

구분	닫힌 모형	열린 모형
기법	강의, 전달, 설명, 제시 등	활동, 경험, 본보기, 구안 등
교사의 역할	권위자, 내용의 전달자 등	조력자, 산파, 배려자 등

닫힌 모형은 대체로 시민교육에서 강조하는 지식, 기능, 가치를 전달하는 것을 특징으로 하고 있다. 이에 따라 교사나 강사가 가지고 있는 내용 요소들이 학습자에게 전달된다는 의미에서 '선형적' 수업 형태를 띤다고 볼 수 있다. 이때 교사는 가치 있는 내용을 전달하는 권위자로서의 위상을 갖게 된다. 이러한 닫힌 모형에 해당하는 기법으로는 강의, 전달, 설명, 제시, 반복 등이 있는데, 바아 등(Barr, Barth, & Shermis, 1978)의 논의를 인용하여 그와 같은 전달 방식의 예를 구체적으로 단계화하여 표현하면 다음과 같다.

① 교훈적인 내용을 담고 있는 자료에서 내용 선정
② 문제의 소지가 있는 내용 삭제
③ 교과서 읽기, 과제 부여, 강의를 통한 내용 전달
④ 설득력 있고 영감을 주는 내용 해석 및 전달
⑤ 교사의 해석을 통해 가져야 할 가치와 태도 전달

반면, 열린 모형은 지식, 기능, 가치 등과 같은 내용 요소를 구체적인 상황에 맞게 적용하는 것을 강조한다. 이에 따라 수업이 교사에서 학습자에게로, 즉 단일한 방향으로 진행되기보다는 어떤 주제나 쟁점을 중심으로 학습자의 학습 활동 및 교사와의 상호작용이 확산적으로 이루어진다는 점에서 '동심원적' 형태를 띠고 있다고 볼 수 있다. 이때 교사는 학습자의 학습과 성장을 도와주는 조력자, 배려자 등의 역할을 하게 된다. 이러한 열린 모형에서 많이 활용하는 기법은 토론, 조사, 노작, 실험 등의 활동 및 경험과 관계된 것들이다. 마찬가지로 바아 등(Barr, Barth, & Shermis, 1978)의 논의를 중심으로 이러한 모형에서 활용할 수 있는 의사결정 기법의 단계를 예로 제시하면 다음과 같다.

① 경험: 인간과 환경의 상호 작용(사건, 사태 발생)
② 의심: 경험의 혼란과 불안정 → 내부의 심리적 긴장

③ 문제의 체계화: 문제의 진술, 갈등과 긴장의 범위를 명확히 함
④ 가설 설정: 기존에 알고 있는 지식을 사용하여 새로운 사실 설명, 학생 스스로 수립
⑤ 탐색과 검증: 자료 수집 및 자료를 통한 판단
⑥ 일반화: 검증 결과를 근거로 하여 도출(문제해결의 정도를 나타내는 지표)
⑦ 토론: 수집된 기초 자료에 대한 질문, 맥락적 해석과 관련된 질문, 학생의 신념과 가치를 확인하는 질문 등 활용
⑧ 평가: 일종의 수행 평가(논술, 실행, 연구결과 발표, 보고서 작성, 조사 발표, 토론, 독후감 발표 등)

이러한 닫힌 모형과 열린 모형의 구분 역시 이념형에 가까운 것으로 마치 양립할 수 없는 것처럼 보일 수 있지만, 사실 시민교육이 이루어지는 현장에서는 반드시 이 두 모형을 배타적으로 선택하는 것은 아니다. 시민교육의 구체적인 맥락에 따라서 어느 한 모형이 더 비중 있게 활용될 수도 있고 양자가 균형 있게 활용될 수도 있다. 대부분의 경우에는 이 두 모형이 함께 활용될 것이다. 예를 들어, 어떤 활동을 하기에 앞서 활동의 의의나 절차 등을 설명하는 과정이 있을 것이고, 어떤 지식에 해당하는 내용을 전수받는 경우에도 단지 거기에 머물지 않고 그것을 심화, 적용하는 과정과 활동이 필연적으로 수반되는 것이 일반적이다.

4. 학교 시민교육의 유형

우리 사회의 민주주의를 공고화하기 위해 좋은 시민을 양성하기 위한 노력은 학교와 학교 밖(사회)에서 함께 이루어질 수 있다. 그래서 시민교육은 학교 시민교육과 학교 밖 시민교육으로 나눠서 살펴볼 수 있다. 이러한 구분은 얼핏 보면 아동 및 청소년 대상으로 한 시민교육과 성인 시민교육의 구분으로도 볼 수도 있다. 그러나 아동 및 청소년도 학교 밖에서 여러 정치 활동을 할 수 있고, 성인도 평생교육의 관점에서 학교로 돌아가서 재교육을 받을 수 있다는 점에 비추

어 볼 때, 학교와 학교 밖 시민교육의 구분은 교육 대상의 연령이라기보다는 오히려 시민교육과 시민참여(운동)의 우선순위에 따른 구분으로 보는 것이 더욱 적절하다.

즉, 학교는 시민교육을 우선순위에 두고 학교 내에서나 학교 밖에서 학생들이 시민의식을 배울 수 있는 참여 기회를 제공하는 각종 프로그램과 풍토를 조성·지원할 수 있는 반면에 지역사회, 직장, 시민사회단체, 각종 미디어나 정보 매체는 시민참여나 시민운동을 우선순위에 두고 그것의 일환으로 각종 활동과 프로그램을 운영하여 시민교육의 기회로 삼고 있기 때문이다. 즉, 학교 시민교육이 '교육과 교육을 위한 참여'를 강조한다면, 학교 밖 시민교육은 '참여와 참여를 통한 교육'에 초점을 두고 있다.

아동과 청소년을 대상으로 하는 시민교육을 좀 더 구분하면, ① 학교 교과목 등으로 배우는 공식적인 학습 경험인 정규 교육과정(formal curriculum), ② 학교에서의 비정규적인 학습경험인 잠재적 교육과정(hidden curriculum), ③ 학교 밖의 학습 경험인 사회 관행적 교육과정(societal curriculum) 등 크게 세 가지로 구분할 수 있다(Hepburn, M. A., 1983; 이광성 역, 2005: 22). 한편 우리나라의 경우에는 국가 수준의 교육과정 문서에 근거한 정규 교육과정을 통한 시민교육은 교과, 범교과 학습 및 창의적 체험활동 등으로 구분되어 실행되어 왔다. 또한, 잠재적 교육과정은 학교 제도 및 문화 속에서 교사와 동료 학생들과의 상호작용을 통해서 이루어져 왔다. 그리고 사회 관행적 교육과정 측면에서는 대중매체 등 미디어의 영향력이 날로 강화되고 있다.

따라서 아동 및 청소년을 대상으로 하는 시민교육의 유형과 방식은 매우 다양할 수 있다. 이 책은 학교 시민교육과 아동 및 청소년의 시민교육에 초점을 맞추고 있다. 따라서 이 책에서는 우선적으로 시민교육 유형을 교육의 공간이자 성격을 고려하여 학교와 학교 밖 시민교육으로 분류하고, 대상에 따라 '아동 및 청소년 대상의 시민교육'과 '성인 대상의 시민교육'으로 분류하고자 한다.

또한, 이 책이 학교 교육과정 개선 방안에 초점을 맞추고 있기 때문에 학교에서 이루어지는 아동 및 청소년 대상 시민교육을 ① 교과 중심, ② 범교과 학습 및 창의적 체험활동 중심, ③ 잠재적 교육과정 등으로 분류하여 살펴보려고 한다. 한편 범교과 학습 및 창의적 체험활동과 잠재적 교육과정은 학교 밖 시민교육과도 연계되는 경우가 많기 때문에 부분적으로 아동 및 청소년을 대상으로 이루어지는 사회 관행적 교육과정인 학교 밖 시민교육에 대해서도 살펴보려 한다.

표 3 시민교육과 학교 시민교육의 유형

대상 / 공간 및 성격	아동 및 청소년	성인
학교 시민교육 (교육과 교육을 위한 참여)	정규 교육과정(교과 중심)	학교의 재교육 및 평생교육 프로그램 등
	정규 교육과정(범교과 학습 및 창의적 체험활동 중심)	
	잠재적 교육과정(학교생활 및 문화)	
학교 밖 시민교육 (참여와 참여를 통한 교육)	사회 관행적 교육과정(아동 및 청소년 대상 국가기관, 정당, 이익집단, 시민단체, 언론 등의 정치 참여 및 교육활동 등)	성인 대상 국가기관, 정당, 이익집단, 시민단체, 언론 등의 정치 참여 및 교육활동 등

제3장

우리나라 시민교육의 방향 모색

1. 사회 변동에 대응하는 시민교육

시민교육이 사회현실의 변화에 대응하여 이루어져야 한다는 점을 강조하는 흐름이 있다. 전득주(1995)는 김영삼 정부에서 민주주의가 진전된 가운데 세계화, 지방화, 통일 등과 같은 과제가 중요해지면서 대화와 타협의 정치 문화가 중요해졌음에 주목하였고, 이를 위해 시민교육이 요구된다는 점을 강조하였다. 그리고 정하윤(2012, 2017)은 남북통일 이후 사회통합 문제에 주목하면서 남북한 주민들의 사회통합을 위한 시민교육의 필요성을 강조하였다.

다른 나라의 경우도 마찬가지다. 예컨대 독일의 경우에는 제2차 세계대전 직후, 통일 전후, 그리고 세계화와 다문화적 변화를 겪는 최근까지 독일 사회의 시민교육에 대한 여러 요구에 반응하면서 시민교육을 실천해 왔다. 따라서 시민교육은 해당 사회의 변화에 대응하면서 구성원의 시민적 자질을 함양하여 그 사회의 현재를 변화시키고 미래를 준비하는 역할을 수행한다.

그렇다면 과연 현재 우리나라에서는 시민교육에 대한 사회적 요구들이 어떻게 나타나고 있을까? 사실 시민은 역사적 개념으로 특정 사회의 모습을 반영하는 동시에 그 사회 구성원들의 정치적·규범적 관점도 반영한다. 따라서 시민은 특정 사회의 현재 모습뿐만 아니라 미래 전망을 담고 있는 개념이라 할 수 있다. 그래서 우리나라의 사회 변동 양상과 사회적 요구, 그리고 이에 대한 우리의 대응 방식을 이해해야 우리가 추구하는 좋은 시민의 자질과 시민교육의 방향을 잡을 수 있다.

2. 우리나라의 사회 변동과 사회적 요구

최근 우리나라의 사회 변동은 여러 차원에서 이루어지고 있다. 이 중에서 시민교육과 관련해서 주목해야 하는 변동 양상은 5가지 정도로 볼 수 있으며, 이와 관련하여 시민교육에 대한 사회적 요구도 나타나고 있다.

첫째, 우리나라는 민주주의의 제도화를 넘어서서 민주주의의 일상화를 추구하는 단계로 접어들고 있다(최장집, 2010). 민주주의의 일상화는 단순히 정치 제도만이 아니라 우리나라에 뿌리 깊게 박혀 있는 정치 문화에 초점을 맞춘다는 것을 의미한다. 2016~2017년 촛불집회는 민주적인 제도와 선거하에 구성된 합법적인 정부를 탄핵이라는 또 다른 합법적 수단을 활용하여 정권을 교체하는 결과로까지 이어졌다. 그 과정에서 가장 큰 계기가 된 것은 다름 아닌 ○○여자대학교의 입시부정 등 우리 사회 내부의 부조리와 잘못된 관행이었다. 대통령 직선제와 같은 거시적인 법과 제도 차원의 문제가 아니라 대통령 주변 측근들의 전횡으로 인해 발생한 입시 부정에 대해서 단순히 법과 제도뿐만 아니라 그것을 운영하는 사람들의 의식과 문화 차원에서 자유롭고 평등한 사회가 구현되어야 하는 요구가 강하게 나타난 것으로 이해할 수 있다. 즉, 우리 사회 내부의 편견과 차별, 그리고 이로 인한 불평등을 해소하려는 요구가 강화되고, 이러한 흐름 속에서 시민교육을 통해 시민의식을 제고하는 노력이 요청되고 있는 것이다(유시주 외, 2007).

둘째, 우리나라가 지속적으로 강화해 온 지방자치와 분권화의 흐름이 여러 도전과 과제에 직면해 있다(21세기 정치연구회, 2014). 우리나라에 지방자치가 도입된 지도 꽤 시간이 흘러서 이제 각 지역은 행정 및 교육 영역에서도 일정 부분 자치를 누리는 단계로 나아가고 있다. 그 과정에서 지역의 연고주의와 권언유착의 문제가 발생하기도 하고, 지역 간의 갈등과 격차가 심화되는 등의 문제가 나타나기도 한다. 지역사회를 중심으로 이루어지는 지방자치와 분권은 시민들의 직접적이고 적극적인 참여를 필요로 한다. 이러한 참여는 때로는 지역사회 전체의 공익을 위한 시민 참여로 나타나 지역사회 발전에 기여하기도 하고, 때로는 개인과 집단의 과도한 이익 추구 성향으로 인해 분별없는 모습으로 변질되기도 한다. 이러한 과정이 반복되고 누적되면서 지방자치와 분권화라는 흐름은 돌이킬 수 없는 경향이 되었고, 동시에 극복해야 하는 도전과 과제들도 제기되고 있다. 지방자치와 분권 사회에서 시민들의 직접적이고 분별 있는 참여는 지역사회와 공동체의 운명을 좌우할 수 있기 때문에 이에 대응하는 적절한 시민교육이 요청된다. 이러한 필요성을 반영하여 사회과 교육과정에서도 지역사회의 문제를 해결하기 위한 시민참여 활동을 명시하고 있다(교육부, 2015c).

셋째, 남북한 간의 오랜 분단을 극복하고 남북 교류를 활성화하여 통일로 나아가는 움직임도 강화되고 있다. 김대중, 노무현 정부의 햇볕 정책과 평화 기조가 비록 이후 정부에서 후퇴하기도 했지만, 문재인 정부에서 남북한 간 대화와 교류가 다시 복원되고 확대되는 모습을 보이기도 했다. 남북한 간의 대결 대신 교류를 지향하는 모습은 정권에 따라 부침이 있을 수 있지만, 6·25 전쟁의 고통으로부터 자유로워지는 미래세대로 나아갈수록 보다 강화될 것으로 기대해 볼 수 있다. 그러나 60년 이상 분단된 민족 구성원들이 하루아침에 정치적·문화적 통합을 이루는 것은 불가능하다. 특히 남북한 간의 대립은 단순히 남북한 간의 문제로 남아 있는 것이 아니라 남한 내의 이념대립, 소위 남남갈등과도 맞물려 있다. 따라서 남북 분단을 극복하고 남남갈등을 해소하는 과정에서 여러 도전에 직면하는 양상은 단지 어제오늘의 일이 아니라 우리 사회의 오랜 과제라고 할 수 있다(박광기 외, 2007). 이러한 분단 극복과 국가 통합도 부분적으로 시민교육을 통해서 이루어질 수 있는 측면이 있다.

넷째, 세계화의 흐름 속에서 다문화사회로의 진전이 가속화되고 있다. 국제결혼 여성, 유학생, 이주노동자, 난민 등이 우리나라에 들어와서 생활하면서 동남아시아, 중앙아시아 등을 비롯한 여러 나라의 다양한 인종, 민족, 문화가 우리나라 안에서 어우러지면서 우리나라의 문화 다양성이 증가하고 새로운 문화가 형성되는 등 지구촌뿐만 아니라 우리나라 내부의 다문화적 변화가 진전되어 가고 있다(구정화 외, 2018; 권태환 외, 2012: 258-261). 즉, 이제 우리나라는 더 이상 단일 민족 국가가 아니며, 우리나라 내부의 문화적 다양성과 차이의 폭과 깊이가 확장·심화되고 있다. 따라서 이질적인 문화와 구성원들 간의 관용과 연대, 협력과 상생이 필요한 상황이다. 그러나 이질성의 증가는 다양한 형태의 갈등을 유발할 가능성이 있고 이에 대한 적절한 대응이 없을 경우 국가 및 사회의 유지와 발전에 큰 위협이 될 수밖에 없다. 2015 개정 교육과정 총론에서 모든 학생을 위한 교육 기회의 제공을 명시하면서 인종, 민족, 문화적 배경이 다른 귀국 학생, 다문화 가정 학생 등을 충분히 고려하도록 한 것도 이러한 요구를 반영하고 있는 것으로 볼 수 있다(교육부, 2015a).

다섯째, 과학기술의 발달, 대량 생산 및 소비 체제, 환경문제 등 지속가능발전을 위협하는 도전들이 나타나고 있다. 자본주의의 상업성과 선정성, 그리고 그 속에서 과도한 소비, 불필요한 생산을 통해서 환경이 파괴되고, 다시 그러한 문제들이 인간에게도 영향을 주는 흐름이 가속화되고 있다. 이제 과학기술과 자본주의는 인간에게 행복만 가져다주는 것이 아니라 인간에게 고통을 가할 수도 있다는 사실을 인류는 이미 경험하고 있다(Giddens, 2006; 김미숙 외 역, 2010: 635-637). 그래서 과학기술의 문제점을 또 다른 과학기술로 극복하고 자본주의의 문제점을 수정 자본주의로 극복하는 것은 일정 정도 한계에 이르고 있다. 따라서 현재 세대의 행복뿐만 아니라 미래 세대의 생존을 위해서 지구촌 차원에서 노력해야 하는 과제들이 나타나고 있고, 이에 대한 대응도 시민교육을 통해서 이루어질 수 있는 부분이 있다. 2015 개정 교육과정에서도 사회과, 도덕과, 과학과, 기술·가정과 등 전통 교과는 물론 환경 과목 및 범교과학습 주제를 통해서 지속가능발전과 관련한 요구를 담아내고 있다(교육부, 2015a).

물론 시민교육이 우리나라의 사회 변동에 대한 만병통치약과 같은 대응책은 아니지만, 적어도 앞에서 언급한 다섯 가지 측면의 사회 변동과 사회적 요구는 시민교육을 통해서 대응할 수밖에 없는 성격과 측면을 지니고 있다.

3. 우리나라 시민교육의 방향

우리나라의 시민교육, 특히 아동 및 미래 세대를 가르치는 학교 시민교육은 앞서 제시한 우리나라의 사회 변동과 사회적 요구에 대응하여 다음과 같은 다섯 가지 방향으로 전개될 필요가 있다.

첫째, 시민교육은 법과 제도뿐만 아니라 일상에 뿌리내린 권위주의적 잔재를 극복하는 방향으로 전개되어야 한다. 이를 위해서는 전통적인 국민교육이 아니라 비판적인 사고를 기르고, 쟁점을 소재로 하여 토론하는 방식으로 시민교육이 변화되어야 한다. 이는 과거 독일에서 나치의 잔재를 해소하기 위해서 시민교육의 변화를 모색했던 것과 유사한 방식이다. 독일에서는 보이텔스바흐 합의를 시민교육의 근간으로 설정하면서 교화, 주입 등과 같은 권위주의의 산물이 학습을 오염시키는 것을 막고자 하였다(설규주, 2018: 161; 이동기, 2018). 우리나라의 경우도 민주화 이전에는 이런 움직임을 띠기 어려웠고, 민주화 이후에도 법과 제도 중심의 개혁을 추구한 나머지 아동 및 청소년을 대상으로 비판적인 사고와 쟁점 중심의 토론을 강조하는 형태의 교육이 미흡했다. 이러한 문제에 대응하기 위해 이제 비판적인 사고와 쟁점 중심의 토론을 중심으로 하여 우리 사회의 문제를 비판적으로 성찰하고 개선할 수 있는 시민을 길러야 하는 과제가 학교에 주어지고 있다. 이러한 변화는 교육과정에도 반영되어 있다. 예를 들어, 2015 개정 사회과 교육과정의 경우 교과 역량 중 하나로 비판적 사고력을 제시하고 있고, 도덕과의 경우 도덕적 가치의 내면화뿐만 아니라 도덕적 판단과 추론의 과정을 강조하고 있다(교육부, 2015c, 2015d).

둘째, 시민교육은 전인적이고 종합적인 시민교육을 추구해야 한다. 2015 개정 교육과정 총론에서 제시하고 있는 '추구하는 인간상'에는 전인적 성장을 바탕으로 하는 민주시민의 모습을 포함하고 있다(교육부, 2015a). 학교는 민주주의의 일상화, 지방자치와 분권화 등이 강조되는 사회에서 적극적으로 정치 활동에 참여할 수 있는 시민을 양성해야 한다. 즉, 학교는 일상생활의 민주화와 지방자치 활동에 적극적으로 참여할 수 있는 지식, 기능 및 사고, 가치 태도 및 행동 능력을 갖춘 시민을 기르는 데 초점을 맞추어야 한다. 따라서 학교는 인지적 영역과 정의적 영역을 두루 아우르는, 즉 알고 생각할 뿐만 아니라 가치 판단하고 행동할 수 있는 성향을 지닌 시민을 기르는 방향으로 시민교육을 재편해야 한다. 즉, 기존의 교과 중심에서 벗어나 범교과 학습 및 창의적 체험활동뿐만 아니라 학교생활, 학교와 학교 밖 연계를 통하여 교실과 학교에서 배운 것을 학교와 사회에서 실천할 수 있도록 하는 방식으로 시민교육을 기획·운영해야 할 것이다(염경미, 2018).

셋째, 시민교육은 기획 및 운영 과정에서부터 민주적으로 이루어져야 한다. 이를 위해서는 국가 수준 교육과정의 영향력을 줄이고, 시·도교육청, 학교 단위에서 자율적으로 교과 교육과정, 범교과 학습 및 창의적 체험활동 등의 개발 및 운영이 이루어져야 한다. 따라서 국가와 중앙 정부는 시민교육을 운영하는 데 필요한 지원 법률과 제도를 마련하고 시·도교육청 네트워크를 구축하는 데 앞장서야 하지만, 구체적인 교육과정이나 프로그램 개발 및 운영은 시·도교육청과 학교, 그리고 학교 내부에서도 교사와 학생들의 의견과 아이디어를 반영하는 방식으로 이루어져야 한다. 사실 이러한 방식은 아직 제대로 정착되어 있지 못한 것일 뿐이지 새로운 것은 아니다. 이미 7차 교육과정부터 국가에서 최소한의 기준만을 제시하고 시·도교육청 및 단위학교와 교사에게 교육과정 운영에 대한 자율적 재량권을 상당 부분 위임하고 있고(설규주, 2005: 115-116), 이후 교육과정에서도 역시 그러한 기조를 유지하고 있다.

넷째, 학교 시민교육은 남북 분단과 다문화사회의 도전과 과제를 해결하기 위해서 국민통합을 넘어서서 좀 더 포괄적인 형태의 사회통합을 위해 이질적인 집단에 대한 관용과 연대를 강조하는 방식으로 전개되어야 한다. 물론 아직까지도 우리 사회는 좌우의 이념 대립이 강하고, 남남갈등이 종종 나타나지만, 분단 극복과 다문화사회로의 진입은 이러한 국민통합의 과제를 넘어서서 서로 다른 이질적인 집단 사이의 관용과 연대를 강화하는 형태의 시민교육을 요청하고 있다(박광기 외, 2007). 이는 과거 통일 과정, 그리고 최근에 이주노동자와 난민 등의 사회통합 과제를 안고 있는 독일의 사례와 유사한 측면이 있다. 사회적 소수자를 비롯한 다양한 사회 구성원이 공존하는 우리 사회에서도 사회 통합은 중요한 과제이다(한국정치학회, 2014: 341-342). 시민교육은 단순히 사회적 소수자에 대한 일방적 배려나 동정심을 기르고자 하는 것이 아니라 사회 구성원의 동등한 참여를 통해 진정한 사회통합을 추구한다는 점에서 기여할 수 있는 부분이 매우 크다.

다섯째, 시민교육은 지역사회와 국가뿐만 아니라 세계 시민의 자질을 함양하는 방향으로 전개되어야 한다. 2015 개정 교육과정 총론에 제시된 '추구하는 인간상'에는 공동체 의식을 가지고 세계와 소통하는 시민의 모습이 포함되어 있다(교육부, 2015a). 과학기술의 발달, 대량 생산 및 소비 체제의 한계 노출, 환경문제 등 전 지구적 문제 발생에 대처하기 위해서는 지역사회와 국가 수준의 시민교육만으로는 한계가 있다. 미래 세대를 위한 시민교육을 통해 전 지구적 문제에 관심을 가지고 이에 대처할 수 있는 폭넓은 시야와 관점을 지닐 수 있도록 해야 한다. 그런 점에서 시민교육은 세계시민성을 기르는 데도 일조해야 한다. 실제로 사회과, 도덕과 교육과정을 중심으로 지구촌 수준의 사회 변동이나 문제에 적극적 모습으로 대응하는 세계 시민의 자질과 관련한 사항을 성취기준에 반영하고 있다(교육부, 2015c; 교육부, 2015d).

4. 시민교육을 위한 학교의 역할

우리나라 시민교육을 위해서 학교가 할 수 있는 일은 무엇인가? 우선 학교는 시민교육 유형에 비추어 볼 때 정규 교육과정, 잠재적 교육과정, 그리고 학교 밖과 연계한 사회 관행적 교육과정 등에서 시민교육을 위한 보다 효과적인 공간이자 기관으로 거듭나야 한다.

첫째, 학교는 교과와 범교과 학습 및 창의적 체험활동 등 정규 교육과정 개정을 통해서 시민교육을 보다 효과적으로 실시할 수 있도록 노력해야 한다. 여기서 효과적이라 함은 효율적이라는 의미가 아니며, 시민교육을 위한 사회적 요구에 적절히 대응하는 방식으로 교과목 개편, 교육 내용 선정 및 조직을 포함하는 교육과정 개정을 추진해야 한다는 의미이다. 이를 위해 국가 수준의 교육과정뿐만 아니라 시·도 및 학교 혹은 교사 수준의 교육과정 역시 시민교육의 측면에서 성찰하고 개선해야 할 것이다. 2015 개정 교육과정 총론에서도 기본적으로 단위 학교가 학교 실정에 맞게 교육과정을 편성·운영하고 국가와 시·도교육청 등은 이를 지원할 것을 명시하고 있다(교육부, 2015a). 학교의 시민교육 역시 이러한 기초 위에 이루어지는 것이 바람직하다.

둘째, 학교는 학생 인권 보장을 넘어서서 학교 자치, 학급 자치 등을 통해서 보다 민주적이고 학생들의 정치 참여가 활성화되는 공간으로 재편되어야 한다. 학교에서 생활하는 아동과 청소년이 단지 미래의 유권자만이 아니라 현재의 주권자임을 인정할 필요가 있다(설규주, 2017: 220). 아동과 청소년에 대해 학교가 가정과 유사하게 온정주의적 접근을 수행하는 측면도 일정 부분 존재하지만, 적어도 학생들이 결정할 수 있는 범위와 사안에 대해서는 학생 스스로 권리를 행사하고 책임을 질 수 있는 방식으로 운영되어야 할 것이다.[1]

셋째, 학교는 학교 밖과의 거리를 좁히고, 학교 밖의 정부 기관, 정당, 언론, 이익집단, 시민단체 등과 협력하여 다양한 형태의 현장 체험 중심 시민교육을 제공할 수 있어야 한다(염경미, 2018). 이를 통해 학생들이 민주사회에서의 시민 역할을 지식으로만 아는 데 그치는 것이 아니라 사회 문제 및 공공 쟁점과 관련해서 적극적으로 정치에 참여할 수 있도록 해야 한다. 예를 들어, 최근 활발해지고 있는 학교와 시민단체 간의 연계 프로그램을 적극 활용할 수 있다. 시민단체는 체험 중심의 시민교육 프로그램을 제공하고 학교는 학생이 거기에 참여할 수 있도록 지원하는 방식의 협력을 통해, 학생 스스로 청소년의 학교 안팎 생활과 관련하여 개선되어야 할 사항을 모색하고 그것을 정책화하는 작업을 시도해 볼 수 있다(굿네이버스, 2018).

지금까지 논의한 시민교육과 한국 사회의 변동 양상 및 사회적 요구, 시민교육의 방향과 학교의 역할을 도식화하면 그림 1과 같다.

1 이와 함께, 늘어나고 있는 탈학교 청소년들을 대상으로 하여 시·도교육청 및 지역 교육청 차원의 교육 공간 및 프로그램이 제공되어 탈학교 청소년들도 학교에 다니는 학생들에 준하는 시민교육을 받을 수 있는 여건이 마련될 필요가 있다.

구분					
한국 사회의 변동 양상	민주주의의 수준 향상	지방자치와 분권화 확산	남북 교류 활성화 및 통일에 대한 기대 고조	세계화와 다문화의 가속화	과학기술과 자본주의의 부작용 증가
사회적 요구	민주주의의 일상화 추구	지역 차원의 시민참여 증진	민주주의에 기반한 분단 극복과 사회 통합	문화적 다양성 존중과 상생	지속가능발전을 위한 노력
시민교육의 방향	쟁점 중심 토론을 통한 비판적 사고력 증진	전인적이고 종합적인 시민 양성	민주적 절차 준수 및 학교와 교사의 자율권 강화	관용과 연대를 통한 사회통합 추구	세계 시민으로서의 자질 함양
특징	일상의 권위주의 잔재 극복 및 비판적 성찰 활성화	민주시민으로서의 지식, 기능, 사고, 가치, 태도, 행동 능력 함양	민주시민 교육의 기획과 운영의 민주화	다양한 갈등 극복 및 이질적 집단 간 이해와 공존 모색	지구적 차원의 문제해결 방안 모색 및 실천
학교의 역할	정규 교육과정을 활용한 효과적인 시민교육 실시		학교를 학생의 정치 참여 활성화 공간으로 활용		학교 밖 다양한 기관과의 연계 확대

그림 1 한국 시민교육의 방향과 학교의 역할

제2부 | 우리나라의 학교 시민교육

4장 우리나라 시민교육의 역사

5장 학교 시민교육의 변천과 현황

6장 학교 시민교육의 실태와 개선 방안

7장 학교 시민교육의 특징과 과제

제4장

우리나라 시민교육의 역사

1. 우리나라 시민교육의 기원과 성격

우리나라 시민교육의 기원과 성격에 대해서는 여러 방식의 설명이 가능하다. 국내 학계에서는 독일 등의 영향으로 시민교육을 주로 정치교육과 동일시하는 경향이 있다. 한국민주시민교육학회가 발간한 '민주시민생활용어사전'에서는 시민교육을 ① 정치질서 내지 정치 체제의 안정을 유지하기 위하여 국민의 지지를 형성하는 것, ② 정치에 관한 연구와 정치과정의 참여에 필수적인 지식과 기술, 태도를 획득하는 것, ③ 국민이 국가의 주권자로서 국가와 지역사회에서 일어나고 있는 정치현상에 관한 객관적인 지식을 갖추고 정치적 상황을 올바로 판단하고 비판의식을 갖고 정치과정에 참여하여 권리와 의무를 적극적으로 수행하고 책임지는 정치행위가 될 수 있도록 가정, 학교, 사회에서 습득하는 모든 과정 등으로 정의한다(한국민주시민교육학회, 1998).

그러나 오늘날 현장에서 시민교육이라는 이름으로 이루어지고 있는 교육의 내용과 범위가 반드시 협의의 정치교육 혹은 정치참여 교육에만 국한되는 것은 아니다. 심지어 정치교육이라는 용어 역시 좁은 의미의 제도권 정치 영역뿐만 아니라 일상생활 장면 곳곳에서 일어나는 생활 정치의 측면을 함께 지니고 있기 때문에, 시민교육은 더욱 넓은 의미로 이해되어야 한다. 사실 독일에서 정치교육의 어원과 의미도 고대 그리스의 폴리스라는 민주적인 공동체 개념에서 출발한다는 점에서 정치교육 혹은 시민교육은 민주적인 공동체의 구성원들이 사회생활을 하는 데 필요한 여러 자질을 기르는 포괄적인 형태와 내용의 교육이라고 할 수 있다.

그렇다면 우리나라에서는 언제 이러한 시민교육이 시작되었고, 어떤 성격을 지니고 있을까? 시민교육은 민주주의를 국가의 이념과 체제의 이상으로 한다는 것을 전제로 한다. 그리고 시민교육은 그 이념과 체제의 지향성에 따라, 국가 의사결정의 실질적 주체로서 요구되는 구성원의 능력과 태도를 함양하는 교육 활동을 말한다. 따라서 구한말이나 해방 직후에 있었던 민주적 가치와 태도에 대한 교육은 본질적인 의미의 시민교육이라기보다는 시민교육의 준비기나 태동기 정도로 이해하는 것이 적절하다. 이렇게 본다면, 우리나라의 본격적인 시민교육은 1948년 민주공화국을 표방한 대한민국 정부 수립 이후부터 시작되었다고 할 수 있다(전득주 외, 1992: 229).

물론 이에 대한 반론도 가능하다. 해방 이후 우리 정치 현실 속에서 시민교육은 주로 국가에 의해 정치 사회화 위주로 진행되어 온 것이 사실이다. 특히 민주화 이전까지의 시민교육은 주로 '국민교육' 혹은 '공민교육' 형태를 띤 일방적인 정치 사회화였다(김미란, 1998). 이러한 정치 사회화 일변도의 시민교육에 대하여 앵글과 오초아는 시민교육은 사회화(socialization)와 더불어 반사회화(counter-socialization) 과정을 반드시 동반해야 한다고 주장하였다(Engle & Ochoa, 1988; 정세구 외 역, 49-50). 그들은 시민교육의 중심이 되는 개념으로서 사회화와 반사회화를 들고 있는데, 사회화란 사회의 현존하는 관습, 전통, 규칙 등을 교육하는 과정인 반면에, 반사회화는 개인이 합리적이고 신중한, 그리고 비판적인 시민의 능력을 지닐 수 있도록 도와주는 과정이다. 이 논의에 따르면 우리나라에서 나타난 정치 사회화 일변도의 시민교육은 불완전한 형태라고 할 수 있다.

이러한 논의에 비추어 볼 때, 시민교육이라는 동일한 명칭을 가지고 있다고 하더라도 누가 그 교육을 기획·관리하며, 어떤 목적과 맥락에서 실시하는가에 따라 시민교육의 성격이 달라질 수 있음을 알 수 있다. 지금까지 우리나라의 시민교육은 대체로 ① 국가가 주도하는 가운데 정권의 정당성을 표방하는 데 치중해 왔고, ② 학교 및 그에 준하는 교육제도들을 통한 '교과'의 형태로 이루어져 왔으며, ③ 따라서 대부분 아동 및 청소년 시기에 한정되어 실시되어 왔다는 특징을 갖는다(한숭희 외, 2002).

그런데 진정한 의미에서의 시민교육은 국가에 대한 견제와 균형을 전제로 한 '시민사회'의 구성과 성장에 기초하여 이루어질 수 있다. 이렇게 본다면 1987년 6월 항쟁 이후 민주화의 진전에 따라 전개된 시민교육에 주목할 필요가 있다. 6월 항쟁 이전에 우리나라의 시민교육이 국가 주도의 국민교육 혹은 공민교육 형태로 이루어졌고, 저항적 시민사회의 성장과 함께 대학가 등을 중심으로 의식화 교육도 진행되었다. 그러나 1980년대 후반부터 민주주의의 제도화가 본격적으로 이루어지기 시작하면서 시민교육이 실질적으로 활성화되었다.

이 시기에 비로소 국가 주도뿐만 아니라 민간 주도의 시민교육도 활성화될 수 있는 토양이 마련되었고, 국가가 실시하는 시민교육도 국민교육이나 공민교육을 벗어나 실질적인 시민교육으로 자리매김할 수 있었다. 이러한 점에서 1980년대 후반부터 이루어진 시민교육이 우리나라 시민교육의 진정한 출발점이라고 볼 수도 있다.

그러나 해방 이후 민주공화국이라는 정치 체제가 등장했고 형식적인 형태라 할지라도 선거를 통해 정권이 형성되어 왔다는 점은 시민교육에서 매우 중요한 전제이자 배경이 된다. 이러한 점에서 이 책에서는 시민교육의 출발점을 대한민국이 민주주의를 형식적으로 표방하기 시작한 정부 수립 이후부터로 보려고 한다. 즉, 소위 권위주의 국가 체제와 더불어 저항적 시민사회의 성장도 함께 이루어졌고 국가 주도의 정치 사회화에 대응하는 시민사회의 의식화 교육도 진행되었다는 점을 고려하여 시민교육의 출발점을 정부 수립 이후로 설정하고자 한다.

우리나라 시민교육의 출발점을 1948년 정부 수립기로 본다면 한국 시민교육의 주된 장은 어디였을까? 그것은 바로 학교라고 할 수 있다. 우리나라에서 시민교육은 주로 학교라는 근대적인 교육제도를 통해서 이루어졌기 때문에 학교 시민교육의 변천 과정을 곧 시민교육의 변천 과정으로 봐도 무방할 것이다 (강대현, 2001: 3).

2. 시민교육의 도입과 왜곡: 민주화 이전의 시민교육

우리나라 교육에서 시민이란 개념이 처음 도입된 것은 1945년 해방 이후이다. 왕조 시대의 신민과 차별화된 공민이라는 용어가 일제 치하에서 등장하였지만, 당시의 공민은 독립된 주권 국가의 시민이 아니라, 피지배층을 지배 체제에 복종시키기 위한 교화 목적으로 채택된 용어였다. 시민이라는 말은 1945년 광복과 함께 미군정하에서 처음 사용되었다. 미군정청은 '일반명령 제4호'에 의해 중·고등학교에서 일본제국의 수신과와 공민과를 폐지하고 새로운 독립국가의 시민을 기르기 위해, 1946년에 공민, 지리, 역사, 직업을 총괄하는 '사회생활과'를 도입하였다(김태준, 2010; 강영혜 외, 2011: 49 재인용).

미국의 교과 체제에 따라 도입된 사회생활과는 '신생 국민으로서 새로운 민족 문화 건설을 앞두고 공민(시민)으로서 정치에 관심을 갖게 하여 향토 개발의 의무와 자치 정신을 배양키 위하여 필요로 하는 일반 공민 생활의 기초를 습득하게 하는 것'을 목표로 하고 있었다. 그런 점에서 해방 직후 사회과 교육은 '좋은 공민(시민)'을 기르는 데 일차적 목표를 두었다. 그러나 해방과 정부 수립, 그리고 6·25 전쟁을 겪는 과정에서 정부와 일반 국민 모두에게 민주주의는 생소한 것이었다. 결국, 명목상으로는 미국식 민주주의를 염두에 둔 시민교육을 내세웠지만, 실제로는 민주주의보다는 민족주의나 반공주의를 강조하는 국민교육이 실시되었다(김태준, 2010; 강영혜, 2011: 49 재인용).

그 결과 1948년에 정부가 표명한 '민족적 민주주의 교육'은 준법정신이 강하고 애국심을 지닌 국민을 기르는 교육을 의미하였다. 그러나 이러한 교육도 6·25 전쟁을 거치는 동안 관념적 수준에서 민주주의의 원칙을 소개하는 정도에 머물렀다. 이후 전쟁으로 인한 사회적 혼란과 윤리적 문제 등에 대응하고자 도의교육을 강조하게 되었고, 반공교육도 도의교육의 한 부분으로 취급되었다. 1955년 8월 1일에 제정·공포된 각급 학교 교과과정에서, 중학교 사회과는 '민주국가 사회의 공민(시민)으로서의 올바른 인간관계를 유지·발전시키기 위한 기능, 태도를 개발함에 필요하고 기본적인 사항의 교수-학습'에 우선적인 목표를 두었다. 그러나 학교 현장에서 시민교육은 제대로 시행되지 못하였는데, 이는 사회 자체가 민주적이지 못한 상황에서 학교가 길러야 할 민주적 인간상이 구체화될 수 없었기 때문이다(김태준, 2010; 강영혜, 2011: 50 재인용).

한편, 장면 정권은 4·19 혁명 이후 시민교육을 강화하고 경제성장을 추구했지만 5·16 쿠데타로 인해 지속되지 못하였다. 1962년부터 1967년까지 중앙교육연구소가 중심이 되어 '민주시민교육사업'을 실시했지만, 실제 내용에서는 반공·안보·질서·경제발전의 이데올로기를 강조하는 경제안보교육 위주로 구성되었다. 한편 박정희 정권은 '유신체제'를 확립하기 위해 국가주의적 정치교육을 더욱 강화시켰고 주체적 민족사관 형성, 확고한 국가의식 확립, 한국적 민주주의의 토착화를 내세워 국사과와 도덕과를 독립시켰다. 이를 통해 '국적 있는 교육'이라는 기치 아래 반공안보교육, 주체성 교육 등에 역점을 두었으며, 새마을 운동의 일환으로 새마을 교육을 전개하였다. 이러한 교육 개혁은 강압적인 정치적 상황에서 이루어져, 학교의 시민교육은 국가 중심의 국민교육으로 채워졌다(강대현, 2001: 7-11).

이러한 왜곡된 시민교육의 경향은 신군부의 쿠데타를 통해 수립된 전두환 정권에서도 유사하게 나타났다. 1980년대 제5공화국은 국가주의 국민교육과 의식화를 위하여 '사회정화운동'과 '국민정신교육'을 추진하였으며, 박정희 정권의 국가주의적 이념을 이어받았다. 제5공화국의 국정지표로 국민정신교육 9대 덕목을 생활화하고, 이념·사상 교육과 국가 시책 교육을 철저히 하는 등 국민정신교육을 강화했다. 그러나 국민적 지지를 받지 못한 정권이 추진하는 교육 개혁이었기 때문에 그 기본 방향이 학교 현장에서 깊게 뿌리내리지는 못하였다(강대현, 2001: 11-13).

3. 시민교육의 진전과 변화: 민주화 이후의 시민교육

사회의 민주화가 뒷받침되지 않은 상태에서 학교의 시민교육은 체제 유지 목적의 국민교육으로 왜곡되었으며, 이러한 분위기 속에서 학교는 시민교육에 대해 구체적으로 고민하고 관심을 기울일 수 없었다. 이처럼 스스로 시민임을 자각할 기회도, 시민교육을 제대로 시행한 적도 없는 상황에서 이름으로만 지속되어 온 학교 시민교육은 진정한 의미의 시민교육이라고 할 수 없었다. 그러나 비로소 1987년 6월 항쟁을 통해 민주화가 진전되면서, 시민교육에도 변화가 일어나기 시작했다. 특히 문민정부는 기존 질서를 무비판적으로 수용하도록 하는 교육으로는 주체적 인간을 기를 수 없다고 판단하였고, 기존의 정권 옹호를 위한 시민교육의 정책 기조에 변화를 주었다. 따라서 우리나라 시민교육 정책의 변천 과정을 보면 시민이라는 명칭에 부합하는 시민교육을 고민하게 된 것은 1980년대 후반부터 최근 30여 년간의 일이다(김태준, 2010; 강영혜, 2011: 50-51 재인용).

이러한 사회 전반의 민주화 흐름을 반영하여 한국교육개발원에서는 1990년부터 1993년까지 시민교육에 대한 연구와 자료 개발을 통해 민주시민이 갖추어야 할 자질로 '인간 존엄성에 대한 인식, 민주적 절차 및 과정의 숙달, 기본 생활습관 및 질서의식의 내면화, 합리적 의사결정 능력의 함양' 등을 강조하며 학교 현장에 시민교육 프로그램을 보급하였다. 이후 1995년에 교육개혁위원회는 '신교육 체제 수립을 위한 교육 개혁'의 일환으로 학교급에 따라 체계화된 인성교육을 실시하도록 하였다. 초등학교 3학년까지는 예절과 기초 질서, 공동체 의식 교육을 강화하였고, 초등학교 4학년부터 중학교까지는 인간 존중, 공공 법질서, 합리적 의사결정 등을 내용으로 하는 시민교육에 중점을 두었다(김태준, 2010; 강영혜, 2011: 51 재인용).

민주화와 더불어 1990년대 한국 시민교육에 있어 가장 큰 변화는 그동안 시민교육을 국민교육으로 획일화시켰던 권위적인 정권이 사라졌다는 점이다. 따라서 교육 개혁은 주로 학교나 교사의 자율권을 보장하는 방향으로 진행되었다. 여기서 특기할 만한 점은 이러한 교육 개혁이 권위적인 문화에 젖어 있던 학교를 실질적으로 바꾸는 데까지 나아가지는 못했고, 교육 주체나 교육 당국 역시 구태를 벗어나지 못했다는 점이다. 그리고 이러한 권위주의 교육의 잔존에는 여러 가지 복합적인 역학과 매개체가 작용하고 있었다(강대현, 2001: 13).

예컨대 오늘날 우리 사회의 권위주의 교육에서 제도적으로 가장 중요한 매개체가 되어 온 것은 대학입시제도라 할 수 있다. 대학입시제도란 대학 입학을 희망하는 사람들을 시험을 통해 선발하는 제도를 말하는데 한국 사회에서는 국가가 이를 주로 통제하였다. 국가고시처럼 국가가 입시를 직접 관리하거나 고등학교 내신 성적을 입시에 반영하게 하는 등 국가의 통제 방식과 정도는 지난 수십 년간 다양하게 변천해 왔지만, 그 성격만큼은 변함이 없었다(윤정일 외, 1991; 강대현, 2001: 13 재인용).

게다가 세계화와 신자유주의 논리 속에서 학교사회에 경쟁과 효율의 논리를 도입해야 한다고 주장하는 목소리가 생겨나면서 학교개혁을 마치 기업의 구조조정과 유사한 것으로 인식하는 입장이 생겨났고, 시민교육을 능력 있는 경제행위자(직업인, 전문인) 양성과 동일시하는 입장까지 나타났다. 즉, 세계화와 신자유주의 흐름 속에서 학교사회에 경쟁의 논리가 도입되고 효율성을 제고하려는 움직임이 나타났다(강대현, 2001: 14).

1994년 9월 5일에 발표된 교육개혁위원회의 제1차 보고서 이후 4차례에 걸쳐 발표된 교육개혁안은 여러 개혁 과제를 담았고, 이에 대한 평가도 여러 갈래로 나타났다. 그렇지만 교육개혁위원회의 개혁 방안을 관통하는 가장 중요한 특징은 교육이 공급자 중심에서 소비자 중심, 또는 수요자 중심으로 바뀌어야 한다는 것이었다(정재걸, 1997). 이는 1990년대 이후 문민정부와 국민의 정부가 제시한 교육개혁안에서도 잘 드러나는데 당시 정부가 제시한 교육개혁안은 교육공급자인 학교 및 교원과 교육행정기관의 편의 중심 교육으로부터 학습자 중심의 교육으로 전환을 시도하였다. 당시 교육개혁안은 학습자 중심 교육의 주요 내용으로 ① 학생과 학부모의 교육 선택권 확대, ② 학교 간의 경쟁과 이에 따른 보상의 원칙 등을 제시함으로써 교육에 '시장 기제의 도입'을 분명히 한 것이다(조형우, 2001: 37).

이러한 움직임은 결국 교육 수요자가 학교나 교육 내용에 대해 선택권을 행사하고, 교육 서비스의 공급자는 경쟁을 통하여 교육의 질을 개선하며 수요에 부응하는 교육을 하도록 유도하겠다는 것이다. 이러한 시장 중심의 신자유주의적 교육 개혁은 일면 우리나라 교육에 긍정적 영향을 미칠 것으로 기대되기도 하였다. 중앙집권적이고 획일적이었던 교육 정책 집행이 더 자율적이고 탄력적으로 변할 수 있고, 기존의 나태했던 학교 현장이 경쟁을 통해 개혁될 수 있으며, 학교 운영위원회 활동으로 단위 학교의 교육 문제를 스스로 풀어나갈 수 있다고 본 것이다(강대현, 2001: 14).

그러나 기본적으로 교육은 공공성을 띠고 있기 때문에 교육제도에 시장경제 원리를 적용하는 데에는 한계가 있다. 경제적 불평등으로 인한 교육적 불평등의 심화는 사회적 불평등을 확산시키며, 경쟁 과정에서 발생하는 공동체 의식의 부재와 이기주의는 교육의 기본을 훼손할 수 있다. 결국, 학교 사회에 시장 중심의 효율성을 높이는 개혁은 학교의 정체성과 위상을 손상시키고, 학교의 학원화를 촉진할 것이며, 학교 시민교육이 제대로 자리 잡기도 전에 다시 왜곡될 수도 있다는 점에서 매우 신중한 접근이 필요하다(강대현, 2001: 14).

이러한 신자유주의적 교육 개혁에 대한 반발로 교육청과 학교를 중심으로 시민교육에 대한 요구와 실천이 확산되기 시작하였고, 문재인 정부가 들어서면서 시민교육에 대한 관심이 고조되었다. 이러한 상황은 이제 시민교육이 민주화 이전의 국민교육이라는 왜곡된 형태를 벗어나 문민정부 이후에 추진된 신자유주의적 교육 개혁을 극복하고 우리나라의 사회 변동에 적절하게 대응할 수 있는 시민교육 모색에 매우 중요한 배경이 되고 있다. 그리고 이를 뒷받침하는 연구들(옥일남 외, 2017; 옥일남 외, 2018a; 옥일남 외, 2018b; 정원규 외, 2018)도 수행되었고, 교육부도 '민주시민교육 활성화를 위한 종합계획'(교육부, 2018)을 발표하면서 시민교육을 추진하기에 이르렀다.

제5장 학교 시민교육의 변천과 현황

1. 사회과 교육의 변천과 현황[1]

1) 사회과의 도입과 전개: 교수요목부터 5차 교육과정까지

시민교육의 중핵 교과라 할 수 있는 사회과는 1945년에 미군정의 주도하에 공민과가 설치·운영되고 콜로라도(덴버)의 교육과정에 기초하여 교수요목이 제정되는 과정을 통해 도입되었다. 따라서 사회과(social studies) 출범의 주된 배경은 해방 직후 미군정하에서 민주주의 정착을 위한 시민교육의 필요성에 따른 것이었다. 당시 미군정은 학교 현장에서 공민 수업을 실시하면서 사회과의 도입에 대한 논의를 시작하였고, 이 과정에서 관련 학자들이 찬성과 반대로 나뉘어져 논쟁이 벌어졌다(강환국, 2002: 56; 이진석, 2003: 101-102).

이러한 논쟁을 거쳐 1946년에 교수요목을 통해 사회과가 도입되어, 초등은 통합, 중등은 분과 형태를 띠게 되었다. 실제 교수요목을 살펴보면, 사회과의 실질적 도입은 초등에 국한되었고 중등은 지리, 역사, 공민의 전통이 유지되었다(권오정 외, 2006: 168-170). 따라서 교수요목기 사회과의 주요 특징은 초등에서는 통합 사회과 체제를 도입하고, 중등에서는 지리, 역사, 공민을 분과 형태로 병합한 것이다. 그리고 이러한 학교급의 차별화 속에 내재된 '통합 대 분과'의 대립은 교육과정 개정기마다 주요 쟁점이 되었다(강대현 외, 2013: 9).

---

1 이 부분은 한국 사회과 교육과정의 변천 과정을 다룬 강대현(2015)의 논문을 토대로, 2015 개정 사회과 교육과정 내용을 추가하여 재구성한 것이다.

사회과의 목표는 '사회생활에 성실 유능한 국민' 양성이었고(문교부, 1986: 2), 이를 위해 초등은 생활 중심으로, 중등은 학문의 계통을 따라 내용이 구성되었다(최용규 외, 2014: 74). 초등의 교수요목은 미국 콜로라도(덴버)의 교육과정을 기초로 만들어졌고, 중등의 교수요목은 지리, 역사, 공민으로 구분되어 목표와 내용이 제시되었다(교육과정 · 교과서연구회, 1990a: 118; 권오정 외, 2006: 168-170). 초등은 '사회생활' 과목을 도입하여 환경확대법에 따라 구성하였고, 중등은 지리, 역사, 공민의 분과 형태로 구성하되 세 과목 모두 필수과목이었다(교육과정 · 교과서연구회, 1990a: 119-120; 1990b: 118-120; 1990c: 120-122).

그리고 정부 수립 직후인 1949년부터 문교부 등의 주도로 1차 교육과정 논의가 시작되었다. 1차 교육과정 제정은 6·25 전쟁으로 잠시 중단되었다가, 휴전 이후 재개되어 1955년 8월 초등학교 '교과과정'이 공포되었다(문교부, 1986: 36; 한면희, 2001: 59). 이 시기는 전후 혼란 수습을 통해 국민 통합을 이루려는 노력과 더불어, 미국의 영향으로 경험 중심 교육과정 이론을 반영하려는 노력이 교육과정 제정의 주요 배경이 되었다. 따라서 1차 교육과정에서 사회과는 반공 이데올로기 교육과 민족의식 교육을 강화하고, 경험 중심 교육과정 이론을 반영하는 방향으로 구성되었다(교육과정 · 교과서연구회, 1990a: 121; 최용규, 2005: 237). 구체적으로 1차 교육과정은 ① 민족교육의 계승과 도덕교육의 중시, ② 경험 중심 교육과정 이론의 도입, ③ 교수요목기 사회생활과의 한계 극복을 추구하였다(최용규 외, 2014: 75).

결과적으로, 1차 교육과정은 국가 이데올로기와 민족의식 교육을 강화하여 '한국적인' 사회과를 지향하였고, 전통적인 교과 중심 교육과정과 미국의 경험 중심 교육과정이 종합된 형태를 띠게 되었다. 이 과정에서 초등학교와 중학교의 사회생활과 명칭은 유지되었지만 고등학교는 학문적 성격이 강화되면서 사회과로 명칭이 변경되었다(최용규 외, 2014: 76). 학교급별 구성을 살펴보면, 교과 체제는 교수요목기처럼 초등학교는 통합, 중학교에서는 지리, 역사, 공민의 병합 체제가 유지되었다. 하지만, 고등학교에서는 과목 분화가 이루어져, 공민이 일반사회와 도덕으로, 역사가 국사와 세계사로 분리되었다(교육과정 · 교과서연구회, 1990a: 120-123; 1990b: 120-125; 1990c: 122-125; 권오정 외, 2006: 173).

2차 교육과정은 4·19 혁명과 5·16 쿠데타를 거치면서 개정이 이루어졌으며,

1958년부터 개정 작업이 시작되었지만 1963년에 고시되면서 군사정부의 이념이 많이 반영되었다. 여전히 경험 중심 교육과정이 강조되었지만 동시에 이에 대한 회의적 시각에서 사회과 지식의 체계화에 대한 요구도 있었다(최용규 외, 2005: 237). 이러한 배경 속에서 1963년에 내용 면에서 자주성, 생산성, 유용성을, 조직 면에서 합리성을, 운영 면에서 지역성을 강조하면서 2차 교육과정이 공포되었다(교육과정 · 교과서연구회, 1990a: 123-124).

2차 교육과정에서 교과명이 사회과로 완전히 바뀐 것은 '반공·도덕 생활'[2]의 분리에 따른 것으로, 이로 인해 사회과에 남은 공민 영역의 명칭도 일반사회로 변경되었다(문교부, 1986). 이처럼 교과와 영역명이 바뀐 것은 교과의 성격 변화를 암시하였다. 실제로 사회과에서는 생활 지도 요소가 많이 사라졌고, 사회 인식을 위한 내용들이 주를 이루게 되었다. 한편, 2차 교육과정에서는 중학교에서도 사회과를 종합 지도하도록 했으나,[3] 이러한 지침이 실제로는 교육과정에 충분히 반영되지 않았다(권오정 외, 2006: 175). 그래도 중학교에서 영역을 학년별로 배치하는 등 1차 교육과정보다는 통합적인 체제를 모색하였다(교육과정 · 교과서연구회, 1990b: 125-126).

3차 교육과정 개정은 유신 정권의 강력한 기획에 의해 이루어졌다. 당시 개정에 참여한 문교부 편수관들, 교육과정 전문가들, 교사들은 모두 국민정신교육과 국사교육 강화라는 정부 방침을 따를 수밖에 없었다(최용규, 2005: 240). 이 과정에서 3차 교육과정은 현실적으로는 국민교육헌장의 이념을 구현해야 한다는 국가주의적 요구를 수용하고, 이론적으로는 학문 중심 교육과정의 영향을 받은 과학주의적 요구를 반영하려는 배경 속에서 개정되었다(권오정 외, 2006: 179). 그러나 전자는 이념적 성격이 강하고, 후자는 객관성·과학성을 중시한다는 점에서 3차 교육과정 개정은 상호 조화가 어려운 요구하에서 이루어졌다(최용규 외, 2014: 79).

교과 체제 면에서는 초등학교부터 '반공·도덕 생활'을 도덕과로 분리하였고, 중학교부터 국사 영역을 국사과로 분리하였다(문교부, 1986; 최용규, 2005: 241). 이로

---

2 '반공 · 도덕 생활'은 교과와 과목 중간 정도의 위상을 가졌던 것으로 보인다. 따라서 사회과의 한 과목으로 볼 수도 있지만 별도의 교과로 볼 여지도 있다. 다만 당시까지 고등학교에서 국민윤리가 사회과에 남아 있어서 여기서는 사회과의 한 영역으로 보았다.

3 이는 교사의 전공에 따라 지리, 역사, 일반사회를 나누어 가르치지 말라는 의미로 보인다.

인해 국사와 세계사가 각기 다른 교과에 존재하였고, 사회과의 주요 영역인 가치 태도 교육을 도덕과로 상당 부분 넘기면서 교과 정체성이 모호해졌다(권오정 외 2006: 183-184). 또한 미국의 학문 중심 교육과정과 신사회과 운동의 영향으로 사회과학 지식의 구조와 탐구 기능을 강조하는 개정 방향이 제시되었지만(이진석, 2001: 241), 국가주의적 요구에 비해 과학주의적 요구는 교과 목표 및 내용 구성에 제대로 반영되지 못하였다(교육과정 · 교과서연구회, 1990a: 126-128; 1990b: 128-130; 1990c: 129-132).

그리고 다시 쿠데타로 집권한 5공화국에서 개정된 4차 교육과정은 개정 방향을 국민정신교육의 체계화, 전인교육의 충실, 과학기술교육의 강화에 두었다. 사회과는 국가적 요구에 민감한 교과로서 목표와 내용에서 국민정신교육의 지표를 반영하는 데 주력하였다(문교부, 1986; 최용규, 2005: 242). 한편 3차 교육과정이 학문적 적합성을 강조한 것에 비해, 4차 교육과정은 개인적 적합성을 중시하는 인간 중심 교육과정의 성격을 부각시키고자 하였다(최용규 외, 2014: 80). 그러나 교육과정 개정에 대한 국가 권력의 강한 압력에도 불구하고, 교육과정 개발이 한국교육개발원으로 이관되는 등 새로운 변화도 나타났다(최용규, 2005: 245).

학교급별 구성을 살펴보면, 우선 초등학교의 경우 3차 교육과정과 유사한 단원명을 쓸 정도로 비슷한 내용 구성을 보였다(교육과정 · 교과서연구회, 1990a: 128-130). 반면에 중학교는 사회과를 구성하는 지리, 역사(세계사), 일반사회 영역을 혼합·구성하여, 1학년에서 지리와 일반사회를, 2학년에서 지리와 역사(세계사)를, 3학년에서 역사(세계사)와 일반사회를 학습하도록 하는 등 변화가 있었다. 고등학교에서는 우선 '사회Ⅰ, Ⅱ' 과목이 등장하여 정치, 경제, 사회·문화를 '통합·조정'하면서 통합이 강조되었다. 또한 각 영역별로 필수과목과 선택과목을 배치해서 선택 범위가 다소 넓어졌다(교육과정 · 교과서연구회, 1990c: 132-135).

5차 교육과정은 4차 교육과정의 문제점들을 보완하면서 교육의 본질을 추구한다는 '현실적' 목표를 내세웠다. 4차 교육과정의 문제점으로 지적된 많은 내용과 부적절한 수준, 지나친 분과, 학교급 간의 연계 미흡과 지식의 활용 부족 등을 극복하는 것이 5차 교육과정의 개정 취지였다(교육과정 · 교과서연구회, 1990a: 134; 권오정 외, 2006: 187). 이에 따라 5차 교육과정은 교육과정의 적정화, 내실화, 지역화를 개정 방향으로 삼았으며, 여러 면에서 4차 교육과정의 기본 정신과 구조를 유지하였다. 구체적으로 사회과에서는 우선 내용의 적정화를 위해 내용의 구조화, 즉 사실, 개념, 일반화 등 지식의 내용 체계에 관심을 기울였고, 교육의 내실화를 위해서 개념 및 원리(일반화) 학습, 탐구학습, 사고력 신장 등을 강조하였다(문교부, 1986; 최용규, 2005: 245-246).

그 결과 전반적으로 5차 교육과정에서는 큰 변화가 없었다. 구체적으로 초등에서 1~2학년을 도덕과 함께 '바른생활'로 통합한 것 이외에 크게 달라진 점이 없었다. 중등도 4차 교육과정의 기본 틀을 유지하면서, 학습 내용 통합, 학년별 배열 등의 문제점을 보완하는 수준에서 개정이 이루어졌다. 결과적으로 5차 교육과정은 다소 '현실적'이었던 교육과정 개정 취지처럼 '현실 안주형'이라는 비판을 받았다(권오정 외, 2006: 187). 학교급별 구성을 보면, 우선 초등학교의 경우 4차 교육과정과 내용이 다른 단원들이 거의 없었고, 내용 구성 원리나 순서도 4차 교육과정과 유사하였다(교육과정 · 교과서연구회, 1990a: 134-136; 권오정 외, 2006: 187-188). 중학교의 경우에는 내용 배열이 달라져, 1학년은 지리와 세계사, 2학년은 세계사와 일반사회, 3학년에서는 지리와 일반사회로 구성되었다(교육과정 · 교과서연구회, 1990b: 134-140; 권오정 외, 2006: 188). 한편 고등학교도 과목 명칭이 정치·경제, 사회·문화 등으로 환원된 것 이외에 별다른 변화가 없었다(교육과정 · 교과서연구회, 1990c: 135-137; 권오정 외, 2006: 189).

2) 사회과의 전환과 변화: 6차 교육과정부터 2015 개정 교육과정까지

6차 교육과정 개정은 권위주의에서 민주주의 체제로 이행하는 시기에 이루어졌다. 이에 따라 6차 교육과정 사회과의 기본 방향은 ① 민주시민의 자질 육성, ② 객관적 사회 인식의 경험, ③ 사회 인식 체계의 재구성, ④ 지속성과 유연성의 조화였다. 이러한 기본 방향에 따라 6차 사회과 교육과정의 성격은 ① 본질 교과, ② 시민교육 교과, ③ 종합적·통합적 교과, ④ 방법 중시 교과로 규정되었다(권오정 외, 1992: 110-112). 이 시기부터 사회과의 목표로 국민이 아니라, 개인과 사회, 국가와 인류 발전에 기여할 수 있는 시민이 제시되었다(최용규, 2005: 246; 김영석, 2013: 14).

이러한 6차 교육과정 개정의 방향과 성격 규정에는 시민교육이라는 사회과 본질에 충실하려는 의도와 더불어 현대 교육의 흐름을 반영하여, 여러 측면에서 획기적 변화가 있었다. 첫째, 국사를 사회과에 편입하는 등 교과 구조를 개편하였다. 둘째, '공통사회'를 만들어 고등학교에서도 사회과의 시민교육 교과 성격을 명확히 했다. 셋째, 슬기로운 생활을 만들어 사회와 과학을 통합하였다. 넷째, 지역화를 초등 4학년 사회과에 적용하였다(권오정 외, 1992; 권오정 외, 2006: 190; 김용만, 1993). 아울러 학교급별 사회과 특성을 명확히 하여, 초등 사회과는 생활(경험) 중심으로 구성하고, 중학교는 지리, 역사, 일반사회 영역을 하나의 조직 논리로 묶어 통합성을 강화하고, 고등학교는 공통사회 외에는 학문적 계통성을 유지하여 대학 예비교육의 성격을 명확히 하였다(권오정 외, 2006: 191).

김영삼 정부 출범과 더불어 대통령 자문기구인 '교육개혁위원회'에서는 정보화·세계화 시대에 대비한 교육 개혁 방안을 발표하였고, 이에 따라 교육과정특별위원회가 구성되어 '초·중등학교 교육과정 개혁' 방안을 제시하였다(교육부, 2001: 3). 이러한 논의를 거치면서 7차 교육과정 개정은 ① 수준별 교육과정의 도입, ② 수행평가의 도입, ③ 고교 선택과목의 확대, ④ 구성주의 이론의 적용 등 여러 쟁점을 낳았다. 특히 수준별, 수행평가, 열린 교과서 논의 등은 적용 과정에서 학교 현장에 많은 혼란을 유발하였다(권오정 외, 2006: 195-196).

7차 사회과 교육과정의 개정도 정보화·세계화 시대의 시민 자질 함양에 역점을 두었다. 그 결과 사회과에서도 정보의 획득·조직·활용, 탐구, 의사결정, 사회참여 능력 등이 목표로 강조되었고, 의사결정수업과 논쟁문제수업, 사회참여학습, 세계시민교육이 중시되었다(교육부, 1997). 학습 방법에서는 자료 중심, 탐구중심 수업을 강조하였으며, 교과서에서는 사례학습과 탐구활동이 증가하였다(차경수 외, 2008: 36). 그러나 개정 과정의 최대 쟁점은 '통합 대 분과'였으며, 연구진에서 합의한 초등 통합, 중등 분과가 교육부와 총론의 반대로 무산되자, 이전처럼 학교급 및 학년별로 영역별 내용과 과목을 유사한 비율로 배분하는 방식으로 개정이 이루어졌다(이혁규, 2001: 270-272).

탈권위주의의 성격을 띤 노무현 정부에서 개발·고시된 2007 개정 사회과 교육과정의 원안(교육인적자원부 고시 제2007-79호)은 사회 변동 및 국가·사회적 요구와 더불어, 교과의 내재적 문제도 교육과정 개정의 배경으로 작용하였다. 특히 2007 개정 교육과정 원안에서는 총론의 요구가 '주 5일제 시행에 따른 시수 변경'

정도로 줄어들면서(허경철, 2005), 교과 주도 방식의 교육과정 개정이 이루어졌고 교과의 내재적 문제가 가장 주된 배경으로 작용하였다(김정호 외, 2005). 이는 영역 간에 교과 체제 및 시수 배분과 관련된 갈등으로 불거져, 당시 여러 측면에서 교육 관련 이슈를 선점했던 역사 영역이 과목 독립과 더불어 시수 확대를 이루게 되었다. 한편 일반사회 영역에서는 중학교 사회와 고등학교 1학년 사회를 개념 중심의 분과와 주제 중심의 통합이라는 틀로 구성한다는 원칙에 따라 내용을 조직하였다(김정호 외, 2005; 박진동 외, 2006; 교육인적자원부, 2007).

2007 개정 교육과정의 1차 수정안(교육과학기술부 고시 제2009-10호)이 나오게 된 계기는 경제학 및 경제 교육 전문가들이 고등학교 1학년 사회의 주제 중심 교육과정에 대해 반발했기 때문이었다. 2007 개정 교육과정의 원안에서 경제는 중학교 3학년까지만 다루어지고, 고등학교 1학년 사회는 주제 중심으로 구성되면서 법, 정치, 사회·문화 등과 통합된 상황이었다. 이에 경제 살리기를 내세웠던 이명박 정부의 출범과 더불어 고등학교 1학년 사회의 주제 중심 교육과정을 인지한 경제학 및 경제 교육 전공자들이 앞장서서 중학교 3학년 및 고등학교 1학년 사회에 대한 수정 작업을 진행하였다(김진영, 2009). 그 결과 경제가 고등학교 1학년에서도 독립된 단원으로 다뤄지게 되었다(교육과학기술부, 2009a).

2007 개정 교육과정의 2차 수정안(교육과학기술부 고시 제2009-41호)은 '학습 부담 경감'이라는 이명박 정부의 교육정책 기조와 맞물려서 만들어졌다. 먼저 2009년 5월 국가교육과학기술자문회의는 사회탐구의 선택과목 수를 7개(지리A, 지리B, 역사A, 역사B, 정치 · 법, 경제, 사회문화 · 윤리)로 축소하는 방안을 제안하였다. 이어서 2009년 7월 국가교육과학기술자문회의 구상(안)에서는 일반 및 전문교과, 대학과목 선이수 교과목(AP, UP) 간의 내용체계와 과목 간 위계가 분명하도록 선택과목을 정비하는 원칙이 천명되었다. 그런데 개정 과정에서 '선택과목 축소 요구'가 과학과처럼 영역별로 2과목씩 균등 배분하는 요구로 변질되었다.[4] 그리고 이러한 영역별 균등 배분(안)이 교육과학기술부의 방침으로 간주되면서, 1차 공청회(2009. 9. 30)에서는 영역별 2과목으로 개설하는 방안이 발표되었다. 그러나 일반

4 참고로 과학과의 경우에는 공통 교육과정에서 영역별로 시수가 균등 배분되어 있었으나 사회 · 도덕과의 경우에는 공통 교육과정의 시수가 매우 불균등하게 배분되어 있어서 고교 선택과목의 영역별 균등 배분안은 공통 교육과정에서 지리와 일반사회에 비해 2배의 시수를 가지고 있는 역사, 도덕에 매우 유리한 안이었다.

사회 영역과 경제 및 법 분야 전문가들의 문제 제기로 '경제'와 '사회·문화'는 단독 과목으로 유지되었고, 정치와 법을 통합한 '법과 정치' 과목이 만들어졌다.[5]

2007 개정 교육과정의 3차 수정안(교육과학기술부 고시 제2010-24호)은 2차 수정안에서 생긴 역사과 내부 문제를 조정하기 위한 것이었다. 2차 수정안에 따르면, 역사 영역의 경우 2007 개정 교육과정 원안의 선택과목 수를 유지하기 위해 세계 역사의 이해는 세계사로 명칭을 바꿔 유지하고, 동아시아사는 존치시킨 반면에, 한국문화사를 폐지하였다. 그래서 3차 수정안에서는 2009 개정 교육과정 총론에 따라 폐지될 고1 역사를 선택과정으로 전환시켜 한국사라는 선택과목을 신설하고, 한국 근·현대사를 고1 역사에서 필수로 학습한다는 전제 아래 구성되었던 중학교 역사를 수정하였다(교육과학기술부, 2010).

2009 개정 교육과정 총론이 공론화된 것은 2007 개정 사회과 교육과정의 1, 2차 수정안이 나온 2009년이었다. 사회과에서 경제교육 강화, 선택과목 축소 논의가 이루어지고 있을 때, 추후 교과에 영향을 미칠 수 있는 총론의 의사결정이 교과 연구진과의 별다른 협의 없이 이루어졌다. 2009 개정 교육과정 총론의 의사결정 중에서 교과와 가장 직결되는 사안은 공통과정의 축소였다. 즉, 2009 개정 교육과정 총론에서는 학교급과의 연계와 교육 내용의 잦은 반복을 피하자는 입장에서 초1부터 중3까지의 공통과정과 고1부터 고3까지의 선택과정을 편성하였다(교육과학기술부, 2009c).

그 결과 2009년 3월에 경제 교육 강화 정책에 따라 고1 사회에서 확대한 경제교육 내용을 바로 폐기하게 되었고, 교양 선택과목 조정을 통해서 '생활경제'도 폐지하는 결정이 이루어졌다. 실제로 2009 개정 교육과정 총론에 따라 2011년 8월에 2009 개정 사회과 교육과정 원안(교육과학기술부 고시 제2011-361호)이 만들어지면서, 공통 교육과정 '사회'는 중3에서 종결되었고, '생활경제'는 폐지되었다(교육과학기술부, 2011).

2007 개정 교육과정 시기와 유사하게, 2009 개정 사회과 교육과정 원안에

5 결과적으로 7차 교육과정 수능시험과목을 기준으로 일반사회 영역은 4과목에서 3과목으로 축소되고, 지리 영역은 3과목에서 2과목으로 축소되고, 역사 영역은 3과목을 유지하고(2개의 선택과목과 별도로 고1 역사를 한국사로 변경하여 수능시험과목으로 만듦), 윤리 영역은 1과목에서 2과목으로 확대되었다(한국교육과정평가원, 2009; 교육과학기술부, 2009b).

대한 일반사회 영역 및 경제학 및 경제 교육계의 반발로 1차 수정안(교육과학기술부 고시 제2012-3호)이 만들어졌다. 일반사회와 경제학 및 경제 교육 연구자들의 반발을 계기로, 고1 '사회'와 '생활경제' 폐지에 따른 대책을 강구하기 위해 교과부와 기획재정부를 중심으로 '사회과 교육 활성화 TF'가 조직되어 활동하였다. 그 결과, 고1 '사회'가 공통필수는 아니지만 일반선택과목으로 부활하였고, '생활경제'도 '실용경제'라는 이름으로 부활하였다(교육과학기술부, 2012a).

이후 학교 폭력 문제가 대두되면서 인성교육 강화 차원에서 2009 개정 사회과 교육과정의 2차 수정안(교육과학기술부 고시 제2012-14호)이 마련되었다. 교과 연구진이 중심이 되어 이루어진 개정 작업에서 기존의 교과서 집필 및 검정 일정을 고려하여 인성 핵심 역량 요소를 강화하되, 기존 교육과정의 단원 구성 취지를 존중하였다. 그래서 내용 체계의 일관성을 유지하면서 기존 교육과정의 내용, 교수·학습 방법, 평가 부분에서 인성교육 관련 요소를 수정·보완·추가하였다(교육과학기술부, 2012b).

2015 개정 교육과정 논의가 시작된 것은 박근혜 정부가 들어서면서부터이다. 당시 소위 창의·융합형 인재 양성과 문·이과 통합이라는 사회적·교육적 요구가 등장하였고, 이에 부응하여 교육과정과 대입제도 개선을 위한 노력이 본격화되기 시작하였다. 이에 교육부는 2013년 10월 25일 '2017 대입 제도'를 통해 문·이과 통합형 교육과정 개정과 수능 제도 개편 계획을 발표하였다. 이어 2014년 2월 국가교육과정개정연구위원회를 조직하여 교육과정 개정을 총괄하도록 하였다.

이후 교육부는 '2015 문·이과 통합형 교육과정 총론 주요 사항'(2014. 9. 24)을 발표하였고, 총론의 취지를 반영하여 창의·융합형 인재 양성을 위한 전면적인 교육과정 개편 작업에 착수하였다. 새로운 교육과정은 개정 초기에 그 취지를 살펴 '문·이과 통합형 교육과정'으로 불리면서 주로 고등학교 교육과정 개정에 초점을 두었다. 이후 창의·융합형 인재 양성을 위해 초·중·고 교육과정을 전면 개정하는 방향으로 전환되면서 '2015 개정 교육과정'으로 불리게 되었다(교육부, 2014: 3-16).

사회과의 경우, 먼저 '문·이과 통합 사회과 교육과정 재구조화 연구'(2014. 3.~2014. 9.)가 수행되었다(구정화 외, 2014). 이를 토대로 사회과 교육과정 시안 개발 연구가 1, 2차로 나뉘어 진행되었다. 1차 연구인 '2015 개정 교과 교육과정 시안 개발 연구 Ⅰ: 사회과 교육과정'(2014. 12.~2015. 5.)이 내용체계와 성취기준 개발에 초점을 맞추어 수행되었고(모경환 외, 2015a), 2차 연구인 '2015 개정 교과 교육과정 시안 개발 연구 Ⅱ: 사회과 교육과정'(2015. 5.~2015. 11.)이 교수·학습 방법 및 평가 유의 사항과 예시 개발에 초점을 맞추어 수행되었다(모경환 외, 2015b).

2015 개정 사회과 교육과정의 주요 방향 및 특징은 다음과 같다. 첫째, 내용 중복의 요소를 해소하여 학습량을 감축하고, 학습 수준의 적정화를 추구하였다. 둘째, 핵심 개념을 선정하여 초·중등 사회과 내용 간의 계열성을 강화하였고, 이를 새로운 형식의 내용체계표에 반영하였다. 셋째, 국가·사회적 요구를 적극적으로 수용하여 금융, 헌법, 인권·노동 교육 등의 내용을 교육과정에 반영하였다. 넷째, 사회과 교과 역량을 선정하여[6] 공통 교육과정의 '성격'에 제시하고, 선택 교육과정에서도 과목별 핵심 역량을 선정하여 제시하였다. 다섯째, 선택과목을 일반 및 진로 선택으로 구분·개발한다는 교육부 지침에 따라, 진로 선택과목으로 '여행지리'와 '사회문제 탐구'를 신설하였다(모경환 외, 2016: 6).

이처럼 시민교육의 중핵 교과로 출발한 사회과는 여러 차례에 걸친 교육과정 개정 작업을 통해서 시민교육을 위한 교과로서의 성격이 강화되기보다는 영역별 과목 편제와 내용 체계 및 성취기준을 수정하는 데에 초점을 맞추게 되었다. 물론 민주화의 흐름 속에서 6차 교육과정에서 공통사회가 도입되었고, 2015 개정 교육과정에서 통합사회가 도입되는 등 시민교육을 위한 통합적 내용 구성 노력이 없었던 것은 아니었다. 그리고 2015 개정 교육과정에서도 역량 중심 교육과정이 주요한 방향으로 제시되어, 교과 교육뿐만 아니라 교과 간의 연계와 통합을 통해 시민으로서의 능력과 자질을 길러야 한다는 공감대가 형성되고 있다.

---

6 이에 따라 총론의 핵심 역량을 기초로 하여 사회과는 창의적 사고력, 비판적 사고력, 문제해결력 및 의사결정력, 의사소통 및 협업 능력, 정보 활용 능력 등 다섯 가지를 교과 역량으로 제시하였다.

2. 도덕과 교육의 변천과 현황[7]

1) 도덕과의 도입과 전개: 교수요목부터 5차 교육과정까지

우리나라의 도덕과 교육과정의 출발에 대해서는 두 가지 견해가 있다. 하나는 도덕과가 1945년 미군정의 교수요목에서 공민과 혹은 사회생활과에서 통합된 채로 시작되었다고 보는 견해이다. 다른 하나는 3차 교육과정에서 도덕과가 교과 독립을 하면서 도덕과 교육과정이 본격적으로 시작되었다는 입장이다.

우선, 서강식(2010)에 따르면, 도덕과 교육과정은 1945년 미군정하에서 제정된 '교수요목'에서 시작되었다. 즉, 미군정의 편수당국이 교수요목을 제정하여 1945년 9월에 발표하였는데, 이때 제시된 공민은 새 나라의 시민을 기르기 위한 교과로 도덕과 교육이 공민과에 통합되어 시작되었다는 것이다. 이후 1946년에 역사, 지리, 공민은 사회생활과로 통합되어 민주적인 생활을 할 수 있는 사람의 도덕적 자질과 품성을 기르는 데 관심을 가지게 되었다. 1948년 대한민국 정부 수립 이후 교육법 제정과 교육과정 의무교육 기간의 준비과정에서도 도덕과 교육은 사회생활과에 포함되어 있었다. 6·25 전쟁 중에도 문교부는 1952학년도 교육 방침으로 자활인, 자유인, 평화인의 양성을 내세우고, 이를 달성하기 위하여 지식 교육, 기술 교육, 국제 교육과 함께 도의교육의 실시를 강조하였다(서강식, 2010: 155).

이후 1차 교육과정에 이르러 1954년 4월에 문교부령 제35호로 '교육과정 시간 배당 기준령'이 제정, 공포되고, 1955년 8월에 교과과정이 공포·시행되었다. 특히 기준령 제14조에서는 초·중등학교의 도덕교육에 관하여 "사회생활과에 배당된 시간 중에서 최저 35시간은 도의교육을 위한 활동에 충당하여야 한다."라고 규정함으로써 주당 1시간씩 도덕 수업이 이루어지게 되었다. 6·25 전쟁을 겪으면서 도덕교육 강화의 필요성이 제기되었고, 도의교육에 별도의 시간을 배정하는 것에 대해 많은 논란을 벌인 끝에 1954년 문교부령으로 도의교육 실행을 공표하게 된 것이었다. 이후 1955년에 도의교육위원회를 조직하여 장관의

---

7 이 부분은 도덕과 교육과정의 변천을 체계적으로 분석한 서강식(2010)의 논문 내용을 토대로 일부 관련 논문 내용을 추가하여 재구성한 것이다.

자문기관으로 두었고, 1956년에는 '도의교육요항'을 발표하여 도의교육의 목표와 교육과정의 구성 원칙을 제시하였다. 그리고 이에 근거하여 1957년에 '초등도의'라는 1~6학년 국정 도덕 교과서가 발간되었고, 1958년에 도의교육 교사용 지도서인 '도의 생활 지도 요령'을 출판하였다. 중학교는 지리, 역사, 공민 과목이 학년별로 모두 다루어졌는데, 도덕교육은 주로 공민 분과의 1학년 공동생활, 2학년 국가 생활에서 다루어졌고, 그 강조점은 반공 및 반일 교육에 두었다(서강식, 2010: 156).

2차 교육과정의 도덕과 교육과 관련된 가장 중요한 특징은 이전의 도의교육이 반공·도덕 생활이라는 교육과정상의 한 영역으로 설정되었다는 점이다. 이 반공·도덕 생활의 설치 목적은 ① 예의·범절을 알아 사회에 적응하는 것, ② 야심에 따라 언행을 조정하며 고매한 품격을 닦는 것, ③ 민주적 도의 질서를 발전시켜 건전한 사회생활을 하는 것, ④ 국가·민족에 대한 자랑과 사랑을 간직하고 민주주의에 대한 신념을 굳게 하여 공산 침략주의를 격멸하는 것 등을 강조하였다. 이처럼 별도의 영역을 설치한 것은 반공·도덕 생활이 교과교육과 특별활동 중 어느 영역에도 포함시킬 수 없는 특별한 영역임을 강조하면서, 다른 교과나 학교 활동 전반에서 얻어지는 성과를 종합하고 체계화하여 실천력을 높이는 데 중점을 두었기 때문이었다(서강식, 2010: 156-157).

한편, 노철현(2015)은 서강식(2010)의 견해를 따라 교수요목, 1차, 2차 교육과정에서 도덕과 교육이 존재했음을 인정하면서도 도덕과 교육이 본격적으로 시작되었다고 볼 수 있는 것은 도덕과가 신설된 3차 교육과정 때부터라고 보았다. 즉, 광복 이후 미군정 시절에 일제 강점기의 수신과가 폐지되면서 공민과에 도덕교육이 통합되었고, 1946년 9월 지리, 역사, 공민으로 나뉘었던 교과 내용이 '사회생활과'로 통합되면서 도덕교육이 사회생활과의 일부에서 도의교육으로 시행되다가 1차 교육과정에서 시대적 요청에 따라 도의교육이 반공교육과 일원화되고, 2차 교육과정에서 반공·도덕 생활이라는 독립적인 편제를 거쳐 3차 교육과정 시기에 와서 반공·도덕생활이 '도덕과'로 신설되면서 '현대적인' 의미의 도덕과 교육이 시작되었다고 보았다(교육인적자원부, 1997: 153; 노철현, 2015: 146).

이미 언급한 바와 같이 3차 교육과정의 가장 큰 변화는 반공·도덕 생활 영역이 정식 교과로 설정되고, 교육과정 편제에서 '도덕'으로 명칭이 바뀌었다는 점이다. 2차 교육과정의 도덕과 지도영역은 예절생활, 개인생활, 사회생활, 국가생활의 4개 영역이었는데, 3차 교육과정에서는 반공생활을 신설하여 5개 영역이 되었다. 일반 교과 목표로 예절의 실천, 신념과 긍지를 지닌 태도, 민주적 도의와 질서 준수, 국가와 민족에 대한 사랑과 긍지, 공산주의 침략 분쇄의 결의와 평화적 통일을 이룩하려는 국민으로서의 사명감 등을 강조했다. 주목할 점은 도덕과 운영지침에 "도덕교육은 도덕과를 굴대(축)로 하되, 각 교과 활동과 특별활동, 기타 학교 교육 활동 전반을 통하여 이루어지도록 한다."는 것을 명시한 부분이다(서강식, 2010: 157). 3차 교육과정까지는 경험 중심 교육과정 등의 영향으로 도덕교육에서 구체적인 도덕적 행위 습관과 덕목을 강조하였다(노철현, 2015: 144).

4차 도덕과 교육과정의 가장 큰 특징은 도덕교육에 있어 인지적 접근을 강조하여, 도덕 규범에 대한 인지적 이해를 토대로 규범을 실천하는 데까지 이를 수 있도록 하였다는 점이다. 이 시기 도덕교육의 특징은 초등학교 저학년에서는 이전과 유사하게 덕목주의에 근거하여 행동적 접근을 주로 강조하였지만, 점차 학년이 올라가면서 인지적 접근을 늘려가는 방향으로 도덕교육이 이루어지도록 하였다는 것이다. 내용 구성에서도 초등학교는 덕목 중심이었는데 비해, 중등학교에서는 생활영역이나 문제 또는 주제 중심으로 내용을 구성하였다(서강식, 2010: 158). 그러나 이전의 5개의 생활 영역(예절, 개인, 사회, 국가, 반공)이 다시 4개(개인, 가정, 국가, 반공)로 축소되었고, 이 과정에서 국가와 반공생활 영역의 비중이 늘어나면서 국민정신교육의 내용이 강화되었다(서강식, 2010: 157-160). 또한 4차 교육과정부터 학문 중심 교육과정 사조의 유입으로 도덕교육에서 도덕적 행위나 덕목 그 자체보다는 그러한 행위나 덕목 이면에 들어 있는 근거나 이유 등을 분석적으로 파악하는 것을 강조하게 되었다(노철현, 2015: 144).

5차 교육과정 개정은 기본적으로 기존 교육과정의 문제점만을 수정·보완하여 내실을 기하고자 하였고, 도덕과 교육과정의 개정 방향과 중점도 4차 교육과정 시기에 도입한 인지적 접근의 토착화를 꾀하였다. 동시에 사회윤리적 관점과 가치관을 형성할 수 있도록 하는 일, 반공 교육의 내용과 방법을 개선하는 일, 도덕적 탐구와 문제해결 능력을 기르는 일, 종래의 4개 생활 영역(개인, 가정, 국가, 반공)을 5개 생활 영역(개인, 가정·이웃, 시민, 국가, 통일·안보)으로 조정하는 일 등을 하였다. 또 초등학교에서는 이 시기에 보조 교과서가 등장하였는데, 도덕과에서는 '생활의 길잡이'라는 명칭으로 개발되었다. 특히 이 시기 도덕교육의 특징으로는 도덕교육의 학년별 목표를 제시한 점, 내용 선정에 있어 기본 생활 습관의 형성 및 도덕적 실천을 강조하고 공동체 의식과 태도를 기를 수 있는 내용을 강조한 점, 생활 장면의 확대와 추상화 및 개념화의 원리에 따라 내용을 조직한 점, 교육 내용의 적절성을 높이고자 지역화가 가능한 내용을 제시하고자 한 점 등을 들 수 있다(서강식, 2010: 159-160).

2) 도덕과의 전환과 변화: 6차 교육과정부터 2015 개정 교육과정까지

6차 교육과정에 이르러 국내외 정세가 크게 변하여, 동서 대결 및 냉전의 종식 등으로 국제적인 화해와 협력의 분위기가 무르익게 되었고, 문민정부의 출범으로 권위주의 시대가 막을 내리고 민주주의 정치 체제가 정착되었다. 6차 교육과정 개정의 가장 큰 특징 중 하나는 지방분권과 교육자치를 강화하여 시·도교육청과 학교의 자율 재량권을 확대한 것이었다. 이 시기 초등학교 및 중등학교 도덕과 교육과정은 5차 교육과정기의 인지적 접근과 사회윤리 문제 강화 등의 기본 정신을 계승하는 일, 우리 사회의 중핵적인 도덕적 가치 규범을 중심으로 도덕과 교육 내용을 통합하고 다듬는 일, 종래의 통일·안보 교육을 통일교육으로 전환하는 일, 민주시민으로서의 공동체 의식과 더불어 살아가는 삶의 자세 및 협동심을 기르는 일, 비판적·창조적 사고력 및 토의 능력과 합리적 문제해결 능력을 배양하는 일 등을 추구하였다(서강식, 2010: 160-161).

7차 교육과정의 큰 특징 중의 하나는 이전의 교육과정이 학교급별로 교육과정을 만들었던 것을 탈피하고 초1에서 고1까지 10년간을 국민공통기본교육 기간으로 설정하고, 이 기간 중에는 학년제 개념에 기초하여 '국민공통기본교육과정'을 일관성 있게 조직하고자 하였다. 이 시기의 도덕과 교육과정은 인지적 접근뿐만 아니라 정의 및 행동적 접근을 모두 포괄하는 통합적 접근을 추구하였다. 이와 같은 도덕과 교육의 통합적 접근은 초등학교와 중등학교 도덕과 교육에 모두 해당되는 것이며, 또 국민공통기본교육과정 기간 동안 시행되는 도덕과 교육은 초등학교, 중학교, 고등학교가 상호 연계되어 시행되어야 하는 것이었다. 그러나 초등학교의 도덕과 교육 내용과 중등학교의 교육 내용 사이의 연계성은 미흡하여, 초등학교는 지도 요소 또는 덕목을 제시하고 이를 중심으로 학년 간 내용을 선정하여 위계성을 유지하면서 체계화를 꾀하고 있는 반면에, 중등학교는 지도 요소나 덕목을 전제하지 않고 가르칠 내용을 중심으로 주제를 선정하는 방식을 고수하였다(서강식, 2010: 163-165). 또한 7차 교육과정부터는 현대 도덕철학 분야에서 주목받아 온 매킨타이어 등의 '덕 윤리학'의 영향으로 '도덕적 덕'의 내면화, 또는 덕성과 인격의 함양을 강조하게 되었다(노철현, 2015: 144).

2007 개정 교육과정은 기본적으로 국민공통기본교육과정 등과 같은 7차 교육과정의 큰 틀을 유지하였다. 그래서 2007 개정 도덕과 교육과정도 7차 교육과정의 기본 편제를 유지하면서 부분 수정 및 보완으로 전체의 방향을 설정해 놓고, 이러한 틀 안에서 도덕과 교육의 내실을 추구하면서 도덕과 교육의 새로운 대안을 모색하였다. 이는 '도덕과 교육의 질적 제고'로 나타났는데, 무엇보다도 교사와 학생이 학교 현장에서 내실 있게 도덕과 교육을 수행할 수 있도록 초3에서 고1까지의 도덕과 교육과정 구성을 연계하여 구성하였다. 특히 7차 교육과정에서는 도덕과 교육 목표만을 제시하였던 것을 2007 개정 교육과정에서는 학교급별 목표를 제시하여 도덕과 교육이 초등학교, 중학교, 고등학교로 연계되어 있음을 드러냈다. 또, 도덕과 내용체계 역시 초3에서 고1까지 도덕과 영역을 4가지로 구분하고 각각의 영역 내용이 일관성과 체계성을 갖추도록 하였다(서강식, 2010: 167-169).

2009 개정 교육과정의 개정 취지는 총론의 운영 방식 변화와 그동안 문제로 지적되어 왔던 일부 각론을 개정하는 것이었다. 2009 개정 교육과정 총론의 큰 변화를 살펴보면 다음과 같다. 첫째, 학년군의 도입이다. 교육과정 편성 및 운영의 경직성을 탈피하고 학년 간 상호 연계와 협력을 통하여 유연성을 부여하기 위해 수업시수가 적은 교과목의 경우 집중 이수를 가능하게 하기 위함이다. 둘째, 교과군의 도입이다. 초등학교에서는 이전의 10개 교과에서 7개 교과군으로 변화하였고, 중학교 역시 10개 교과 및 교과재량활동의 선택과목을 8개 교과군으로 묶었다. 고등학교는 4개 교과 영역과 8개 교과군으로 편성되었다. 셋째, 고교 교과 재구조화라 하여 공통교육과정 기간을 1년 축소하여 1학년에

서 9학년까지로 하는 것이다. 그리고 10학년부터는 12학년까지의 교육과정 운영을 선택과목으로 운영하는 것이다. 그래서 일부 교과의 선택과목을 재편성하였다. 넷째, 교육과정 자율화라 하여 학교별로 특성화된 교육 프로그램 편성 및 운영을 가능하게 하였다. 그 결과 2009 개정 교육과정에서는 초등학교와 중등학교에서의 도덕과 교육과정이 상호 연계가 어려워지는 측면이 있었다. 어느 한 학년과 학기에 집중적으로 이수하고, 나아가 교육과정의 시수마저 20% 정도 감소될 경우, 도덕과 교육과정의 연계성이 위협받을 수 있기 때문이었다(서강식, 2010: 171-172).

2015 개정 도덕과 교육과정은 2015 개정 교육과정 총론의 추진 내용을 반영하여 학습량의 적정화와 학생 참여 수업으로의 전환을 위해 2009 개정 교육과정 성취기준 및 내용의 80% 선으로 학습 내용을 감축하였고, 생활 속 실천을 통한 시민의식의 함양과 유의미한 학생 경험 제공을 위해 교육 내용이 적정화되도록 교육과정을 개발하였다. 또한 총론에서 제시한 핵심 역량을 반영하여 교과 역량을 선정하였고 내용 체계를 핵심 가치, 일반화된 지식, 내용 요소, 기능으로 재구조화하였다. 이전 교육과정과 비교하였을 때 특색 있는 구분은 '핵심 가치'와 '기능' 그리고 '교수·학습 및 평가 방법의 예시'를 들 수 있는데, 특히 '핵심 가치'와 '기능'의 등장은 새로운 시도인 만큼 이에 대한 면밀한 검토가 필요하다.[8]

3. 범교과 학습 주제 및 창의적 체험활동의 변천 및 현황[9]

범교과 학습 주제에 대한 논의에 앞서 범교과 학습의 개념을 살펴보고자 한다. 현재 우리나라의 학교 교육과정은 교과(curriculum), 범교과 학습(cross-curricular learning), 교과 외 활동(extra-curricular activities)으로 구성되어 있다. 이 중 범교과 학습

8 이 내용은 최미영(2017)의 2015 개정 초등 도덕과 교육과정에 대한 내용을 도덕과 전체로 확대하여 논의한 것이다.

9 이 부분은 구정화 외(2013)의 내용을 요약하고, 2015 개정 교육과정의 내용을 추가한 것이다.

은 여러 교과에서 두루 다루어질 수 있는 주제를 중심으로 실시되는 교육 영역을 가리킨다. 따라서 효과적인 범교과 학습을 위해서는 여러 교과를 아우르는 주제를 선정하는 것이 중요하다.

우리나라에서 범교과 학습 주제 선정의 본래 취지는 특정한 주제를 여러 교과의 교육과정에 반영해 달라는 국가·사회적 요구를 수용하는 데 있다. 특히, 교육과정 개정 시기에는 특정 주제나 개념이 교육과정에 포함되기를 원하는 정부 부처나 민간기관의 요구가 적지 않다. 예컨대 2015 개정 교육과정에서도 범교과 학습 주제를 선정하여 여러 교과에, 특히 사회과에 반영해 달라는 다양한 요구가 있었고, 실제로 이를 반영하여 사회과 교육과정이 개정된 바 있었다(설규주, 2015).

한편, 우리나라 상황에서 범교과 학습 주제는 교과 교육과정뿐만 아니라 교과 외 활동인 창의적 체험활동에도 적용되어, 창의적 체험활동의 네 가지 영역인 자율활동, 봉사활동, 동아리활동, 진로활동 중 특히 공식적으로 시수가 배정된 자율활동 시간에 범교과 학습 주제를 다루는 경우가 종종 있다. 물론 이것이 학교 현장에서 범교과 학습과 창의적 체험활동(특히 자율활동)의 연계가 반드시 원활하게 이루어지고 있음을 의미하는 것은 아니다. 그럼에도 불구하고 교과목으로 만들어 전통적인 교과 혹은 학문 중심의 교육과정에 반영하기 어려운 주제 및 내용을 범교과 학습 주제로 편성하여 여러 교과 교육과정 개정에 반영하도록 요청하거나 창의적 체험활동과 연계하여 운영하는 것은 국가·사회적 요구를 교육과정에 적절히 반영하는 나름의 타당한 전략이라고 할 수 있다.

범교과 학습 주제는 기존 교육과정 논의에서도 다양하게 논의되어 온 것이다. 그런데 최근 들어서 범교과 학습 주제는 교과 교육을 제외하고 창의적 체험활동에서만 다룰 수 있는 내용으로 한정되는 느낌이 있지만, 근본적으로는 특정 교과에서 다루기 어렵거나 국가·사회적 요구를 종합하여 다룰 필요가 있는 학습 주제를 규정한 것으로 이러한 범교과 학습 주제의 규정은 1차 교육과정부터 등장해서 현재에 이르고 있다(구정화 외, 2013: 27).

표 1은 1차 교육과정부터 2015 개정 교육과정까지 국가·사회적 요구를 반영하여 설정된 범교과 학습 주제로, 박순경 등(2008: 55)에서 정리한 표에 2015 개정 교육과정의 내용을 추가한 것이다.

표 1 교육과정별 범교과 학습 주제의 선정 내용

교육과정	범교과 학습 주제	주제 수
1차	반공교육, 도의교육, 실업교육	3
2차	국어교육, 반공도덕교육, 건강교육 및 정서교육	3
3차	도덕교육, 국시교육, 건강증진, 보건위생, 체력 향상, 안전교육	6
4차	도덕, 국민정신, 언어생활, 건강과 안전, 환경교육	5
5차	국가사회 8대 강조 사항(국민정신교육, 통일안보교육, 안전교육, 환경교육, 진로교육, 인구교육, 성교육, 경제교육)	8
6차	도덕교육, 환경교육, 경제교육, 근로정신함양교육, 보건안전교육, 성교육	6
7차	민주시민교육, 인성교육, 환경교육, 에너지교육, 경제교육, 소비자교육, 보건교육, 성교육, 안전교육, 진로교육, 근로정신함양교육, 통일교육, 한국문화정체성교육, 국제이해교육, 해양교육, 정보 및 정보윤리교육	16
2007 개정	민주시민교육, 인성교육, 환경교육, 경제교육, 에너지교육, 근로정신함양교육, 보건교육, 안전교육, 성교육, 소비자교육, 진로교육, 통일교육, 한국문화정체성교육, 국제이해교육, 해양교육, 정보화 및 정보윤리교육, 청렴·반부패교육, 물보호교육, 지속가능발전교육, 양성평등교육, 장애인이해교육, 인권교육, 안전·재해대비교육, 저출산·고령화사회대비교육, 여가활용교육, 호국·보훈교육, 효도·경로·전통윤리교육, 아동·청소년보호교육, 다문화교육, 문화예술교육, 농업·농촌이해교육, 지적재산권교육, 미디어교육, 의사소통·토론중심교육, 논술교육	35
2009 개정	민주시민교육, 인성교육, 환경교육, 경제교육, 에너지교육, 근로정신함양교육, 보건교육, 안전교육, 성교육, 소비자교육, 진로교육, 통일교육, 한국 정체성 교육, 국제이해교육, 해양교육, 정보화 및 정보윤리 교육, 청렴·반부패교육, 물보호교육, 지속가능 발전교육, 양성평등교육, 장애인 이해교육, 인권교육, 안전·재해대비교육, 저출산·고령사회대비교육, 여가활용교육, 호국·보훈교육, 효도·경로·전통윤리교육, 아동·청소년 보호교육, 다문화교육, 문화예술교육, 농업·농촌이해교육, 지적 재산권교육, 미디어교육, 의사소통·토론중심교육, 논술교육, 한국문화사 교육, 한자교육, 녹색교육, 독도교육	39
2015 개정	안전·건강교육, 인성교육, 진로교육, 민주시민교육, 인권교육, 다문화교육, 통일교육, 독도교육, 경제·금융교육, 환경·지속가능발전교육	10

그동안 범교과 학습 주제의 내용이 변화하는 과정은 정부 여러 부처의 정책을 반영하는 측면이 강했다. 물론 민주화의 진전과 더불어 정부 정책뿐만 아니라 개별 교과에서 통합적으로 다루기 어려운 주제가 선정되는 모습도 볼 수 있다. 그럼에도 불구하고 7차 교육과정 이후, 2007, 2009 개정 교육과정을 거치면서 그 내용이 새롭게 정련되는 것이 아니라 기존의 범교과 학습 주제에 누적되어 새로운 내용이 추가되는 것을 볼 수 있다(구정화 외, 2013: 28).

이러한 양상에 대하여 박순경 외(2008)는 우리나라 교육과정 논의에서 범교과 학습 주제 관련 논의는 기본적으로 범교과 교육과정(cross-curricula) 측면에서 교육과정을 재구조화하는 것이 아니라 교과와 별도로 범교과 교육과정을 다룬 결과라고 보았다. 즉, 범교과 학습 주제를 여러 교과에 걸쳐 있거나, 교과를 초월하는 개념으로 이해하지 않고, 교과 이외의 예외적인 교육과정으로 생각한다는 것이다. 이러한 점은 교육과정 문서에서도 드러나는데 일반 교과들이 교육 내용을 구체화하고 이를 성취기준 등으로 명료화하는 것과 달리, 범교과 학습 주제는 단순히 주제만을 제시하고 있다(구정화 외, 2013: 28-29).

더불어 우리나라의 범교과 학습 주제는 국가·사회적 요구를 반영한다고 하면서도 사회적 요구보다는 국가 정책 측면이 많이 반영되고 있고, 그 내용이 단순히 나열되는 측면이 있었다. 이러한 점은 외국의 국가 수준 교육과정에서 다루는 범교과 교육과정의 내용과 비교하면 더 분명하게 드러난다(구정화 외, 2013: 29). 박순경 등(2008: 56)에서는 표 2와 같이 외국의 범교과 교육과정의 내용을 제시하였다.

표 2 외국의 국가 수준 교육과정에서의 범교과 교육과정 내용

국가	범교과 교육과정 내용
영국	–주제: 경제 및 산업에 대한 이해, 건강교육, 진로교육과 가이던스, 환경교육, 시민교육 –기능: 의사소통, 수, 학습기능, 대인관계적·사회적 문제해결, 정보처리
프랑스	–초등학교: 태도(인격형성, 자율성, 사회생활 학습, 학습의욕), 시공간의 기초 개념, 방법론적 능력(기억, 학습, 정보처리) –중학교: 소비, 발전, 환경과 유산, 정보, 건강과 생명, 안전
일본	도덕교육, 국제화·정보사회, 환경 문제 인식, 고령화 사회 대비
뉴질랜드	의사소통 능력, 계산 능력, 정보 능력, 문제해결 능력, 자기 관리와 경쟁 능력, 사회적 협력 능력, 신체적 능력, 근로 및 학습 능력
핀란드	적극적 시민의식과 도전 정신, 안전과 복지, 지속가능한 발전, 문화 정체성 확립과 다문화 인식, 기술공학과 사회에 대한 인식, 의사소통과 매체 관련 능력
헝가리	자아상과 자기 인식, 국가 의식, 유럽인으로서의 자각–세계 문화, 환경교육, 정보와 의사소통 문화, 학습, 신체적 및 정신적 건강, 성인의 역할 준비
호주 (빅토리아주)	정보 및 의사소통 기능(ICT), 환경교육, 민주시민교육, 직업교육

우리나라와 외국의 범교과 교육과정을 비교해 보면, 우리나라의 경우 주로 학교 밖의 정부나 기관, 단체의 요구나 압력이 범교과 학습 주제로 자리 잡는

데 비해, 외국의 경우 국가·사회적 차원에서 중요하다고 판단되는 주제나 기능에 초점을 두어 범교과 교육과정의 주제로 선정했다는 점에서 차이가 있다(박순경 외, 2008: 57).

그 결과 범교과 학습이 교사와 학생의 수업 부담을 증가시키는 요인으로 지적되었고, 이를 폐지해야 한다는 의견도 상당수 있는 것으로 확인되었다(박순경 외, 2004; 박순경 외, 2008). 이에 따라 교육과정 개정 시기에 범교과 학습 주제는 항상 환영받지 못하였고, 오히려 내용을 어떻게 축소할 것인가 하는 점이 주요 논의사항의 하나가 되었다. 2007 개정 교육과정 시안 연구·개발 과정에서는 교육과정 전문가의 분석과 판단을 통해 53개의 요구사항을 13개로 통·폐합하고 삭제·정련하는 과정을 경험한 바 있다(박순경 외, 2008: 62). 그 내용을 보면 그림 1과 같다.

민주시민교육, 부패방지교육, 배려교육, 인성교육, 환경교육, 에너지교육, 물보호교육, 생명공학교육, 경제교육, 소비자교육, 법교육, 보건교육, 성교육, 양성평등교육, 안전/재해대비교육, 복지/보험교육, 미디어교육, 고령화사회대비교육, 진로교육, 근로정신함양교육, 여가활용교육, 공명선거교육, 통일교육, 한국문화정체성교육, 문화예술/문화유산교육, 국제이해교육, 해양교육, 정보화/정보윤리교육, 건강한 가정 만들기 교육, 효도/경로/전통윤리/충효교육, 아동/청소년보호교육, 의사소통/토론교육, 호국보훈교육, 장애인이해교육, 인권교육(외국인 근로자 포함), 종교교육, 지적재산권교육, 관광교육, 농어촌이해교육, 무용교육, 연극교육, 서예교육, 독서교육

→

민주시민교육, 인성교육, 환경교육, 에너지교육, 생명공학교육, 경제·소비교육, 보건·성교육, 양성평등교육, 안전교육, 고령화사회교육, 진로교육, 통일교육, 한국문화정체성교육, 국제이해교육, 정보·미디어교육, 호국보훈교육, 장애인 이해교육, 인권교육

→

민주시민교육, 인성교육, 환경·에너지 교육, 소비자교육, 보건·성교육, 안전교육, 진로교육, 통일교육, 한국문화 정체성 교육, 국제이해교육, 정보 및 정보윤리교육, 인권교육, 고령화사회교육

그림 1 범교과 학습 주제의 재정리 과정

그러나 이러한 논의에도 불구하고 2007년 개정 교육과정 당시에도, 앞서 살펴본 것처럼 35개의 범교과 학습 주제가 선정되었고, 2009 개정 교육과정에서도 다시 4개가 더 포함되어 범교과 학습 주제는 그 개수만 증가하고 내실을 기할 수 없는 상태가 되었다(구정화 외, 2013: 31-32).

이러한 범교과 학습 주제는 대부분의 학교에서는 창의적 체험활동의 수업 내용으로 선택하여 학습하거나 일부 학교에서는 연구학교 또는 시범학교 지정을 받아서 창의적 체험활동과 교과 활동에서 범교과 학습 주제 영역을 학습하게 된다. 이러한 방법으로 운영되는 범교과 학습 주제의 경우 대부분 그 주제에 대한 전문적인 내용 구성이 이루어지지 않고, 기존에 나와 있는 관련 자료들을 참조하여 교육자료로 재구성하는 등의 과정을 거치면서 학생과 교사들에게 수업 부담만 가중시키게 된다. 일부 학교에서는 교사들이 노력하여 일부 범교과 학습 주제의 내용 체계를 완성하는 경우도 있지만, 이 경우에도 그 주제에 대한 전문성은 약한 편이다. 다만 이러한 상황에서도 일부 범교과 학습 주제를 위한 인정 교과서가 개발되거나 그 주제와 관련된 기관에서 해당 주제에 적합한 교재를 개발하여 제공하는 경우도 있다. 또한, 관련 정부 기관에서 범교과 학습 주제 관련 자료를 개발하여 보급한 경우도 있다(구정화 외, 2013: 32-33).

그나마 2015 개정 교육과정에서는 범교과 학습 주제가 10개로 대폭 축소되었다. 그러나 범교과 학습 주제가 대폭 줄었지만 그 적용 방식은 유사한 것으로 보인다. 이러한 상황에도 불구하고 범교과 학습 주제를 전면적으로 폐지하는 것에 대하여 반대하는 의견도 있고 그 중요성을 인정하거나 별도 과목으로서의 가능성을 보여주는 학습 주제에 대한 논의도 있어서, 범교과 학습 주제의 재조직을 통한 교육의 활성화 방안을 새롭게 모색할 필요가 있다. 이러한 점에서 범교과 학습 주제가 정부 부처나 유관기관 및 관련 단체의 요구에 의해서가 아니라, 학생들의 관심과 필요에 맞게, 그리고 학교 교육의 목적과 역할에 맞게 구성되어야 할 때가 되었다.

제6장

학교 시민교육의 실태와 개선 방안

1. 설문지 개발 과정과 내용

이 장에서는 교사 대상 설문을 통해서 우리나라 학교 시민교육의 실태를 분석하고 개선 방안을 탐색하려고 한다. 여기에 사용된 설문지는 다음과 같이 개발되었다. 먼저 자체 회의를 통해 설문지 초안을 작성하고 내부 검토와 외부 자문을 거쳐 수정하였다. 그리고 수정된 설문지를 초·중·고 현장 교사 10여 명에게 사전 테스트의 형식으로 검토 의뢰하여 중의적 표현, 불분명한 표현 등을 수정, 보완한 후 설문지 최종본을 확정하였다. 이 책에서 실시한 설문조사지 개요를 정리하면 표 1과 같다.

표 1 설문조사지 개요

<table>
<tr><th>영역</th><th>문항 내용</th><th colspan="2">문항 수</th></tr>
<tr><td rowspan="11">배경 변인</td><td>성별</td><td rowspan="11">11</td><td rowspan="27">27</td></tr>
<tr><td>연령</td></tr>
<tr><td>교직 경력</td></tr>
<tr><td>학교 유형</td></tr>
<tr><td>학교 규모</td></tr>
<tr><td>학교 소재지</td></tr>
<tr><td>근무 지역</td></tr>
<tr><td>학교급</td></tr>
<tr><td>담당 과목(중복 응답 가능)</td></tr>
<tr><td>연수 경험(최근 5년간)</td></tr>
<tr><td>심화/전공</td></tr>
<tr><td rowspan="11">시민교육의 실태와 그에 대한 인식</td><td>민주시민교육의 이미지</td><td rowspan="11">11</td></tr>
<tr><td>민주시민교육의 주요 영역</td></tr>
<tr><td>교과 및 창의적 체험활동을 통한 민주시민교육 현황</td></tr>
<tr><td>교과, 창의적 체험활동 등 민주시민교육 유형별 비율</td></tr>
<tr><td>민주시민교육에 적합한 교과, 과목(영역)</td></tr>
<tr><td>교과를 통한 민주시민교육에 대한 평가</td></tr>
<tr><td>교과를 통한 민주시민교육의 부실 이유</td></tr>
<tr><td>창의적 체험활동을 통한 민주시민교육에 대한 평가</td></tr>
<tr><td>창의적 체험활동을 통한 민주시민교육의 부실 이유</td></tr>
<tr><td>학교 민주시민교육의 전반적인 문제점</td></tr>
<tr><td>학교의 범교과 학습 주제 강조 정도</td></tr>
<tr><td rowspan="5">시민교육 개선을 위한 방안</td><td>학교 민주시민교육 활성화 방안의 필요성</td><td rowspan="5">5</td></tr>
<tr><td>학교 교육과정 개선 방안의 적절성</td></tr>
<tr><td>교과목 개편 및 활용 방안의 적절성</td></tr>
<tr><td>범교과 학습 주제의 재구조화 방안의 적절성</td></tr>
<tr><td>창의적 체험활동 운영 방안의 적절성</td></tr>
</table>

2. 설문 조사 방식과 대상

이 책에서 사용한 설문 조사 방식은 다음과 같다. 개발된 설문지를 온라인 설문 조사 업체를 통해 인터넷에 탑재하였다. 그 후 교육개발원 사이트를 통해 17개 시·도교육청별로 학교를 표집하고 대상 학교를 교육부에 통지하였다. 교육부는 학교 명단을 붙여서 17개 시·도교육청에 협조 공문을 발송하였고, 협조 공문을 받은 학교의 시민교육 관련 업무 담당자들은 안내된 URL에 접속하여 설문 조사에 참여하였다. 온라인 설문 조사는 2018년 11월 26일부터 12월 5일 사이에 실시되었다.

원칙적으로 학교 표집은 2단계 층화군집 표집법(two-stage stratified cluster sampling)에 따라, 외층으로 시·도교육청 변수를 적용하여 17개 시도별 중·고등학교 비율에 맞게 각층별로 학교를 표집하고, 각 외층별로 지역 규모 및 학교 유형을 고려하여 초등학교, 중학교, 고등학교를 표집하는 것이 적절하다. 그러나 연구 기간 및 비용 등의 제약이 있어 지역 규모에 따라 가중치를 두는 방식으로 표집을 실시하였다. 서울과 경기도 등 대규모 광역지자체에서는 각 27개교(학교급 3×가중치 9)를, 인천과 부산 등과 같은 중상규모의 광역지자체에서는 각 9개교(학교급 3×가중치 3)를, 광주와 전북 등과 같은 중하규모의 광역지자체에서는 각 6개교(학교급 3×가중치 2)를, 제주와 세종 등 소규모의 광역지자체에서는 각 3개교(학교급 3×가중치 1)를 표집하여 총 153개교를 선정하였다. 이를 정리하면 표 2와 같다. 조사 대상은 학교당 3명의 교사를 할당하였고 그 3명 중에는 시민교육 관련 업무 담당자 1명이 포함되도록 하였다. 중·고등학교의 경우에는 사회과, 도덕과 교사도 2명이 포함되도록 하였다. 설문 조사 대상자 459명 중 조사에 참여한 교사 수는 369명이었다.

표 2 설문 조사 대상 및 규모

그룹	지역	표집	지역별 학교 수	그룹별 학교 수
1	서울, 경기	초·중·고 각 9개교	각 27개교	54개교
2	인천, 부산, 대구, 경남, 경북	초·중·고 각 3개교	각 9개교	45개교
3	광주, 대전, 울산, 강원, 충남, 충북, 전남, 전북	초·중·고 각 2개교	각 6개교	48개교
4	제주, 세종	초·중·고 각 1개교	각 3개교	6개교
합계	153개교			

3. 설문 조사 결과 분석

1) 응답자 특성

설문에 참여한 교사들의 배경 변인을 정리하면 표 3과 같다.

표 3 연구 대상의 특성

구분		빈도(명)	비율(%)
성별	남자	227	61.52
	여자	142	38.48
연령	30세 미만	44	11.92
	30~39세	93	25.20
	40~49세	129	34.96
	50~59세	97	26.29
	60세 이상	6	1.63
교직 경력	5년 미만	60	16.26
	5년~10년 미만	46	12.47
	10년~20년 미만	132	35.77
	20년~30년 미만	94	25.47
	30년 이상	37	10.03
학교 유형	사립	67	18.16
	국·공립	302	81.84

학교 규모	10학급 미만	90	24.39
	10~19학급	89	24.12
	20~29학급	111	30.08
	30~39학급	61	16.53
	40학급 이상	18	4.88
학교 소재지	특별·광역시	179	48.51
	중·소도시	95	25.75
	읍·면지역	95	25.75
근무지역	서울	66	17.89
	경기	61	16.53
	인천	25	6.78
	강원	13	3.52
	충북	16	4.34
	충남	19	5.15
	대전	15	4.07
	세종	8	2.17
	전북	13	3.52
	전남	13	3.52
	광주	11	2.98
	경북	22	5.96
	대구	25	6.78
	경남	22	5.96
	울산	11	2.98
	부산	21	5.69
	제주	8	2.17
학교급	초등학교	123	33.33
	중학교	129	34.96
	고등학교	117	31.71
최근 5년간 시민교육 관련 연수 경험	없음	182	49.32
	1~5시간	59	15.99
	6~10시간	10	2.71
	11~15시간	65	17.62
	16~20시간	16	4.34
	21시간 이상	37	10.03
합계		369	100.00

교사들의 담당 과목은 초·중등학교로 나누어 조사하였다. 초등학교에서는 담임교사가 여러 과목을 가르치므로 구체적인 담당 과목을 별도로 기입하지 않았다.[1] 중·고등학교의 경우, 개별 학교의 특성상 한 교사가 여러 과목을 가르치는 경우가 있으므로 중복 응답이 가능하도록 설문지를 구성하였다. 설문에 참여한 중·고등학교 교사들이 담당한 과목은 중복 응답을 포함하여, 중학교에서는 사회 13.0%, 도덕 10.6%, 역사 9.8%로 조사되었고, 고등학교에서는 통합사회 11.1%, 한국사 3.0%, 일반사회(선택) 6.8%, 윤리(선택) 5.4%, 지리(선택) 3.0%, 역사(선택) 1.6%, 기타 17.9%로 조사되었다.

교사들의 전공도 초·중등학교를 구분하여 살펴보았다. 초등교사는 기본적으로 초등교육이 전공이지만 심화전공이라는 교과 또는 분야를 1개 선택한다. 심화전공은 사회(13.3%), 수학(12.5%), 교육(11.7%), 국어(10.8%) 등의 순으로 나타났다. 이를 정리하면 표 4와 같다.

표 4 초등교사의 심화전공

심화전공	빈도(명)	비율(%)
윤리	8	6.7
국어	13	10.8
사회과	16	13.3
수학	15	12.5
과학	12	10.0
체육	9	7.5
음악	11	9.2
미술	2	1.7
생활과학	5	4.2
컴퓨터	2	1.7
교육	14	11.7
특수	1	0.8
유아	2	1.7
영어	10	8.3
합계	120	100.0

1 초등교사라고 응답한 교사 수는 124명이었다. 그런데 재직하는 학교급을 선택하는 질문에서 초등교사로 응답한 교사는 123명이었다. 1명의 오차가 드러났으나 온라인 설문 조사이고 누가 잘못 기입하였는지 알 수 없어서 이와 같은 차이가 있음을 밝히는 정도로만 서술하고자 한다.

중·고등학교 교사들의 전공은 일반사회(24.9%), 도덕(20.5%), 역사(12.0%), 지리(8.4%), 공통사회(4.8%) 등의 순으로 나타났다. 이를 정리하면 표 5와 같다.

표 5 중등교사의 전공

전공	빈도(명)	비율(%)
중등 지리	21	8.4
중등 역사	30	12.0
중등 일반사회	62	24.9
중등 도덕	51	20.5
중등 공통사회	12	4.8
기타	73	29.3
합계	249	100.0

2) 민주시민교육의 실태와 그에 대한 인식

'민주시민교육'에 대해 연상되는 이미지들을 제시하고 각각에 대해 동의하는 정도를 5점 척도로 조사하였다. '민주시민교육'에 대해 초·중·고 교사들이 가지고 있는 이미지 중 동의하는 정도가 가장 높았던 것은 '인간의 존엄성, 자유, 권리에 관한 교육'(4.58)이었고, 다음으로는 '합리적 의사결정, 문제해결에 관한 교육'(4.53), '공동체 의식 함양에 관한 교육'(4.46) 등이었다. 인성교육에 해당하는 '바람직한 품성과 인격 함양에 관한 교육'도 4.34점으로 나타나 정치교육에 해당하는 '민주주의, 정부, 선거, 정치에 관한 교육'(4.33)과 비슷한 수준을 보였다. 한편, 준법교육에 해당하는 '사회의 법 체계와 질서, 준법에 관한 교육'은 4.23점으로 나타났고 진보적·비판적 의식 함양 교육과 노동 및 소비 교육은 3점대의 수치를 보였다. 이를 정리하면 표 6과 같다.

표 6 민주시민교육에서 연상되는 이미지

단위: %, (명)

민주시민교육에서 연상되는 이미지	매우 그렇다	대체로 그렇다	보통 이다	대체로 그렇지 않다	전혀 그렇지 않다	평균 (5점 만점)
인간의 존엄성, 자유, 권리에 관한 교육	66.76 (237)	24.79 (88)	8.17 (29)	0.28 (1)	0.00 (0)	4.58
합리적 의사결정, 문제해결에 관한 교육	61.69 (219)	30.42 (108)	7.32 (26)	0.28 (1)	0.28 (1)	4.53
공동체 의식 함양에 관한 교육	55.49 (197)	36.34 (129)	6.48 (23)	1.69 (6)	0.00 (0)	4.46
(학교 및 일상의) 자치, 참여에 관한 교육	52.96 (188)	36.62 (130)	8.73 (31)	1.41 (5)	0.28 (1)	4.41
바람직한 품성과 인격 함양에 관한 교육	53.24 (189)	30.70 (109)	12.39 (44)	3.66 (13)	0.00 (0)	4.34
민주주의, 정부, 선거, 정치에 관한 교육	46.76 (166)	41.69 (148)	9.01 (32)	2.54 (9)	0.00 (0)	4.33
사회의 법 체계와 질서, 준법에 관한 교육	41.41 (147)	45.07 (160)	9.58 (34)	3.10 (11)	0.85 (3)	4.23
국가가 추구하는 인간상과 가치에 관한 교육	38.31 (136)	38.03 (135)	18.03 (64)	5.35 (19)	0.28 (1)	4.09
진보적, 비판적인 의식 함양에 관한 교육	32.39 (115)	35.77 (127)	22.25 (79)	7.89 (28)	1.69 (6)	3.89
경제생활에서의 노동과 소비에 관한 교육	19.72 (70)	42.25 (150)	25.07 (89)	10.70 (38)	2.25 (8)	3.66

민주시민교육의 여러 하위 영역 중 어떤 영역이 중요시되어야 하는지에 대해 5점 척도로 조사하였다. 교사들이 중요성을 가장 높이 평가한 영역은 '참여와 실천', '민주적 가치', '민주적 절차'로 모두 4.74점이었다. 다음으로는 '민주주의'(4.71), '인권'(4.70), '의사결정, 문제해결'(4.69) 순으로 나타났다. '노동, 경제'(4.12), '미디어'(4.09), '국가의 교육 이념'(3.78) 등은 상대적으로 낮은 편이었다. 이를 정리하면 표 7과 같다.

표 7 민주시민교육의 각 하위 영역의 중요성에 대한 인식

단위: %, (명)

민주시민교육의 하위영역	매우 중요	대체로 중요	보통	중요하지 않음	전혀 중요 하지 않음	평균 (5점 만점)
참여와 실천	78.03 (277)	18.03 (64)	3.66 (13)	0.28 (1)	0.00 (0)	4.74
민주적 가치	77.18 (274)	19.72 (70)	3.10 (11)	0.00 (0)	0.00 (0)	4.74
민주적 절차	76.34 (271)	21.13 (75)	2.54 (9)	0.00 (0)	0.00 (0)	4.74
민주주의	73.80 (262)	23.38 (83)	2.82 (10)	0.00 (0)	0.00 (0)	4.71
인권	74.93 (266)	20.00 (71)	4.79 (17)	0.28 (1)	0.00 (0)	4.70
의사결정, 문제해결	75.49 (268)	19.15 (68)	4.79 (17)	0.28 (1)	0.28 (1)	4.69
인성	72.39 (257)	20.56 (73)	5.92 (21)	1.13 (4)	0.00 (0)	4.64
준법	60.28 (214)	32.96 (117)	6.48 (23)	0.00 (0)	0.28 (1)	4.53
사회 문제 및 쟁점	60.56 (215)	32.96 (117)	5.35 (19)	0.56 (2)	0.56 (2)	4.52
비판적 사고	55.77 (198)	36.90 (131)	6.76 (24)	0.56 (2)	0.00 (0)	4.48
노동, 경제	32.11 (114)	50.70 (180)	14.65 (52)	2.25 (8)	0.28 (1)	4.12
미디어	32.96 (117)	46.76 (166)	17.46 (62)	2.25 (8)	0.56 (2)	4.09
국가의 교육 이념	20.00 (71)	42.54 (151)	32.96 (117)	4.23 (15)	0.28 (1)	3.78

학교에서 민주시민교육이 운영되고 있는 시간의 경우 '주 1시간 이내'(50.42%)가 가장 많았다. 다음으로는 '주 2~3시간 이내'(19.72%), '주 1~2시간 이내'(16.06) 순이었고, '이루어지지 않는다'도 6.76%로 나타났다. 이러한 경향은 학교급에 따른 큰 차이 없이 유사하게 나타났다. 다만, '이루어지지 않는다'의 경우 초등학교에서는 0.83%, 중학교에서는 8.13%, 고등학교에서는 11.61%로

학교급 간에 상당한 차이를 보이기도 했다. 이를 정리하면 표 8과 같다.

표 8 학교 민주시민교육 운영 시간

단위: %, (명)

학교급	이루어지지 않음	주 1시간 이내	주 1~2 시간 이내	주 2~3 시간 이내	주 3~4 시간 이내	주 4시간 이상	합계
초등학교	0.83 (1)	57.50 (69)	13.33 (16)	22.50 (27)	1.67 (2)	4.17 (5)	100.00 (120)
중학교	8.13 (10)	52.85 (65)	17.89 (22)	13.82 (17)	4.07 (5)	3.25 (4)	100.00 (123)
고등학교	11.61 (13)	40.18 (45)	16.96 (19)	23.21 (26)	5.36 (6)	2.68 (3)	100.00 (112)
전체	6.76 (24)	50.42 (179)	16.06 (57)	19.72 (70)	3.66 (13)	3.38 (12)	100.00 (355)

민주시민교육 운영 유형의 경우 교과수업, 창의적 체험활동, 기타(학교 자체 프로그램 등)의 3가지 유형으로 구분한 후, 각 유형이 전체에서 차지하는 비율을 응답하도록 하였다. 응답 결과 교과수업이 55.39%로 가장 큰 비중을 차지했고, 창의적 체험활동(27.77%), 기타(16.84%)가 뒤를 이었다. 이러한 경향은 학교급별로 크게 다르지 않은 편이었다. 이를 정리하면 표 9와 같다.

표 9 학교 민주시민교육 운영 유형

단위: %

학교급	교과수업	창의적 체험활동	기타 (학교 자체 프로그램 등)	합계
초등학교	52.77	30.38	16.85	100.00
중학교	57.99	24.85	17.16	100.00
고등학교	55.35	28.18	16.47	100.00
전체	55.39	27.77	16.84	100.00

민주시민교육을 담당하기에 적합하다고 생각하는 교과/비교과를 사회(일반사회), 사회(역사), 사회(지리), 도덕/윤리, 창의적 체험활동, 기타 중 선택하도록

하였다. 그 결과, 사회(일반사회)(61.13%, 217명), 도덕/윤리(29.01%, 103명), 창의적 체험활동(5.63%, 20명), 사회(역사)(2.25%, 8명), 사회(지리)(0.85%, 3명) 순으로 나타났다. 기타 응답(4명)으로 '전 과목'(2명), '학교행사'(1명), '학생자치회 활동'(1명) 등도 있었다. 이를 정리하면 표 10과 같다.

표 10 민주시민교육 담당에 적합하다고 생각하는 교과/비교과

단위: %, (명)

교과목	응답
사회(일반사회)	61.13 (217)
도덕/윤리	29.01 (103)
창의적 체험활동	5.63 (20)
사회(역사)	2.25 (8)
사회(지리)	0.85 (3)
기타	1.13 (4)
합계	100.00 (355)

교과수업 및 창의적 체험활동을 통한 민주시민교육이 잘 이루어지고 있는지에 대해서 5점 척도로 조사하였다. 교과수업을 통한 민주시민교육의 경우 긍정적인 응답의 합은 77.46%, 부정적인 응답의 합은 10.14%였다. 이를 5점 척도로 환산하면 3.85점이었다. 창의적 체험활동을 통한 민주시민교육의 경우 긍정적인 응답의 합은 56.90%, 부정적인 응답의 합은 19.72%로 나타났다. 이를 5점 척도로 환산하면 3.48점이었다. 대체로 교과수업을 통한 민주시민교육이 창의적 체험활동에 대한 평가보다 긍정적이었다. 이를 정리하면 표 11과 같다.

표 11 교과수업/창의적 체험활동을 통한 민주시민교육 운영에 대한 인식

단위: %, (명)

교과/비교과	매우 그렇다	대체로 그렇다	보통 이다	대체로 그렇지 않다	전혀 그렇지 않다	평균 (5점 만점)
교과수업	18.87 (67)	58.59 (208)	12.39 (44)	8.73 (31)	1.41 (5)	3.85
창의적 체험활동	14.65 (52)	42.25 (150)	23.38 (83)	16.06 (57)	3.66 (13)	3.48

교과 수업을 통한 민주시민교육이 잘 이루어지지 않는 이유로 가장 많이 꼽은 것은 '민주시민교육에 대한 인식과 관심 부족'(22.54%)이었다. 다음으로는 '민주시민교육을 위한 수업시수 부족'(14.93%), '민주시민교육에 적합한 학습 활동 수행의 어려움'(14.08%), '교과 교육과정 속의 민주시민교육 내용 부족'(12.39%) 등으로 조사되었다. 이를 정리하면 표 12와 같다.

표 12 교과수업을 통한 민주시민교육이 잘 이루어지지 않는 이유

단위: %, (명)

이유	응답
민주시민교육에 대한 인식과 관심 부족	22.54 (80)
민주시민교육을 위한 수업시수 부족	14.93 (53)
민주시민교육에 적합한 학습 활동 수행의 어려움	14.08 (50)
교과 교육과정 속의 민주시민교육 내용 부족	12.39 (44)
민주시민교육에 대한 사회적 합의 부재	10.14 (36)
민주시민교육 관련 교수학습 및 평가 자료의 부족	9.58 (34)
민주시민교육에 특화된 과목의 부재	7.32 (26)
민주시민교육 관련 교과 교사의 전문성 부족	5.63 (20)
기타	3.38 (12)
합계	100.00 (355)

이외에 '입시 위주의 교육'(3명), '학습 내용 과도로 인한 시간 부족'(2명), '민주시민교육과 관련한 최신 자료의 부족'(1명) 등의 의견이 있었다. 현재 민주시민교육이 잘 되고 있으므로 민주시민교육이 잘 이루어지지 않는다는 데 동의하지 않는다(3명)는 의견도 있었다. 이러한 기타 의견을 정리하면 표 13과 같다.

표 13 기타 의견

분류	응답
입시 위주의 교육 (3명)	-수시 전형에서도 내신 성적이 크게 좌우되고, 수능 시험 성적과 함께 대학 입시의 주된 학생 선발의 기준이 되기 때문에 -입시제도에 치중하다 보니 -입시 위주 교육

분류	응답
내용 과다로 인한 시간 부족 (2명)	-교육해야 하는 내용이 과다함 -기본 교과의 수업내용이 너무 많아서 민주시민교육으로 시간을 확보하기 힘들다.
최신 자료 부족 (1명)	-현실에 맞는 최신 교육자료 필요
이외 (2명)	-고등학교의 경우 정치, 경제, 법 등 시민교육과 관련된 과목이 선택과목으로 되어 있어 제대로 이루어지지 않음 -배운 이론을 현실에 적용하기 어려움. 다 알지만 현실 상황에 처하면 다른 행동(개인의 당연한 이기심에 근거한 행동)을 함
잘 되고 있음 (3명)	-현재 학교의 경우 1학년에 토론 시간을 1시간 배정하고 전문가를 강사로 초빙하여 수업시수가 적은 교사와 함께 수업을 매시간 사회적 쟁점이 되는 의제를 주고 찬반 입장으로 나누어 토론하도록 지도하고 있으므로 위의 예시에 해당하는 내용이 없음 -초등학교에서는 학생 성장 단계상 학교에 오는 것 자체로 많은 민주시민교육이 이루어짐 -잘 이루어지고 있다고 생각합니다.

창의적 체험활동을 통한 민주시민교육이 잘 이루어지지 않는 이유로는 '민주시민교육에 대한 인식과 관심 부족'(26.76%)과 '민주시민교육을 실시할 수 있는 시간 부족'(25.63%)이 많이 꼽혔다. 그리고 '민주시민교육에 적합한 학습 활동 수행의 어려움'(17.46%), '민주시민교육 관련 교수학습 자료 부족'(14.93%), '민주시민교육 담당 교사의 전문성 부족'(7.61%), '강의 중심의 민주시민교육 방법 활용'(5.07%)이 그 뒤를 이었다. 이를 정리하면 표 14와 같다.

표 14 창의적 체험활동을 통한 민주시민교육이 잘 이루어지지 않는 이유

단위: %, (명)

이유	응답
민주시민교육에 대한 인식과 관심 부족	26.76 (95)
민주시민교육을 실시할 수 있는 시간 부족	25.63 (91)
민주시민교육에 적합한 학습 활동 수행의 어려움	17.46 (62)
민주시민교육 관련 교수학습 자료 부족	14.93 (53)
민주시민교육 담당 교사의 전문성 부족	7.61 (27)
강의 중심의 민주시민교육 방법 활용	5.07 (18)
기타	3.10 (11)
합계	100.00 (355)

이외에 기타 의견으로는 교과교육을 통한 민주시민교육이 잘 되고 있지 않은 이유로 언급된 것과 마찬가지로 '교육해야 하는 내용이 많아 시간이 부족하다는 의견'(4명)과 '학교 문화적 측면에서 학생이 민주적인 의견을 내는 것이 힘들기 때문이라는 의견'(1명)이 있었다. 또, 민주시민교육이 잘 이루어지지 않는 이유를 묻는 해당 문항에 동의하지 않으며 현재 민주시민교육이 잘 되고 있다는 의견(2명)도 있었다. 이를 정리하면 표 15와 같다.

표 15 기타 의견

분류	응답
내용 과다로 인한 시간 부족 (4명)	-교육해야 하는 내용이 과다함 -수많은 종류의 교육을 해야 함. 우선순위에서 안 됨 -창의적 체험활동에서 할 내용이 너무 많아서 -창의적 체험활동에 포함해야 하는 내용이 너무 많아서...
학교문화 (1명)	-학생들의 민주적 의견은 공허한 메아리일 뿐 적용되기 힘들다. 학교의 교육 관행에 묻히기 쉽다. 따라서 학생들도 관심을 가지지 않으려 한다.
잘 되고 있음 (2명)	-잘 이루어지고 있다고 생각합니다. -현재 학교에서 자율, 동아리, 봉사, 진로활동을 통해 교육과정 안에서 잘 운영되고 있다.

학교 민주시민교육의 전반적인 문제점들을 제시하고 각각에 대해 동의하는 정도를 5점 척도로 조사하였다. 학교 민주시민교육의 문제점으로 가장 높은 점수를 얻은 것은 '민주시민교육을 위한 기회(시수, 자료 등) 부족'(3.80)이었다. 다음으로는 '정부나 교육청의 성향에 따라 민주시민교육의 방향이 달라짐'(3.70), '민주시민교육의 영역이 분명하지 않음'(3.68), '민주시민교육의 필요성에 대한 공감대가 약함'(3.65) 등으로 조사되었다. '일부 교사들이나 단체의 이념교육으로 활용됨'(2.89)은 유일하게 2점대로 나타났다. 이를 정리하면 표 16과 같다.

표 16 학교 민주시민교육의 전반적인 문제점

단위: %, (명)

학교 민주시민교육의 문제점	매우 그렇다	대체로 그렇다	보통	대체로 그렇지 않다	전혀 그렇지 않다	평균 (5점 만점)
민주시민교육을 위한 기회(시수, 자료 등) 부족	24.86 (88)	42.94 (152)	22.60 (80)	6.78 (24)	2.82 (10)	3.80
정부나 교육청의 성향에 따라 민주시민교육의 방향이 달라짐	23.38 (83)	39.15 (139)	25.07 (89)	8.45 (30)	3.94 (14)	3.70
민주시민교육의 영역이 분명하지 않음	21.81 (77)	41.08 (145)	23.23 (82)	10.76 (38)	3.12 (11)	3.68
민주시민교육의 필요성에 대한 공감대가 약함	21.69 (77)	39.15 (139)	25.07 (89)	10.70 (38)	3.38 (12)	3.65
민주시민교육의 개념, 목적 등에 대한 합의가 되어 있지 않음	12.68 (45)	39.72 (141)	31.55 (112)	12.39 (44)	3.66 (13)	3.45
민주시민교육의 내용과 방법에 대한 교사 전문성 부족	15.21 (54)	36.06 (128)	29.01 (103)	13.24 (47)	6.48 (23)	3.40
민주시민교육이 민주적인 방식으로 실시되지 않음	9.89 (35)	31.64 (112)	30.79 (109)	19.21 (68)	8.47 (30)	3.15
일부 교사들이나 단체의 이념 교육으로 활용	9.30 (33)	22.25 (79)	30.14 (107)	25.07 (89)	13.24 (47)	2.89

현재 학교 교육과정은 10개의 범교과 학습 주제를 제시하고 있는데 학교에서는 이 주제들 중 어떤 것을 강조하고 있는지에 대해 5점 척도로 평가하도록 하였다. 모든 주제가 3점 이상의 점수를 보였고, 그중 인성교육이 4.48점으로 가장 높게 나타났다. 그리고 안전·건강교육(4.44), 진로교육(4.31), 인권교육(4.05), 민주시민교육(3.81) 등이 그 뒤를 이었다. 이를 정리하면 표 17과 같다.

표 17 범교과 학습 주제에 대한 인식

단위: %, (명)

범교과 학습 주제	매우 강조	대체로 강조	보통	강조하지 않음	전혀 강조하지 않음	평균 (5점 만점)
인성교육	60.11 (211)	28.77 (101)	9.69 (34)	1.42 (5)	0.00 (0)	4.48

범교과 학습 주제	매우 강조	대체로 강조	보통	강조하지 않음	전혀 강조하지 않음	평균 (5점 만점)
안전·건강교육	56.13 (197)	32.76 (115)	9.97 (35)	1.14 (4)	0.00 (0)	4.44
진로교육	46.70 (163)	38.40 (134)	13.75 (48)	1.15 (4)	0.00 (0)	4.31
인권교육	34.20 (119)	39.08 (136)	24.71 (86)	2.01 (7)	0.00 (0)	4.05
민주시민교육	22.99 (80)	41.09 (143)	30.17 (105)	5.46 (19)	0.29 (1)	3.81
독도교육	24.21 (84)	36.89 (128)	31.41 (109)	6.63 (23)	0.86 (3)	3.77
다문화교육	20.92 (73)	41.55 (145)	30.09 (105)	6.59 (23)	0.86 (3)	3.75
환경·지속가능발전교육	21.49 (75)	38.97 (136)	32.66 (114)	5.16 (18)	1.72 (6)	3.73
통일교육	18.39 (64)	42.82 (149)	30.17 (105)	7.18 (25)	1.44 (5)	3.70
경제·금융교육	11.21 (39)	34.48 (120)	41.09 (143)	10.92 (38)	2.30 (8)	3.41

3) 민주시민교육 개선 방안

민주시민교육을 활성화하기 위한 방안들을 제시하고 각 방안의 필요성에 대한 인식을 조사하였다. '민주시민교육을 위한 교수학습방법 개발·보급'(4.13)과 '민주시민교육을 위한 자료 개발·보급'(4.12)의 필요성에 대한 인식이 높았고, '학교와 학급 자치의 강화'(4.04), '학교 밖 민주시민교육 기관과 학교의 연계 강화'(3.93) 등이 그 뒤를 이었다. '민주시민교육 진흥법(가칭) 제정'(3.32), '정부 차원의 민주시민교육 전담 기구 설치'(3.30) 등은 상대적으로 낮은 편이었다. 이를 정리하면 표 18과 같다. 이외에 민주시민교육 사업을 할 경우 업무만이 늘어날 뿐이라는 의견(1건)과 상부로부터의 지시가 아닌 학교 자체적으로 문화를 조성할 수 있는 시간적 여유를 주었으면 좋겠다(1건)는 기타 의견도 제시되었다.

표 18 학교 민주시민교육 활성화 방안의 필요성

단위: %, (명)

민주시민교육 활성화 방안	매우 필요	대체로 필요	보통	대체로 불필요	매우 불필요	평균 (5점 만점)
민주시민교육을 위한 교수학습방법 개발·보급	38.0 (131)	41.5 (143)	17.1 (59)	2.6 (9)	0.9 (3)	4.13
민주시민교육을 위한 자료 개발·보급	38.0 (131)	40.9 (141)	17.1 (59)	2.9 (10)	1.2 (4)	4.12
학교와 학급 자치의 강화	35.4 (122)	38.6 (133)	21.2 (73)	4.9 (17)	0.0 (0)	4.04
학교 밖 민주시민교육 기관과 학교의 연계 강화	30.4 (105)	40.6 (140)	22.6 (78)	4.1 (14)	2.3 (8)	3.93
민주시민교육을 위한 학교장 연수 강화	31.9 (110)	33.9 (117)	26.1 (90)	5.8 (20)	2.3 (8)	3.87
민주시민교육을 위한 교사 연수 강화	27.0 (93)	40.0 (138)	24.4 (84)	7.3 (25)	1.5 (5)	3.84
민주시민교육을 위한 학부모 연수 강화	27.0 (93)	35.7 (123)	27.5 (95)	7.8 (27)	2.0 (7)	3.78
민주시민교육을 위한 합리적 평가체제 구축	24.4 (84)	37.7 (130)	27.0 (93)	6.1 (21)	4.9 (17)	3.70
민주시민교육을 위한 교육과정 개편	23.5 (81)	39.1 (135)	25.5 (88)	6.7 (23)	5.2 (18)	3.69
민주시민교육의 이수 필수화(시수 확보)	22.0 (76)	35.7 (123)	27.3 (94)	9.6 (33)	5.5 (19)	3.59
민주시민교육 진흥법(가칭) 제정	13.6 (47)	31.6 (109)	35.9 (124)	11.3 (39)	7.6 (26)	3.32
정부 차원의 민주시민교육 전담기구 설치	13.3 (46)	31.3 (108)	34.8 (120)	13.0 (45)	7.5 (26)	3.30

민주시민교육을 위한 학교 교육과정 개선 방안들을 제시하고 각각의 적절성을 5점 척도로 조사하였다. '기존 교과목 속에 민주시민교육 관련 내용을 강화'하는 방안이 4.13점으로 가장 높았다. 다음으로는 '창의적 체험활동에서 민주시민교육 관련 내용 강화'(3.82), '범교과 학습 주제를 민주시민교육 중심으로 개편'(3.72) 등의 순으로 나타났고, '민주시민 교과목 개설'(2.94)의 점수는 낮은 편이었다. 이를 정리하면 표 19와 같다.

표 19 학교 교육과정 개선 방안의 적절성

단위: %, (명)

학교 교육과정 개선 방안	매우 적절	대체로 적절	보통	대체로 부적절	매우 부적절	평균 (5점 만점)
기존 교과목 속에 민주시민교육 관련 내용 강화	35.47 (122)	45.06 (155)	16.86 (58)	2.03 (7)	0.58 (2)	4.13
창의적 체험활동에서 민주시민교육 관련 내용 강화	26.16 (90)	39.53 (136)	26.45 (91)	5.81 (20)	2.03 (7)	3.82
범교과 학습 주제를 민주시민교육 중심으로 개편	22.90 (79)	38.55 (133)	28.99 (100)	6.67 (23)	2.90 (10)	3.72
초중고 특정 학기나 학년에 민주시민교육 관련 활동 배정	20.58 (71)	31.01 (107)	29.86 (103)	11.59 (40)	6.96 (24)	3.47
민주시민 교과목 개설	13.62 (57)	18.26 (63)	31.59 (109)	22.03 (76)	14.49 (50)	2.94

민주시민교육을 위한 교과목 개편 및 활용 방안들을 제시하고 각각의 적절성을 5점 척도로 조사하였다. '일반사회 영역에 민주시민교육 관련 단원과 내용을 보강'하는 방안이 3.94점으로 가장 높았고, '도덕 교과에 민주시민교육 관련 단원이나 내용을 보강'(3.85)하는 방안과 '사회과, 도덕과를 유지하면서 일부 학년에 통합적 성격의 민주시민과목 개설'(3.48)하는 방안이 뒤를 이었다. '사회과(지리, 역사, 일반사회), 도덕과 이외의 민주시민교과 개설'(2.83)이나 '지리, 역사, 일반사회, 도덕을 통합하여 민주시민교과로 개편'(2.78)하는 방안의 점수는 낮은 편이었다. 이를 정리하면 표 20과 같다. 기타 의견으로 교과 개편 및 변화가 아니라 현 교육과정 내에서 민주시민교육 관련 내용을 내실 있게 운영하는 방안(1건)도 제시되었다.

표 20 민주시민교육을 위한 교과목 개편 및 활용 방안의 적절성

단위: %, (명)

교과목 개편 및 활용 방안	매우 적절	대체로 적절	보통	대체로 부적절	매우 부적절	평균 (5점 만점)
일반사회 영역에 민주시민교육 관련 단원과 내용을 보강	30.72 (106)	42.61 (147)	18.84 (65)	5.51 (19)	2.32 (8)	3.94
도덕 교과에 민주시민교육 관련 단원이나 내용을 보강	29.28 (101)	39.13 (135)	22.03 (76)	6.09 (21)	3.48 (12)	3.85
사회과, 도덕과를 유지하면서 일부 학년에 통합적 성격의 민주시민과목 개설	21.45 (74)	37.10 (128)	19.13 (66)	12.17 (42)	10.14 (35)	3.48
도덕을 민주시민교과로 개편	17.39 (60)	27.25 (94)	26.38 (91)	17.68 (61)	11.30 (39)	3.22
일반사회 영역을 민주시민교과로 개편	13.33 (46)	25.22 (87)	27.83 (96)	22.03 (76)	11.59 (40)	3.07
지리, 역사를 제외한 일반사회와 도덕을 통합하여 민주시민교과로 개편	12.75 (44)	26.67 (92)	25.51 (88)	21.74 (75)	13.33 (46)	3.04
사회과(지리/역사/일반사회), 도덕과 이외의 민주시민교과 개설	12.46 (43)	18.84 (65)	25.80 (89)	25.51 (88)	17.39 (60)	2.83
지리, 역사, 일반사회, 도덕을 통합하여 민주시민교과로 개편	11.01 (38)	19.42 (67)	24.64 (85)	26.67 (92)	18.26 (63)	2.78

민주시민교육을 위한 창의적 체험활동 운영 방안들을 제시하고 각각의 적절성을 5점 척도로 조사하였다. '창의적 체험활동 계획 수립 시 학교 구성원의 의견 수렴을 강화'(3.77)해야 한다는 방안이 가장 높게 나타났고, '창의적 체험활동 4개 영역과 민주시민교육의 연관성 확대'(3.76)해야 한다는 방안, '창의적 체험활동과 학교 밖 민주시민교육 활동과의 연계 강화'(3.71)해야 한다는 방안이 뒤를 이었다. 이어 '창의적 체험활동 중 일부 시수를 민주시민교육 이수로 의무화'(3.27)해야 한다는 방안과 '교과수업 비중을 줄이고 창의적 체험활동 비중을 확대'(3.19)해야 한다는 방안의 순서로 높게 나타났다. 이를 정리하면 **표 21**과 같다.

표 21 민주시민교육을 위한 창의적 체험활동 운영 방안의 적절성

단위: %, (명)

창의적 체험활동 운영 방안	매우 적절	대체로 적절	보통	대체로 부적절	매우 부적절	평균 (5점 만점)
창의적 체험활동 계획 수립 시 학교 구성원의 의견 수렴 강화	23.48 (81)	40.58 (140)	26.96 (93)	7.25 (25)	1.74 (6)	3.77
창의적 체험활동 4개 영역(자율·봉사·동아리·진로)과 민주시민교육의 연관성 확대	20.87 (72)	45.51 (157)	24.93 (86)	6.38 (22)	2.32 (8)	3.76
창의적 체험활동과 학교 밖 민주시민교육 활동과의 연계 강화	22.03 (76)	39.71 (137)	28.12 (97)	7.25 (25)	2.90 (10)	3.71
창의적 체험활동 중 일부 시수를 민주시민교육 이수로 의무화	14.20 (49)	29.86 (103)	32.75 (113)	14.78 (51)	8.41 (29)	3.27
교과수업 비중을 줄이고 창의적 체험활동 비중을 확대	13.62 (47)	25.22 (87)	34.78 (120)	18.84 (65)	7.54 (26)	3.19

범교과 학습 주제의 재구조화 방안들을 제시하고 각각의 적절성에 대해 5점 척도로 조사하였다. 개인 생활, 인간관계, 시민 생활 등 3개 범주로 개편하는 방안이 3.48점으로 가장 높았고, 개인 생활, 인간관계, 일과 여가, 시민 생활이라는 4개 범주로 구분하는 방안이 3.36점으로 뒤를 이었다. '기존대로 10개 주제를 각각 유지하면서 민주시민교육을 중심으로 운영'하는 방안은 평균 3.24점으로 가장 낮았다. 이를 정리하면 표 22와 같다. 기타 의견으로는 사회, 도덕과의 교과에 이 내용을 담아야 한다(2건)는 내용도 있었다.

표 22 범교과 학습 주제의 재구조화 방안 적절성

단위: %, (명)

범교과 학습 주제의 재구조화 방안	매우 적절	대체로 적절	보통	대체로 부적절	매우 부적절	평균 (5점 만점)
개인 생활, 인간관계, 시민 생활 등 3개의 범주로 개편	17.68 (61)	31.59 (109)	34.78 (120)	12.75 (44)	3.19 (11)	3.48
개인 생활, 인간관계, 일과 여가, 시민 생활 등 4개의 범주로 개편	13.91 (48)	28.70 (99)	40.29 (139)	13.62 (47)	3.48 (12)	3.36
개인의 사적 생활과 시민의 공적 생활 등 2개의 범주로 개편	13.62 (47)	27.54 (95)	40.00 (138)	14.78 (51)	4.06 (14)	3.32
개인 생활, 인간관계, 일과 여가, 시민 생활, 과학/기술/환경 등 5개의 범주로 개편	14.49 (50)	27.83 (96)	37.39 (129)	15.94 (55)	4.35 (15)	3.32
기존대로 10개 주제를 각각 유지하면서 민주시민교육을 중심으로 운영	15.94 (55)	23.77 (82)	37.39 (129)	14.49 (50)	8.41 (29)	3.24

제7장

학교 시민교육의 특징과 과제

1. 학교 시민교육 운영 실태와 관련 인식에 대한 논의

이 장에서는 6장의 설문 조사 결과에 기초하여 학교 시민교육 운영 실태와 관련 인식, 학교 시민교육 개선 방안에 대해서 논의하고, 우리나라 학교 시민교육의 특징과 과제를 살펴보려고 한다. 설문 조사 결과를 토대로 우리나라 학교 시민교육 운영 실태와 관련 인식에 대해서 살펴보면 다음과 같다.

첫째, 전반적으로 학교에서 적은 시간이나마 시민교육이 일정 부분 실시되고 있다는 것을 확인할 수 있다. 설문 조사 결과, 학교 시민교육 운영 시간은 주 1시간 이내라는 응답이 가장 많았다. 주 1~2시간 및 주 2~3시간 정도까지 합하면 전체의 85%가 넘는다. 이것은 사회과, 도덕과 수업 중 시민교육과 관련성이 높은 단원의 수업을 하는 경우, 창의적 체험활동 등에서 시민교육과 관련성이 높은 주제를 다루는 경우 등을 염두에 둔 응답인 것으로 보인다. 이것은 응답자의 특성과도 일정 부분 관련되는 것으로 해석할 수 있다. 응답자들이 주로 사회과, 도덕과 교사이기 때문에 본인이 담당하는 교과에서 자연스럽게 시민교육과 관련되는 내용을 다룬다고 생각할 수 있는 것이다.

둘째, 교과 수업이 학교 시민교육에서 차지하는 비중이 55% 안팎으로 가장 높지만, 창의적 체험활동도 대략 27% 안팎으로 나타나 결코 적은 비중은 아닌 것으로 조사되었다. 이것은 학교 시민교육에서 사회과, 도덕과 등과 같은 교과 수업 개선은 물론, 창의적 체험활동 등의 개선에도 관심을 기울여야 할 필요가 있음을 보여준다.

셋째, 시민교육 담당에 적합하다고 생각하는 교과로는 사회과 일반사회 영역이 약 61%로 높게 나타났다. 도덕과도 29% 정도를 차지함에 따라 이 두 교과의 합은 90%를 넘었다. 이것은 시민교육의 중핵 교과로서 사회과(특히 일반사회 영역)와 도덕과의 역할에 대한 기대가 적지 않음을 나타낸다. 다른 한편으로 사회과, 도덕과가 그만큼 시민교육을 잘 담당하기 위한 노력에 매진해야 하는 부담을 안고 있음을 보여주는 것이기도 하다. 물론 중등학교의 경우 조사 대상이 사회과, 도덕과 교사로 한정되었던 것도 영향을 주었던 것으로 보인다.

넷째, 교과수업을 통한 시민교육이 창의적 체험활동을 통한 시민교육보다 전반적으로 좀 더 잘 이루어지는 것으로 나타났다. 사회과, 도덕과 등의 교과 수업은 창의적 체험활동에 비해 대체로 더 체계적이며 보다 분명한 교육 내용, 교육 방법 등을 확보하고 있기 때문에 긍정적인 답변이 상대적으로 더 높게 나타난 것으로 보인다. 다른 한편으로는 학교 시민교육에서 적지 않은 비중을 차지하고 있는 창의적 체험활동의 활성화를 위한 노력이 더욱 필요하다는 점을 보여주기도 한다.

다섯째, 교과수업과 창의적 체험활동에서 시민교육이 잘 이루어지지 않는 경우, 그 주요 원인으로는 시민교육에 대한 인식과 관심 부족, 시간 부족, 학습활동 수행의 어려움, 자료 부족 등이 공통적으로 많이 꼽혔다. 학교 교육과정에는 시민교육 외에도 다루어야 할 내용이나 주제가 많을 뿐만 아니라, 학교 외부에서 제기되는 사회적 요구도 적지 않아서 시민교육에 대해서만 특별히 더 신경을 쓰거나 시간을 할애하기가 쉽지 않은 것으로 보인다. 또한, 교사들이 보기에 시민교육 관련 자료나 학습 활동 안내 등도 충분하지 않다는 점에서 향후 학교 시민교육 활성화를 위해서는 이러한 부분에 대한 보완과 지원이 필요하다는 것을 알 수 있다.

여섯째, 기존 범교과 학습 주제 중에서 시민교육은 인성교육이나 안전·건강 교육 등에 비해 강조되는 정도가 상대적으로 낮은 편이었다. 학교폭력 문제 심화, 인성교육진흥법 제정, 국가적 재난 사고 이후 안전에 대한 관심 제고 등이 계기가 되어 전반적으로 인성교육, 안전·건강 교육 등이 더 강조되는 추세에 있는 것으로도 볼 수 있다. 시민교육의 경우 특정 시기의 정치적·사회적 변화를 반영하여 일시적으로 강화되거나 약화되지 않도록 하는 것이 바람직하다. 우리 사회가 민주주의를 실현하기 위해 지속적으로 노력해 왔고 앞으로도 우리 사회의 목표와 정체성이 변함없이 민주주의를 지향한다면, 시민교육이 우선적이면서도 안정적으로 실시될 수 있는 기반과 풍토가 조성되어야 한다.

일곱째, 학교 시민교육의 전반적인 문제점으로 시민교육을 위한 기회 부족, 정부나 교육 당국의 영향력, 시민교육의 불분명한 영역, 시민교육의 필요성에 대한 공감대 부족 등이 많이 제기되었다. 과거 수십 년 동안 학교 시민교육을 실시해 왔음에도 불구하고 시민교육의 영역이 불분명하다거나 필요성에 대한 공감대가 약하다는 지적은 근본적으로 시민교육의 개념, 목표, 필요성 등을 성찰하고 재정립해야 할 필요가 있음을 보여준다. 그러한 성찰과 논의를 통해 학교 시민교육은 정부나 교육 당국의 성향과 관계없이 일정한 시수와 내용, 방법 등을 통해 안정적으로 실시되어야 한다.

2. 학교 시민교육 개선 방안에 대한 논의

6장의 설문 조사 결과를 토대로 우리나라 학교 시민교육 개선 방안에 대해서 살펴보면 다음과 같다.

첫째, 학교 시민교육 활성화를 위한 개선 방안으로 시민교육 관련 교수학습 방법 및 자료 개발·보급, 학교와 학급 자치 강화 등이 많이 꼽혔다. 반면, 시민교육 전담 기구나 관련 법 제정 등에 대한 필요성 인식은 상대적으로 낮은 편이었다. 교사들은 전반적으로 시민교육 관련 법 제정이나 기구 설치와 같은 거시적 변화를 통한 시민교육 활성화보다는, 기존 틀 속에서 바로 실시할 수 있는 교수학습 개선이나 자치 활동 강화 등과 같은 미시적인 변화에 좀 더 많은 관심이 있음을 알 수 있다. 한편, 시민교육을 위한 교육과정 개편은 3.69점, 시민교육의 이수 필수화는 3.59점으로 나타나 다른 방안들에 비해 높다고도 낮다고도 판단하기 어려운 지점에 위치해 있다. 그만큼 교육과정 개편이나 시수 확보 등을 통한 시민교육 활성화를 바라보는 교사들의 시각도 복잡하다는 것을 보여주는 대목으로 해석할 수 있다. 물론 그 두 방안에 대한 긍정적·부정적 평가만을 대비해 보면 긍정적인 평가가 많다. 이러한 상황에서 교사들의 신뢰와 지지를 얻을 수 있는 체계적이고 분명하며 현실성 높은 시민교육 관련 교육과정 개선안이 제시된다면, 현재의 다소 어중간한 평가가 좀 더 긍정적인 방향으로 이동할 수 있을 것으로 기대된다.

둘째, 시민교육 관련 학교 교육과정 개선 방안 중에서는 기존 교과목과 창의적 체험활동 속에서 시민교육 관련 내용을 강화하는 방안에 대한 긍정적 평가가 많았고 시민 교과목 개설은 3점 미만으로 나타나 부정적인 인식이 적지 않음을 보여주었다. 다수의 교사는 큰 폭의 교육과정 개선 없이 가급적 기존 체제를 활용하는 방식을 선호하고 있음을 알 수 있다. 한편, 범교과 학습 주제를 시민교육 중심으로 개편하는 방안이나 초·중·고 특정 학기나 학년에 시민교육 관련 활동을 배정하는 방안도 전체적으로 긍정적인 평가가 부정적인 평가보다 더 많다는 점을 감안할 때 향후 지속적으로 고려해 볼 만한 방안으로 판단된다.

셋째, 시민교육을 위한 교과목 개편이나 새로운 교과 개설보다는 일반사회 영역(3.94)이나 도덕과(3.85)에 시민교육 관련 단원을 보강하는 방안에 대한 긍정적 평가가 높았다. 위에서 언급한 바대로 큰 폭의 교육과정 변화 없이 기존 체제를 최대한 활용할 수 있는 방안에 대한 선호가 높다는 것을 확인할 수 있다. 한편, 지리와 역사를 묶고, 일반사회와 도덕을 시민 교과로 묶는 방안(3.04)에 대해서는 긍정적 평가와 부정적 평가가 거의 비슷하게 나타났다. 시민교육의 본래 취지에 맞게 일반사회와 도덕을 통합하는 것 자체에 대해서는 긍정적일 수 있지만, 이 역시 새로운 교과가 만들어진다는 점에서 부담이 될 수 있으므로 부정적 평가도 만만치 않은 것으로 보인다. 시민교육 관련 교과목 개편을 추진한다면 체계적이고 구체적인 청사진과 대안 제시, 관련 종사자들과의 협의 등을 충분히 거치면서 진행하는 것이 바람직해 보인다.

넷째, 창의적 체험활동과 관련해서는 전반적으로 자율성과 유연성을 확대하는 방안에 대한 긍정적 평가가 많았다. 계획 수립 시 학교 구성원의 의견을 반영하고, 학교 밖 기관과의 연계를 강화하며, 기존 창의적 체험활동 영역을 보다 유연하게 적용하는 방안 등이 그것이다. 창의적 체험활동은 기본적으로 단위 학교의 상황과 지역사회의 특수성 등을 고려하여 학교마다 주어진 맥락 속에서 실시되는 것이 바람직하다. 결국 교사들은 창의적 체험활동의 본질에 충실할 때 그것을 통한 시민교육도 더욱 잘 이루어질 것으로 보고 있다는 해석을 내릴 수 있다.

다섯째, 범교과 학습 주제 재구조화와 관련해서는 모든 개선안이 기존 체제의 유지보다 높게 나타났다는 점에서 교사들은 전반적으로 재구조화의 필요성에 공감하고 있다고 볼 수 있다. 개선안 중에서는 개인 생활, 인간관계(사회생활), 시민 생활 3개 영역으로 구분하는 안에 대한 긍정적 평가가 가장 많았다. 개인 생활과 시민 생활이라는 2개 범주는 각 영역이 너무 넓어진다는 점에서, 반면 4개나 5개 범주로까지 세분화하는 것은 세부 주제에 비해 범주 수가 너무 많다는 점에서 3개로 범주화하는 안에 비해 상대적으로 긍정적 평가가 낮았던 것으로 보인다. 범교과 학습 주제를 개인 생활, 인간관계(사회생활), 시민 생활로 범주화할 경우 각 범주를 타당하게 정의하여 중복 문제, 위계 문제 등을 최소화하는 노력이 뒷받침되어야 할 것이다.

3. 우리나라 시민교육의 특징

여기서는 학교 시민교육의 운영 실태와 개선 방안에 대한 논의를 토대로 우리나라 시민교육의 특징에 대해서 살펴보려고 한다.

첫째, 과거부터 우리나라의 시민교육은 국가 주도 하에 애국·애족하는 국민 양성의 경향을 띠어 왔다. 이미 언급한 바와 같이 우리나라의 시민교육은 주로 학교라는 근대적인 교육제도 속에서 이루어져 왔고, 일제 침략과 분단 국가라는 역사적 상황으로 인해 민족주의와 반공주의가 결합되어 시민교육이라는 이름하에 국가 중심의 국민교육이 이루어진 것이다. 이러한 국가 중심의 국민교육은 그러한 교육을 강조한 권위주의적 군사독재 정권이 사라진 이후에도 일부 제도나 관행으로 고착되어 있기도 하고, 교육문화나 학교문화 속에 일부 남아 있기도 하다. 이러한 특징은 이 책에서 실시한 설문 조사에서 시민교육을 바람직한 품성과 인격 함양, 사회의 법 체계와 질서, 국가가 추구하는 인간상과 가치에 대한 교육으로 연상하는 교사들이 적지 않았다는 데서도 찾아볼 수 있다.

둘째, 민주화 이후 우리나라의 시민교육은 시장의 논리에 기초하여 합리적인 개인(경제 행위자)을 양성하는 것으로 오해받고 있다. 이는 1990년대 이후 세계화와 신자유주의의 영향으로 시장에서 경쟁력 있는 개인을 양성하는 것이 학교 교육에서 강조된 까닭이다. 이러한 합리적인 개인(경제행위자)을 양성하는 것을 목표로 삼는 교육은 권위주의적 군사정권의 붕괴 이후 국민교육에 대한 대안으로 받아들여지고 있다. 그 결과 시장의 논리가 여과 없이 학교에 도입되어, 수요자 중심의 교육, 학교와 교직 사회에 경쟁 논리의 도입 등과 같은 양상으로 나타나고 있다. 이러한 시민교육은 교육의 논리를 경제의 논리로 대체하는 것으로서, 그 여파는 오늘날 청소년과 청년 세대가 국가에 대해서는 독립적이기를 원하지만, 시장(돈)에 대해서는 매우 친화적이 되어가는 흐름으로 나타내고 있다.

셋째, 우리나라의 시민교육은 학교를 주요한 무대로 하여 사회과와 도덕과 등 학교의 교과목을 중심으로 전개되어 왔다. 지금까지 학교에서는 사회과가 성립된 이후부터 국가·사회적 요구에 따라 시민교육을 위해 사회과학과 사회문제를 활용하는 등 다양한 시도를 해 왔다. 이는 교과 중심 시민교육 유형의 비율이 높은 설문 조사 결과에서도 부분적으로 확인할 수 있다. 그러나 시민교육의 중핵 교과로 출발한 사회과는 여러 차례에 걸친 교육과정 개정 작업을 통해서 시민교육을 위한 교과로서의 성격이 강화되기보다는 사회과 내에서 영역별 과목 편제와 내용 체계 및 성취기준을 수정하는 데에 머무는 양상을 띠게 되었다.

넷째, 범교과 학습이나 창의적 체험활동 등을 통한 시민교육은 제대로 이루어지지 않고 있다. 그나마 2015 개정 교육과정에서는 범교과 학습 주제가 10개로 조정되어 시민교육의 비중이 상대적으로 증가하기는 했지만, 설문 조사를 통해 나타난 시민교육의 실시 정도는 여전히 미흡한 것으로 보인다.

다섯째, 학교 체제와 문화가 시민교육의 주요한 자원으로 충분히 활용되지 못하고 있다. 일부 권위적인 학교 체제와 문화가 여전히 남아 있어서 아직도 학교에서 학생들이 자유롭게 자신의 의견을 표현하고 토론하며 학교의 주요한 의사결정에 적극적으로 참여하는 모습이 잘 나타나지 않는 실정이다.

4. 우리나라 시민교육의 과제

여기서는 학교 시민교육의 운영 실태와 개선 방안에 대한 논의를 토대로 우리나라 시민교육의 과제에 대해서 살펴보려고 한다.

첫째, 우리나라의 시민교육은 국가 주도의 국민교육에서 벗어나 시민사회 구성원으로서의 시민을 양성하는 방향으로 변화되어야 한다. 이를 위해서는 전통적인 국민교육이 아니라 비판적인 사고력을 기르는 데 초점을 맞추어 우리 사회 내부의 문화를 비판적으로 성찰할 수 있는 방식으로 시민교육의 체질이 변화되어야 한다.

둘째, 우리나라의 시민교육은 자신의 이익만을 추구하는 데서 벗어나 공동체의 공익을 위해서 정치과정에 참여하는 성향을 기르는 방향으로 변화되어야 한다. 현재 우리나라의 민주주의와 시민의식은 자기 이익을 실현하기 위한 정치참여에는 적극적이지만, 공동체의 정의와 공공선을 실현하기 위한 정치참여에는 미온적인 편이다. 따라서 향후 우리나라의 시민교육은 공동체의 정의 실현과 관련된 정치참여 성향을 기르는 것에도 관심을 기울여야 할 것이다.

셋째, 우리나라의 시민교육은 교과 및 학문 중심의 교육과정에서 벗어나 쟁점 중심 교육과정으로 변화되어야 한다. 국가의 국민이 아니라 시민사회의 구성원인 시민에게 요구되는 자질은 우리 사회의 공공 쟁점에 대한 집단적 의사결정과정에 적극적으로 참여하는 것이다. 이러한 자질을 기르기 위해서는 학교에서도 교과 및 학문 중심의 교육과정에 기초하되, 쟁점 중심의 교육과정과 토론 지향의 수업을 통해서 학생들 스스로 자신의 의견을 표현하며, 타인과 대화하고 타협할 수 있는 경험을 제공해야 할 것이다.

넷째, 우리나라의 시민교육은 교과 교육과정뿐만 아니라 범교과 학습이나 창의적 체험활동 혹은 잠재적 교육과정을 통해서 체험과 실천 위주로 전개되어야 한다. 시민교육은 사회과와 도덕과 등 특정 교과에서만 담당하는 것으로는 부족하므로, 모든 교과에서 시민교육 관련 내용을 다루어야 한다. 또한, 창의적 체험활동으로 대표되는 교과 외 활동을 통해서도 체험과 실천 중심의 시민교육이 이루어져야 한다.

다섯째, 우리나라의 시민교육은 학교 체제와 문화를 통해서도 이루어져야 한다. 학교에서의 자연스러운 사회화 과정을 통해 학생들이 시민으로 성장할 수 있는 환경이 조성되어야 한다. 특히 이 과정에서 학교 체제와 문화를 바꾸는 것과 함께 학교 밖의 교육적 자원을 활용하여 학생들이 학교에서 배운 것을 사회에서 실천하고, 사회에서 배운 것을 학교에서 실천할 수 있도록 해야 한다. 학교 체제와 문화를 통한 시민교육은 학교와 학교 밖의 경계를 허물고 학교와 학교 밖의 시민교육 관련 자원을 제대로 활용할 때 더욱 활성화될 수 있을 것이다.

제3부 | 다른 나라의 학교 시민교육

제8장

독일 시민교육의 사례

1. 독일 시민교육의 개관

독일 시민교육은 현지에서는 '정치교육(Politische Bildung)'이라고 불린다. 독일 시민교육의 가장 큰 특징은 체계적으로 제도화되어 평생교육의 형식으로 꾸준히 이루어진다는 점이다. 우선, 학교 교육의 경우 그룬트슐레(Grundschule)인 초등학교에서는 사물수업[1]에서 부분적으로 시민교육이 이루어지고, 하우프트슐레(Hauptschule), 레알슐레(Realschule), 게잠트슐레(Gesamtschule), 김나지움(Gymnasium) 등 중등학교에서 시민교육을 실시하는데, 주로 사회과[2]에서 이루어진다. 한편 학교 밖에서는 연방정치교육원(Bundeszentrale für politische Bildung), 주정치교육원(Landeszentrale für politische Bildung), 가족과 시민을 위한 연방정부(이하 연방 시민 · 가족부)(Bundesamt für Familie und Zivilgesellschaftliche Aufgaben), 국방부(Zentrum Innere Führung der Bundeswehr), 독일교육기관 연구회(Arbeitskreis deutscher Bildungsstätten), 연방정치교육위원회(Bundesausschuss Politische Bildung), 시민대학, 정당재단, 종교단체, 노동조합, 청소년 단체 연합, 비정부기구 등을 통해 시민교육이 진행된다.

---

1 독일의 초등학교에서 정치교육을 직접적으로 다루는 교과목은 존재하지 않는다. 다만 사물수업 교과에 나와 있는 다양한 주제를 가지고 정치교육의 내용을 다룬다. 초등학교에서의 사물수업 교과 명칭은 주마다 조금씩 다르다. 예를 들어, 슐레스비히-홀슈타인 주는 Heimat-, Welt- und Sachunterricht, 바이에른 주 등에서는 Heimat- und Sachunterricht, 바덴-뷔르템베르크 주, 헤센 주는 Sachunterricht라고 한다.

2 독일의 중등학교에서 사회과 과목의 명칭은 주마다 조금씩 다르고 학교나 학년마다도 명칭이 조금씩 달라진다. 예를 들어, 베를린 주는 5학년에서 6학년까지 사회과 과목의 이름을 정치교육(Politische Bildung)이라고 칭하고, 7학년에서 10학년까지의 사회과 과목의 이름을 사회(Sozialkunde)라고 한다. 11학년에서 13학년까지의 사회과 과목은 정치학(Politikwissenschaft)이라고 한다.

이처럼 독일 국민이 시민교육에 앞장 선 이유는 제2차 세계대전 직후 나치의 통치 등 독일 역사에 대한 진지한 성찰에 따른 것이다. 특히 나치의 통치 하에서 교육이 정치적으로 악용될 수 있다는 것을 몸소 체험하면서 국가 권력을 견제할 수 있는 시민교육의 중요성이 크게 부각된 것이다. 그리고 이러한 시민교육의 중요성과 역할은 독일 통일 과정에서 신연방주의 교육 개혁과 국가 통합을 위해서 재차 강조되었고, 최근에는 유럽 연합과 외국인 노동자 등 이민 확대 과정에서도 다시 부각되고 있다.

따라서 독일의 학교 시민교육은 바이마르 공화국에서 이루어진 '국가시민과'에서 그 기원을 두지만, 나치 체제에서 이러한 전통이 단절되었기 때문에, 제2차 세계대전 종전 직후 연합군 주도의 교육 정책을 통해 실질적으로 구체화되었다고 볼 수 있다. 우선 독일(서독)에서는 미국이 주도한 교육 정책을 통해 독일 국민으로 하여금 민주주의를 생활양식으로 받아들이게 하는 데 목표를 두었다. 이런 흐름 위에서 1950년대에는 두 가지 쟁점이 주로 논의되었다. 첫 번째 쟁점은 시민교육을 위한 새로운 교과목이 필요한가 혹은 기존 교과목들이 정치적 재교육을 위한 내용을 포함할 것인가였다. 두 번째 쟁점은 바이마르 공화국에서 이루어진 시민교육 체제와 같이 시민교육을 국가가 다시금 전담할 것인가 혹은 시민교육을 위한 다른 체제 및 방법을 강구할 것인가였다.

첫 번째 쟁점과 관련하여 독일(서독)의 모든 주는 시기는 조금씩 다르지만, 미국식 사회과를 도입하여 시민교육을 위한 교과목을 신설하였다. 그러나 주마다 다른 명칭의 시민교육 교과목을 선정하였으며, 이것은 현재까지 유지되고 있다(예: Sozialkunde, Gemeinschaftskunde, Politische Bildung 등). 두 번째 질문과 관련하여 미국의 실용주의 철학의 영향을 받은 독일의 시민교육학자 빌헤름(Theodor Wilhelm)은 1951년 <정치교육을 위한 전환점-교육적 과제로서 협력 관계>라는 저서를 출판하였으며, 시민교육을 위한 교수법을 연구하였다. 그 이후 1960년대에는 시민교육을 위한 교수법 이론 및 연구 주제 등이 개발되었다. 이는 정치적인 문제를 해결하고 시민의 역할을 할 수 있도록 시민교육을 일상생활과 관련된 주제로 접근할 수 있도록 하였다. 특히 1960년대에는 교육방법의 변화를 모색하여 학문으로서의 시민교육 방향을 제시하였다. 그래서 시민교육을 하나의 학문으로 수정하였으며, 주제 선택과 수업방법과 관련한 이론적 기초를 구축해 나갔다. 1965년에는 시민교육 담당 교사들을 위한 '정치교육을 위한 독일 협회'가 설립되었다.

그리고 기존 체제에 대한 반성과 비판을 통해 더 많은 자유와 민주주의에 대한 요구가 나타난 1960년대 후반부터 1970년대에 이르러 독일의 시민교육은 보다 활성화되었다. 당시에는 민주적 개혁에 대한 요구가 학생 운동(Westdeutsche Studentenbewegung der 1960er Jahre)에서뿐만 아니라 사민당(SPD)과 자민당(FDP)의 연정에서도 구체적으로 표현되었다. 그리고 동서독 간의 긴장이 완화되면서, 비판 이론을 비롯한 진보적 시민교육의 논의도 시민교육의 새로운 대안에 영향을 미쳤다. 그래서 몇 개의 주에서는 시민교육과 관련하여 기존의 학교 교육과정 및 교과서에 대한 강한 비판이 제기되었다. 이러한 대안들은 전통적인 제도 연구보다는 정치적 실제에 대한 분석, 상호협력과 조화주의적 공동체 개념보다 권력관계의 분석을 토대로 자기의 이익을 인식하고 표현할 수 있는 능력의 배양, 그리고 단순한 체제 순응보다 해방적 시민교육을 강조하였다. 학생들은 자신이 속한 사회적 상황을 비판적으로 탐구하며 자기 위상을 인식하여 적극적으로 정치에 참여할 수 있어야 한다는 점이 강조되었다.

그리하여 1970년대 독일의 대안적 시민교육은 학교가 국가와 공동체를 강조해 온 공민교육의 전통과 결별하도록 이끌었다. 그런데 대안적 시민교육이 가시화되자 일부 보수주의자들은 이를 두고 공산주의적 교화(indoctrination)의 시도라고 반발하여 정치적으로 심각한 논쟁을 불러일으켰다(허영식, 1987). 이처럼 학교 밖에서 이념적 충돌이 지속되는 상황에서 학교는 스스로를 보호하기 위해 기계적 중립에 머물게 되거나 정치적 문제를 교육에서 다루는 것을 피하게 되었다. 그리하여 정치적·학문적 논쟁을 피할 수 없는 상황에서 학교가 안정적으로 시민교육을 할 수 있도록 근본적인 토대를 마련해야 할 필요성이 커졌다(강영혜 외, 2011: 42-43).

그래서 독일에서는 시민교육 분야에서 이른바 '실용적 전환'이나 '다원화'로 특징지을 수 있는 경향이 나타나기 시작하였다. 실용적인 전환의 국면은 우선 시민교육에 관한 최소 합의를 정식화하려는 시도로 나타났다. 정치적·이념적 논란으로 인하여 학교 시민교육의 위상이 오히려 약화되었다는 평가가 내려지고, 이념적·학술적·정치적 논란에도 불구하고 공통의 기반을 마련해야 한다는 문제의식이 등장함으로써 시민교육에서의 합의 문제에 대한 관심이 제고되었다.

이런 배경에서 등장한 것이 '보이텔스바흐 합의(Beutelsbacher Konsens)'이다. 이 합의는 관점과 입장이 다른 시민교육 전문가들이 1976년 바덴-뷔르템베르크 주의 보이텔스바흐라는 소도시에 모여서 개최한 세미나를 통해 나온 결과물을 가리키는 것이다. 이 최소 합의는 '학교 정치교육에 있어서의 합의 문제'라는 주제를 갖고 개최된 회의 결과를 정리하면서, 당시 바덴-뷔르템베르크 주정치교육원의 편집국장이었던 한스-게오르그 베엘링(Wehling)이라는 사람이 회의 내용을 요약·정리한 것이다. 이 합의는 다음과 같이 세 가지의 원칙, 즉 ① 교화(강압) 금지(Überwältigungsverbot), ② 논쟁성 원칙(Kontroversitätsgebot), ③ 학생 태도(Schülerorientierung) 등으로 요약할 수 있다(Wehling, 1977; 메클렌부르크-포어포메른 주 정치교육원 홈페이지 참조).

첫째, 교화(강압) 금지이다. 학생이 어느 방법을 사용하더라도 독자적 판단의 획득을 가로막아서는 안 된다. 즉, 이는 가르치는 사람의 의도대로 학생들을 조종하여 이들이 자주적인 판단을 내리는 것을 방해해서는 안 된다는 것이다. 그런 점에서 시민교육은 정치적 교화와 달리, 교사의 권위가 학생의 자율성과 상치되는 방식으로 행사되어서는 안 된다는 점을 분명히 하고 있다.

둘째, 논쟁성 원칙이다. 학문과 정치에서 논쟁적인 것은 수업 시간에도 논쟁적으로 다루어져야 한다. 즉, 논쟁적 실체를 다루는 방식의 문제로, 학문과 정치에서 논쟁적인 것은 수업에 있어서도 역시 논쟁적으로 나타나야 한다는 것이다. 이 요구는 앞에서 말한 교화(강압) 금지와 밀접하게 연결되는데, 상이한 입장들이 제대로 드러나지 않은 채 선택 가능성들이 은폐되고 대안들이 언급되지 않은 상태로 남게 되면 교화 또는 주입으로 흐르기 때문이다.

셋째, 학생 태도이다. 학생은 특정 정치적 상황에서 자신의 이익(또는 이해관계) 상황을 고려(분석)할 수 있고, 또한 그의 이해관계와 관련하여 영향을 미칠 수 있는 수단과 방도를 찾을 수 있어야 한다. 즉, 학생은 교사가 주관하는 수업의 방관자가 아니라, 수업을 이끄는 또다른 주체가 되어야 한다는 것이다. 학생은 구체적인 정치 상황에서 자기의 역할을 할 수 있어야 한다는 것이다. 이러한 목표 설정은 학생의 자기주도적인 행위 능력의 중요성을 일깨우고 있다.

이러한 세 원칙은 상이한 정치적 입장들 사이에서 시민교육을 위한 기본적인 원칙으로 활용되어 왔다. 특히 1980년대에 들어오면서 독일의 시민교육에서 소위 '미래 교수학' 또는 '위험 교수학'이라는 말이 유행하면서 지속가능한 미래가 시민교육의 중요한 주제로 부각되었다. 미래에 대한 청소년들의 불안을 극복하고 위험에 대한 의식을 확립시키기 위해 경제 학습과 생태 학습 그리고 정치 학습을 유기적으로 연결시켜야 한다는 주장이 설득력을 얻게 되었으며, 시민적 책임과 연대의식 등이 강조되었다(강영혜 외 2011: 43-44).

또한, 이러한 원칙은 시민교육의 원칙뿐만 아니라 교육의 일반 원칙으로 자리 잡고 있다. 즉, 교실 상황에서 학생들이 자유롭게 토론하며 자신의 입장을 정립해 나가고, 자신의 이해관계를 반영해 정치적 영향을 미칠 수 있는 적극적인 방안도 모색할 수 있도록 교실 분위기를 조성하는 것을 강조하고 있다. 이는 교사 자신의 정치적 신념과 별개로 학습자의 자유롭고 독립적인 의사 형성 과정을 우선시하고 있음을 알 수 있다(옥일남 외, 2017: 25-26).

이러한 독일의 시민교육은 주 정부의 책임하에 있으며, 학교의 시민교육은 주로 사회과를 중심으로 내용이 구성되어 있다. 사회과에서는 교사의 개입을 최소화하고 학생들이 관심 분야를 정해 토의·토론을 진행하거나 역할극, 면접 등 다양한 방법을 활용하도록 하고 있다. 물론 이밖에도 교과 외 활동이나 학교 밖 활동을 통해서도 현장 및 체험 중심의 시민교육이 이루어지고 있다.

2. 독일의 학교 시민교육

1) 교과 중심 시민교육: 사회과를 중심으로

(1) 사회과의 도입 과정[3]

독일의 학교 시민교육은 사회과 도입 이후에 본격화되었지만, 그 이전에도 다소나마 이루어져 왔다. 1871년 통일 이후 급속한 산업화를 통해 발전했던 독일 제국(Deutsche Kaiserreich)은 제1차 세계대전의 패전과 함께 몰락하였다. 제국

3 이 부분은 차조일 · 원준호(2013)의 내용을 토대로 작성한 것이다.

의 붕괴와 함께 1919년 바이마르 공화국(Weimarer Republik)이 성립하여, 공화국의 이념을 실현할 수 있는 시민 양성을 위한 교육 개혁을 실시하였다. 바이마르 공화국 헌법에서는 시민교육을 위한 의무교육 기간(8년)을 명시하였고, 시민교육을 위한 새로운 교과목으로 '국가시민과(Staatsbürgerkunde)'를 도입하였다. '국가시민과'의 목표는 공화국의 시민으로서 요구되는 자질을 기르는 것이었다. 이를 위해 '국가시민과'에서는 국민의 권리와 의무를 가르치고 권리와 의무의 실행을 위해 필요한 공동체 정신과 책임의식을 함양시키기 위해 노력하였다. 그러나 시민교육을 위한 교과목인 '국가시민과'는 민주적 정부 기관과 그 기능에 대한 지식 전달에 치우쳐, 그 성과가 성공적이지는 않았다. 그리고 이러한 바이마르 공화국의 교육 개혁은 보수 세력의 반발에 부딪혀 실패하였고, 1934년 8월, 히틀러가 총통에 취임하면서 바이마르 공화국은 종말을 고하였다. 이와 더불어 학교 교육과정에 최초로 도입되었던 '국가시민과'도 함께 사라지고, 나치즘에 기초한 교육을 실시하기 위해 역사, 지리, 생물, 체육, 유전과 인종학 등의 교과목들이 재구성되었다(차조일 · 원준호, 2013: 11-12).

제2차 세계대전 후 연합국의 최우선 목표는 세계 평화의 실현이었고, 이를 위해서는 전체주의 국가를 민주주의 국가로 전환시키는 것이 필수적이었다. 그래서 미국은 권위주의 체제의 청산을 통한 민주주의 체제의 발전과 시장경제의 활성화를 독일 재건의 기본 방향으로 삼았다. 미국이 구상한 독일 교육 개혁의 기본 방향은 독일인의 자발적이고 적극적인 참여를 통해 교육 개혁을 실현하는 것이었다. 이는 민주주의 교육을 통제와 강요를 통해 실현한다는 것은 민주주의 교육의 본질적인 성격에 부합하지 않는 것이기 때문이었다(차조일 · 원준호, 2013: 14). 이러한 입장에서 미군정은 민주주의 교육과 이를 위한 중핵 교과인 사회과를 여러 경로를 통해 독일(서독)에 소개하고 독일인들의 적극적이고 자발적인 수용을 유도하였다. 그리고 독일인들은 다음과 같은 이유에서 사회과가 자신들에게 필요하다고 생각하였다. 첫째, 독일인들은 사회과를 시민교육을 위한 핵심 교과로서 인식하였다. 둘째, 독일인들은 사회과를 통해 독일이 국제사회 구성원으로서의 지위를 회복할 수 있다고 생각하였다(차조일 · 원준호, 2013: 26-27).

전후 독일의 교육 개혁은 연방국가의 분권적 전통에 따라 개별 주를 중심으로 이루어졌다. 연방 헌법에서는 교육과 관련된 조항은 극히 일부에 불과하며,

이마저도 교육의 일반적인 성격만을 제시하였다[4]. 따라서 민주주의 교육과 사회과에 대한 강조는 연방 헌법이 아니라 각 주의 헌법에서 제시되었다. 1948년 이후 서독의 각 주에서 주민투표 등을 통해 주 차원의 헌법을 제정하였는데, 각 주의 헌법에서는 교육의 기본 방향으로서 민주주의의 기본 이념들을 강조하였다. 그리고 주 헌법이 제정되고 자치권이 회복되면서 사회과의 수용 또한 각 주를 중심으로 진행되었고, 이에 따라 사회과의 도입은 1940년대 후반부터 시작되었다. 초기에 사회과는 학교 교육의 기본 원리로서 제시되었지만, 점차 독립된 교과목 형태로 수용되어 1950년대에 접어들어서는 대부분의 주에서 사회과가 독립된 교과목이 되었다. 그래서 사회과는 전체주의를 청산하고 민주주의를 발전시켜 나갈 새로운 시민 양성을 위한 핵심 교과목으로서의 위상을 가지고 학교 교육과정에 개설되기 시작하였다(차조일 · 원준호, 2013: 27-28).

사회과의 수용이 보편화되면서, 주 헌법을 통해 학교 교과목으로서 사회과의 지위를 보장하는 경우도 나타났다. 예컨대 1953년 11월 제정된 바덴-뷔르템베르크 주 헌법에서는 사회과 교과목인 '공동체 연구(Gemeinschaftskunde)'를 모든 학교에서 개설해야 하는 필수과목으로 지정하는 내용까지 규정하였다. 사회과 수용을 위한 적극적인 노력의 결과로 1950년대 후반에 사회과는 학교의 주요 교과목과 학교 교육의 기본 원리로서 위상을 가지게 되었다. 메서슈미트(Messerschmid)가 1959년 사회과 실태를 조사한 연구에 따르면 김나지움에서는 '사회연구'라는 과목이 고학년을 중심으로 개설되어 있었으며, 헤센 주의 경우에는 '사회연구'가 저학년에서도 개설되어 있었다. 그리고 모든 주에서 교사들은 역사와 지리 수업 시간에 사회과와 연계하여 혹은 사회과의 기본 원리에 따라 수업을 진행하였다(차조일 · 원준호, 2013: 28).

이처럼 사회과는 미국에 의해 서독의 모든 주에 소개되었지만 수용 과정은 주에 따라 다른 모습을 띠었다. 이와 같이 개별 주를 중심으로 수용되기 시작하였던 사회과는 각 주의 교육 담당 장관들의 협의체(Kultusministerkonferenz, KMK)가 활동하기 시작하면서 새로운 도약을 하게 되었다. KMK는 사회과 교육을 통해 학생들이 자신과 타자의 관계를 인식하고 책임의식을 고취하며, 국가 및 정부의 의의와 형태에 대해 학습하며, 정치·경제·사회에 대한 정보를 접하고 정치적

4 독일연방공화국 기본법 제6조, 제7조, 제23조, 제91b조, 제104c조 등.

현실에 대한 비판적 접근을 할 수 있을 것으로 기대하였다. 즉, KMK에서 제안한 사회과 교육은 민주주의 교육의 기본 원리로서 학교생활 전반에 있어 지침이 되는 교육의 기본 방향으로서의 성격을 가지고 있었다. 그래서 연방 차원의 사회과 수용은 KMK의 건의를 통해 이루어졌는데, KMK에서는 1950년 6월 사회과 교과목을 독일 학교에 개설할 것을 공식적으로 결의(권고)하였다(차조일 · 원준호, 2013: 30).

그리고 사회과가 필수 교과목으로 개설되기 시작한 것은 1960년 이후이다. 1960년 KMK의 '김나지움 상급단계 교육과정에 대한 기본 합의(Rahmenvereinbarung zur Ordnung des Unterrichts auf der Oberstufe der Gymnasien Beschluss der KMK vom 29. 9. 1960, 이하 자브뤼켄 기본 합의)'를 통해 '공동체 연구(Gemeinschaftskunde)'가 연방 차원의 공통 필수 교과목으로 지정된 것이다. 1950년 KMK 결정에서는 각 주에서 다양한 형태와 명칭으로 사회과 관련 과목들을 설정하도록 권고하는 수준에 그쳤지만, 1960년의 자브뤼켄 기본 합의에서는 연방 전체에서 공통적으로 동일한 교과목을 가르칠 것을 권고한 것이다. KMK를 중심으로 진행된 연방 차원의 사회과 수용 노력의 결과, 1960년대 이후 서독 지역에서는 사회과 교육이 민주주의 교육의 기본 원리로서 수용되었으며, 다양한 형태와 명칭의 사회과 관련 교과목들이 각 주의 학교 교육과정에 개설되었다. 나아가 사회과 관련 교과목 중 '공동체 연구'는 김나지움의 12, 13학년에서 필수과목이 되었다(차조일 · 원준호, 2013: 31).

한편 동독은 나치 청산의 해결책을 반파시스트 교육에서 찾았고, 이를 위해 마르크스-레닌주의에 기초한 사회과학 교육을 강조하였다. 나아가 사회주의 체제에서 요구되는 시민을 기르기 위해서는 이데올로기 교육이 중요하다고 보고 마르크스-레닌주의에 기초한 사회 구성원을 양성하기 위해 독립된 교과목을 개설하고자 하였다. 그래서 동독에서는 1946년 '시사문제연구'가 모든 교과의 기본 원칙으로 그리고 역사교육의 구성 요소로서 도입되었고, 이후 '시사문제연구'는 1949년부터는 독립 교과목을 채택되었고, 현대사회의 시사문제를 주요 내용으로 다루었다. 그러나 1950년대 들면서 마르크스-레닌주의에 기초한 사회과학 이론과 관련된 지식을 전수하려는 경향이 더 강하게 나타나기 시작하면서 '시사문제연구'는 '국가시민과'로 대체되었다. '국가시민과'의 기본 골격은 마르크스-레닌주의의 세 가지 구성요소인 ① 과학적 공산주의, ② 변증법적 유물론과 역사적 유물론, ③ 정치경제학에서 선정한 지식과 독일사회주의통일당(Sozialistische Einheitspartei Deutschlands, SED)의 정책에 대한 지식 등을 중심으로 구성되었다. 이와 같은 '국가시민과'의 성격은 통일 직전까지 크게 변하지 않았다(차조일 · 원준호, 2013: 32-33).

그러나 통일 직후 변혁의 과정에서 '국가시민과'에 대한 비판이 제기되면서 '국가시민과'는 개혁의 대상이 되었다. 이러한 동독 주민들의 요구에 부응하여 동독 교육부에서는 1990년 1월 '1989/1990학년도 제2학기 국가시민과 수업의 속행을 위한 잠정안'을 내놓았다. 그러나 이와 같은 개혁안은 '국가시민과'의 문제를 근본적으로 해결해 주지는 못했다. 오히려 '국가시민과'가 마르크스-레닌주의의 교화를 통해 아동과 청소년의 정신적·정치적 발달에 끼친 악영향에 대해 지적하면서 '국가시민과'를 중심으로 진행되었던 이데올로기 교육의 문제점을 지적하는 목소리가 더욱 거세졌다. 그래서 사회주의 체제를 정당화하기 위한 이데올로기를 주입하던 '국가시민과'를 대신하여 1990년 3월 5일에 구동독 지방의 모든 학교에서 공식적으로 '사회연구'가 도입되었다. '사회연구'는 학생들에게 민주적인 심성을 기르고, 대화 능력과 관용을 가르치고, 학생들의 이해관계, 경험 그리고 욕구에 부응할 수 있는 교과목으로서의 성격을 지니고 있었다. '사회연구'의 주요 내용은 민주적 헌법질서, 시장경제, 자유로운 사회체제에 대한 것이었다. 이처럼 신연방주에서 사회과는 과거 동독 사회주의 체제의 획일적 교육에서 벗어나 교육 개혁을 위한 기본 원리와 시민교육을 위한 핵심 교과로 보급되었다. 제2차 세계대전 직후 전체주의 청산을 위해 서독 지역을 중심으로 도입되었던 민주주의 교육의 기본 원리와 핵심 교과였던 사회과가 45년 후에 동독지역의 전체주의 청산을 위해 적용된 것이다(차조일 · 원준호, 2013: 44).

(2) 독일 각 주의 사회과 현황

여기서는 현재 독일의 각 주에서 개설된 사회과 관련 과목을 살펴보려고 한다. 때로는 광의의 사회과로 지리와 역사를 포함하기도 하는데, 이는 지리와 역사에서도 민주주의 교육의 기본 원리라 할 수 있는 사회과 교육의 기본 원리가 반영되고 있기 때문이다. 여기서는 주로 지리와 역사를 제외한 시민교육의 핵심 과목들을 중심으로 살펴보려고 한다.

우선 독일의 학제는 우리나라의 초등학교에 해당하는 그룬트슐레(4년)[5]가 있고, 이후 중등학교는 진로가 나뉘어 대학 진학을 목표로 하는 김나지움(중등영역 Ⅰ단계 5~10학년 6년, 중등영역 Ⅱ단계 11~13학년 3년, 총 9년), 직업교육을 목표로 하는 레알슐레/하우프트슐레(6년)가 있다. 또한, 진로를 정하지 못한 학생들을 위해 김나지움·레알슐레·하우프트슐레 등을 통합한 게잠트슐레(중등영역 Ⅰ단계 5~10학년, 중등영역 Ⅱ단계 11~13학년)가 있는데, 보통 8학년에 진로를 선택하여 선택과목을 이수하고, 9학년에 자신의 진로를 최종 선택하는데, 어떤 진로를 선택하느냐에 따라 졸업 연도가 달라진다. 한편 독일 초등학교에는 부분적으로 사회과 내용을 다루는 사물수업 과목이 있다[6]. 독일 중등학교의 사회과 관련 과목에는(역사, 지리 제외) 공동체 연구, 사회, 정치교육, 정치학, 사회학, 정치와 경제, 공동체 연구/법교육/경제, 경제/정치 등 주마다 다양하게 나타난다.

바덴-뷔르템베르크 주의 경우, 초등학교 사물수업 과목에서 민주주의와 사회, 자연과 삶, 자연현상과 기술, 공간과 유동성, 시간과 변화, 실험 등의 주제를 1학년과 2학년에 배우고, 또 같은 주제로 심화된 내용을 3학년과 4학년에 배운다. 이 중 3학년과 4학년의 민주주의와 사회 단원에서 정치와 역사를 다룬다. 그리고 중등영역 Ⅰ단계[7]인 5학년과 6학년에는 사회과 관련 과목을 다루지 않고, 7학년에서 10학년까지 공동체 연구 과목을 배운다. 공동체 연구 과목은 7학년에서 9학년까지 사회, 법, 정치 시스템, 국제관계에 대해 다루고, 10학년에 사회와 정치 시스템 주제를 다시 한번 다룬다. 또한 중등영역 Ⅱ단계[8]인 11학년에서 13학년까지 공동체 연구 과목을 배우는데, 2시간만 수업하는 경우는 국제관계와 정치 시스템 주제만을 다루고, 4시간 수업하는 경우에는 사회, 정치 시스템, 경제정책, 국제관계 주제를 다룬다(〈표 1〉 참조).

---

5 그룬트슐레는 대체로 4년이지만, 베를린 주와 브란덴부르크 주의 경우에는 6년이다.

6 사물수업(Sachunterricht)은 일, 사건 등과 관련된 수업으로 공예, 생명과학, 자연과학, 기술, 역사, 지리학, 기상학, 도시, 노동, 역사, 민족학, 인류학 등의 주제가 등장한다. 사물수업에는 여러 사물, 현상, 원리, 사물과 현상 뒤에 숨겨져 있는 지식과 관련된 내용들이 등장한다(https://de.wikipedia.org/wiki/Sachunterricht).

7 바덴-뷔르템베르크 주의 중등영역 Ⅰ은 하우프트슐레/베어크레알슐레, 레알슐레, 게마인샤프츠슐레, 김나지움에 해당한다.

8 바덴-뷔르템베르크 주의 중등영역 Ⅱ는 게마인샤프츠슐레, 김나지움에 해당한다.

표 1 바덴-뷔르템베르크 주의 사회과 관련 과목

과목 \ 학년	1	2	3	4	5	6	7	8	9	10	11	12	13
사물수업 (초등)	■	■	■	■									
공동체 연구 (중등 Ⅰ)							■	■	■	■			
공동체 연구 (중등 Ⅱ)											■	■	■

베를린 주의 경우 초등학교 사물수업 과목에서 지구, 아이들, 시장과 소비, 교통수단, 동물, 물, 생활(삶), 시간 등 8개의 주제를 다루고, 이 중 생활(삶) 단원에서 정치 구조에 대해 다룬다. 그리고 5학년에서 6학년까지 사회과학 과목을 배운다. 사회과학 과목에는 영양, 물, 도시와 다양성, 유럽, 관광, 민주주의와 공동결정, 아이들 세계, 소비, 미디어, 다양한 사회, 직업, 종교에 대해 배우고, 모든 주제가 시민교육과 관련되어 있다.[9] 중등영역 Ⅰ단계인 7학년에서 10학년까지 정치교육 과목을 배운다. 정치교육 과목은 7학년에서 8학년까지 빈곤과 풍유, 세계화 안에서의 삶, 이주와 인구, 법치국가에서의 삶에 대해 다루고, 9학년에서 10학년까지 독일의 민주주의, 갈등과 갈등해결, 사회시장경제, 세계 속의 유럽에 대해 다룬다. 정치교육 과목도 모든 주제가 시민교육과 관련되어 있다. 또한, 중등영역 Ⅱ단계인 11학년에서 13학년까지 정치학 과목에서 정치영역 추론, 오늘날의 독일연방, 유럽, 21세기 국제 발전에 대해 다룬다. 이 과목도 마찬가지로 모든 주제가 시민교육과 관련되어 있다(〈표 2〉 참조).

표 2 베를린 주의 사회과 관련 과목

과목 \ 학년	1	2	3	4	5	6	7	8	9	10	11	12	13
사물수업 (초등)	■	■	■	■									

9 베를린 주 사회과학 교육과정에서는 역사 및 정치, 민주주의 의식 신장을 목적으로 한다고 언급하고 있다.

과목 \ 학년	1	2	3	4	5	6	7	8	9	10	11	12	13
사회과학 (초등)					■	■							
정치교육 (중등 I)							■	■	■	■			
정치학 (중등 II)											■	■	■

표 3은 독일연방의 16개 주별로 독일 초등학교와 중등학교(중등영역)에서 개설된 정치교육(시민교육)을 위한 사회과 관련 과목들이다.

표 3 각 주의 사회과 관련 과목(중등영역은 김나지움 과목)

주	초등학교	중등영역 I	중등영역 II
바덴-뷔르템베르크	사물수업	공동체 연구	공동체 연구
바이에른	사물수업	사회	사회
베를린	사물수업 사회과학(5학년~6학년)	정치교육(7학년~10학년)	정치학(대체: 사회학)
브란텐부르크	사물수업	정치교육	정치교육
브레멘	사물수업	정치	정치
함부르크	사물수업	정치/공동체/경제	정치/공동체/경제
헤센	사물수업	정치와 경제	정치와 경제
니더작센	사물수업	정치-경제	정치-경제
메클렌부르크-포어포메른	사물수업	사회	사회
노르트라인-베스트팔렌	사물수업	정치/경제	사회학
라인란트-팔츠	사물수업	사회	사회
자를란트	사물수업	사회	사회
작센	사물수업	공동체 연구/법 교육/경제	공동체 연구/법 교육/경제
작센-안할트	사물수업	사회	사회
슐레스비히-홀슈타인	사물수업	경제/정치	경제/정치
튀링겐	사물수업	사회	사회

* 출처: 연방정치교육원(bpb) 및 각 주 교육과정

독일 초등학교의 사물수업 시수는 주마다, 학교마다 다르다. 주 정부가 권장하는 시수가 있지만, 학교는 의무적으로 따르지 않아도 된다. 예를 들어, 노르트라인-베스트팔렌 주의 초등학교에는 독일어, 사물수업, 수학, 보충수업(수업에 뒤떨어지는 학생을 위한 수업), 예술, 음악, 영어, 종교, 스포츠 과목이 있다. 사물수업의 경우, 독일어, 수학, 보충 수업과 함께 1학년은 13시간, 2학년은 14시간, 3학년은 13~14시간, 4학년은 14~15시간의 수업 시수를 채워야 한다(〈표 4〉 참조).

표 4 노르트라인-베스트팔렌 주 교육부 권장 초등학교 주당 수업 시수(2021/2022년 1학년부터 적용)

주당 수업 시간 / 과목	1학년 (21~22시간)	2학년 (22~23시간)	3학년 (25~26시간)	4학년 (26~27시간)
독일어, 사물수업, 수학, 보충수업	13	14	13~14	14~15
예술, 음악	3~4	3~4	4	4
영어	–	–	3	3
종교	2	2	2	2
스포츠	3	3	3	3

* 출처: 노르트라인-베스트팔렌 주 교육부

또 다른 예로, 베를린 주의 초등학교에서는 독일어, 사물수업, 수학, 예술, 음악, 스포츠, 외국어, 자연과학, 사회과학, 집중교육 과목이 있다. 사물수업 과목의 경우, 1학년과 2학년은 각각 2시간, 3학년은 3시간, 4학년은 5시간의 수업 시수를 채워야 한다. 사회과학 과목의 경우, 5학년과 6학년 각각 3시간의 수업 시수를 채워야 한다(〈표 5〉 참조).

표 5 베를린 주 교육, 청소년, 가족 행정부 권장 초등학교 주당 수업 시수(2019/2020년부터 적용)

학년 / 과목	1	2	3	4	5	6
독일어	7	8	8	8	5	5
수학	5	5	5	5	5	5

과목 \ 학년	1	2	3	4	5	6
사물수업	2	2	3	5		
예술	2	2	2	2	2	2
음악	2	2	2	2	2	2
스포츠	3	3	3	3	3	3
외국어			2	3	4	5
자연과학					4	4
사회과학					3	3
집중교육					2	2
합계	21	22	25	28	30	31

* 출처: 베를린 주 교육, 청소년, 가족 행정부

또 다른 예로, 슐레스비히-홀슈타인 주의 초등학교에는 독일어, 수학, 영어, 사물수업(자연과학, 사회과학, 사회학 배경의 과목, 종교 포함), 미학 및 기술교육과 스포츠(예술, 음악, 스포츠, 기술) 과목이 있다. 사물수업 과목의 경우, 1~2학년 기간에 총 8시간, 3~4학년 기간에 총 12시간의 주당 수업 시수를 권장하고 있다(〈표 6〉 참조).

표 6 슐레스비히-홀슈타인 주 교육, 학문, 문화 행정부 권장 초등학교 주당 수업 시수
(학년군제)(2019년 기준)

과목 \ 학년	1~2학년	3~4학년	1~4학년 합계
독일어	12	12	24
수학	10	10	20
영어	0	4	4
사물수업	8	12	20
미학 및 기술교육과 스포츠	10	14	24
합계	40	52	92

* 출처: 슐레스비히-홀슈타인 주 교육부

그러나 2018년 9월 19일, 실제 방문한 슐레스비히-홀슈타인 주의 프리츠-로이터 초등학교(Fritz-Reuter-Schule)의 시간표는 주가 권장한 시간표와 달랐다. 프리츠-로이터 초등학교의 경우, 사물수업 과목을 1학년은 2시간, 2학년은 3시간으로, 1~2학년에 총 5시간을 배정하고, 3학년은 4시간, 4학년도 4시간으로, 3~4학년에 총 8시간을 수업 시수로 배정하였다(〈표 7〉 참조).

표 7 슐레스비히-홀슈타인 주 프리츠-로이터 초등학교 시간표

과목 \ 학년	1학년	2학년	3학년	4학년
종교/철학	2	1	1	2
독일어	6	6	6	6
수학	5	5	5	5
사물수업	2	3	4	4
음악	1	1	1	1
예술	2	2	2	2
스포츠	2	2	2	1
수영				2
영어			2	2
기술/컴퓨터			1	1
교육 방법			1	
담임과의 시간			1	
합계	20	20	26	26

다음으로 독일 중등학교에서 사회과 관련 수업 시수를 살펴보면, 일반적으로 중등영역 Ⅰ단계인 5~10학년에서 일주일에 한 시간 정도 수업을 하거나 8~10학년에만 집중 배정하여 일주일에 두 시간 정도 수업을 한다. 중등영역 Ⅱ단계인 11~13학년에는 사회과 관련 수업이 있긴 하지만, 의무적으로 교육 시수를 넣는 곳은 그리 많지 않다. 기초 사회과학 영역의 교과목은 정치교육 이외에 경제학, 법학, 교육학, 심리학 등이 있기 때문이다. 이러한 과목들 이외에 정치교육의 주변 과목으로 역사와 지리 수업이 있다. 표 8과 같이 독일은 각 주마다 다른 명칭의 시민교육을 위한 교과목 및 수업 시간을 배정하고 있다.[10]

10 일부 주의 경우 최근에 바뀐 독일의 교육과정을 반영하지 않아서, 과목명이 다를 수 있다.

표 8 각 주의 중등영역 정치교육 과목 및 주당 시수(2013년 기준)

<table>
<tr><th rowspan="2">주</th><th rowspan="2">중등학교</th><th rowspan="2">과목</th><th colspan="6">학년</th><th rowspan="2">합계</th></tr>
<tr><th>5</th><th>6</th><th>7</th><th>8</th><th>9</th><th>10</th></tr>
<tr><td rowspan="3">바덴-뷔르템베르크</td><td>하우프트슐레</td><td>세계-시간-공동체</td><td>17</td><td></td><td></td><td></td><td></td><td></td><td>17</td></tr>
<tr><td>레알슐레</td><td>지리, 경제, 공동체 연구</td><td colspan="6">15</td><td>15</td></tr>
<tr><td>김나지움</td><td>지리, 경제, 공동체 연구</td><td colspan="6">14</td><td>14</td></tr>
<tr><td rowspan="3">바이에른</td><td>중학교</td><td>역사, 사회, 지리</td><td>2</td><td>2</td><td>3</td><td>3</td><td>3</td><td>3</td><td>16</td></tr>
<tr><td>레알슐레</td><td>사회</td><td></td><td></td><td></td><td></td><td></td><td>2</td><td>2</td></tr>
<tr><td>김나지움</td><td>사회</td><td></td><td></td><td></td><td></td><td></td><td>1</td><td>1</td></tr>
<tr><td rowspan="3">베를린</td><td rowspan="2">통합중등학교</td><td>역사, 사회</td><td>(3)</td><td>(3)</td><td rowspan="2">2 (+1)</td><td rowspan="2">2 (+1)</td><td rowspan="2">2 (+1)</td><td rowspan="2">2 (+1)</td><td rowspan="2">4-7 (+6)</td></tr>
<tr><td>지리</td><td></td><td></td></tr>
<tr><td>김나지움</td><td>역사, 사회</td><td>(3)</td><td>(3)</td><td>2</td><td>2</td><td>2</td><td>2</td><td>8 (+6)</td></tr>
<tr><td rowspan="2">브란덴부르크</td><td>게잠트슐레, 오버슐레</td><td>정치교육, 지리, 역사</td><td>(3)</td><td>(3)</td><td colspan="2">5</td><td colspan="2">7</td><td>12 (+6)</td></tr>
<tr><td>김나지움</td><td>정치교육, 지리, 역사</td><td>(3)</td><td>(3)</td><td colspan="2">7</td><td colspan="2">9</td><td>15 (+6)</td></tr>
<tr><td rowspan="4">브레멘</td><td>중학교</td><td>지리/환경</td><td colspan="4">12</td><td>3</td><td>4</td><td>19</td></tr>
<tr><td rowspan="2">김나지움</td><td>지리/환경</td><td>3</td><td>2</td><td></td><td></td><td></td><td></td><td rowspan="2">7</td></tr>
<tr><td>정치</td><td></td><td></td><td></td><td></td><td>1</td><td>1</td></tr>
<tr><td>게잠트슐레</td><td>공동체 연구/지리/역사</td><td></td><td></td><td>3</td><td>4</td><td>4</td><td>4</td><td>15</td></tr>
<tr><td rowspan="5">함부르크</td><td>중학교</td><td>사회과학</td><td colspan="5">13</td><td>3</td><td>16</td></tr>
<tr><td rowspan="2">레알슐레</td><td>공동체</td><td colspan="2">4</td><td></td><td></td><td></td><td></td><td rowspan="2">12</td></tr>
<tr><td>역사/정치</td><td></td><td></td><td>2</td><td>2</td><td>2</td><td>2</td></tr>
<tr><td>김나지움</td><td>정치/공동체/경제</td><td></td><td></td><td></td><td>2</td><td>2</td><td>2</td><td>6</td></tr>
<tr><td>게잠트슐레</td><td>공동체</td><td>3</td><td>3</td><td>3</td><td>3</td><td>2</td><td>3</td><td>17</td></tr>
<tr><td rowspan="4">헤센</td><td>하우프트슐레</td><td>정치와 경제</td><td colspan="3">2</td><td colspan="2">2</td><td>2</td><td>6</td></tr>
<tr><td>레알슐레</td><td>정치와 경제</td><td colspan="3">2</td><td colspan="3">4</td><td>6</td></tr>
<tr><td>김나지움</td><td>정치와 경제</td><td></td><td></td><td>2</td><td>1</td><td>2</td><td>2</td><td>7</td></tr>
<tr><td>게잠트슐레</td><td>정치와 경제</td><td colspan="6">4</td><td>4</td></tr>
</table>

주	중등학교	과목	학년						합계
			5	6	7	8	9	10	
니더작센	하우프트슐레	정치							
	레알슐레	정치							
	김나지움	정치-경제							
	게잠트슐레	사회론							
메클렌부르크-포어포메른	중학교	지리	2	3					5
	지역학교	사회				2	2	2	6
	김나지움	사회				1	1	1	3
	게잠트슐레	사회				1	1	2	4
노르트라인-베스트팔렌	하우프트슐레	사회론	6		12				18
	레알슐레	사회론	6		15				21
	김나지움	사회론	6		16				22
	게잠트슐레	사회론	6		12				18
라인란트-팔츠	하우프트슐레	사회론	5		10			4	19
	지역학교	사회론	5		14				19
	레알슐레	사회론	4		15				19
	김나지움	사회론	3		16				19
	게잠트슐레	사회론	4		15				19
자를란트	레알슐레(하우프트슐레)	사회				1	1		2
	레알슐레	사회				1	1	1	3
	김나지움	사회					2	2	4
	게잠트슐레	사회과학	2	2	3	3	3	4	17
작센	중학교(하우프트슐레)	공동체 연구					2		2
	중학교	공동체 연구					2	2	4
	김나지움	공동체 연구					2	2	4
작센-안할트	하우프트슐레	사회과학				3	4		9
	중학교	사회과학				3	4	4	11
	김나지움	사회				1	2	2	3~5
	게잠트슐레	사회과학				4	4	4	12

11 역사, 지리 과목 포함

<table>
<tr><th rowspan="2">주</th><th rowspan="2">중등학교</th><th rowspan="2">과목</th><th colspan="6">학년</th><th rowspan="2">합계</th></tr>
<tr><th>5</th><th>6</th><th>7</th><th>8</th><th>9</th><th>10</th></tr>
<tr><td rowspan="8">슐레스비히-홀슈타인</td><td>지역학교(하우프트슐레)</td><td>일, 경제, 소비자교육</td><td colspan="2">4</td><td colspan="3">11</td><td></td><td>15</td></tr>
<tr><td>지역학교</td><td>일, 경제, 소비자교육</td><td colspan="2">4</td><td colspan="4">11</td><td>15</td></tr>
<tr><td rowspan="2">게마인샤프츠슐레(하우프트슐레)</td><td>일, 경제, 소비자교육</td><td colspan="2">4</td><td colspan="3">8</td><td></td><td rowspan="2">34</td></tr>
<tr><td>사회과학</td><td colspan="2">10</td><td colspan="3">12</td><td></td></tr>
<tr><td rowspan="2">게마인샤프츠슐레</td><td>일, 경제, 소비자교육</td><td colspan="2">4</td><td colspan="4">10</td><td rowspan="2">40</td></tr>
<tr><td>사회과학</td><td colspan="2">10</td><td colspan="4">16</td></tr>
<tr><td rowspan="2">김나지움</td><td>경제/정치[11]</td><td colspan="2">8</td><td colspan="4">19</td><td rowspan="2">27</td></tr>
<tr><td>경제/정치[12]</td><td colspan="2">9</td><td colspan="3">18</td><td></td></tr>
<tr><td rowspan="2">튀링겐</td><td>레알슐레</td><td>사회</td><td></td><td></td><td></td><td>1</td><td>1</td><td>1</td><td>3</td></tr>
<tr><td>김나지움</td><td>사회</td><td></td><td></td><td></td><td></td><td>1</td><td>1</td><td>2</td></tr>
</table>

* 출처: 콘라드 아데나워 재단 보고서(2014)

특히 역사 과목의 경우, 모든 주에서 6~10학년에 주당 2시간 정도를 할애하고 있다. 중등영역 Ⅱ단계인 김나지움에서는 모든 주가 의무적으로 역사 과목을 선택하고 있다. 예컨대 베를린 주의 경우, 역사 과목에서 정치적인 태도를 배워야 한다. 브레멘 주의 경우, 정치 과목 이외에 역사 과목과 지리 과목에서 민주주의 사회 안에서 공동체 일원으로 살아가기 위해 정치교육이 필요하다고 언급한다. 바덴-뷔르템베르크 주의 경우, 역사 과목에서 다뤄지는 내용에 대해 보이텔스바흐 합의의 첫 번째 원칙에 근거하여 학생들이 역사적인 사건에 대해 자유롭게 토의·토론하며, 자율적인 판단을 내리도록 해야 한다고 되어 있다. 또한, 두 번째 원칙에 근거하여 역사적인 사건을 다룰 때 학생들이 상반된 입장을 가지고 있더라도 그것이 균형적으로 소개되어야 하며, 다각적인 관점에서 충분히 논의되어야 한다고 언급하고 있다. 지리 수업은 정치 시스템을 사례 연구로 다루고 있으며, 지속가능발전을 위한 사회·정치적 영향에 대해 다루고 있다. 또한, 독일과 유럽 등을 지리적으로 구분할 때 정치적인 요소를 다루기도

12 역사, 지리 과목 포함

한다.

슐레스비히-홀슈타인 주의 경우에도 역사와 지리 과목에서 다루는 주제들을 정치·공동체·윤리·문화·경제적 측면 등에서 다룰 필요가 있다고 본다. 특히 중등영역 Ⅱ단계의 역사 과목에서 11학년은 고대와 중세에 대해 배우고, 12학년과 13학년은 20세기 이후 독일의 역사에 대해 다룬다. 11학년 역사 과목에서는 독일뿐만 아니라 유럽의 고대와 중세의 정치 구조 및 경제, 공동체의 모습을 현대사회와 비교한다. 12학년은 19세기의 유럽 역사를 사회 구조적 측면에서 다루고, 민주주의, 책임, 자유, 국가주의 등에 대해 토의·토론한다. 또한, 독일에서 처음으로 민주주의 이념을 지향한 바이마르 공화국과 나치 시대의 정치 및 사회, 인권, 전쟁에 대해 토의·토론한다. 13학년은 1945년 이후의 내용을 다루며, 특히 마르크시즘과 민주주의의 시대적 배경에 대해 알아보고, 독일의 민주주의 발전과 구조에 대해 다룬다. 또한, 오늘날 발생하는 다양한 사회문제와 유럽 통합에 대해 토의·토론한다.

(3) 슐레스비히-홀슈타인 주의 사회과 교육과정과 수업

슐레스비히-홀슈타인 주는 독일에서 시민교육이 가장 활성화되어 있는 대표적인 주로 선정되었다. Gökbudak & Hedtke(2018) 보고서에 따르면, 슐레스비히-홀슈타인 주는 인문계 중등학교인 김나지움(중등영역 Ⅰ단계)의 시민교육 랭킹에서 두 번째 순위를 차지하였으며, 비인문계 중등학교(중등영역 Ⅰ단계의 레알슐레, 하우프트슐레 등)의 시민교육 랭킹에서 첫 번째 순위를 차지하였다(〈표 9〉, 〈표 10〉 참조).

표 9 인문계 중등학교 김나지움(중등영역 Ⅰ)의 시민교육 랭킹

랭킹	주	퍼센트
15	바이에른	0.52
14	튀링겐	1.02
13	라인란트-팔츠	1.67
12	베를린	1.99
11	작센	2.01
10	작센-안할트	2.04

랭킹	주	퍼센트
9	자를란트	2.08
8	바덴-뷔르템베르크	2.14
8	함부르크	2.14
7	메클렌부르크-포어포메른	2.18
6	브레멘	3.11
5	브란덴부르크	3.26
4	니더작센	3.35
3	노르트라인-베스트팔렌	3.80
2	슐레스비히-홀슈타인	4.29
1	헤센	4.38

표 10 비인문계 중등학교 레알슐레, 하우프트슐레(중등영역 I)의 시민교육 랭킹

랭킹	주	퍼센트
14	베를린	1.06
13	바이에른	1.11
12	튀링겐	1.54
11	라인란트-팔츠	1.67
10	메클렌부르크-포어포메른	1.90
9	함부르크	1.92
8	작센	2.08
7	작센-안할트	2.21
6	브란덴부르크	2.60
6	바덴-뷔르템베르크	2.60
5	니더작센	2.67
4	헤센	2.82
3	브레멘	3.02
2	자를란트	3.15
1	노르트라인-베스트팔렌	3.46
1	슐레스비히-홀슈타인	3.46

이에 해당 주를 방문하여 주 교육부 차관으로부터 교육과정 전반에 대한 설명을 듣고, 킬대학교(Kiel University, Christian-Albrechts-Universität zu Kiel) 사범대학의 국제연구소 연구원으로부터 해당 주의 시민교육 전반에 대한 발표를 들었다. 그리고 초등학교(그룬트슐레)와 중등학교(김나지움)를 방문하여 수업을 참관하고 교사들과 이야기를 나누면서, 초·중등학교(그룬트슐레, 김나지움)에서 이루어지고 있는 시민교육의 현황도 살펴보았다.

우선 초등학교를 살펴보면 이미 언급한 바와 같이, 독일 초등학교에는 사회과 과목이 따로 없고, 대신에 사물수업 과목이 있는데, 사물수업 과목은 과학, 만들기(실과/기술), 사회 등이 융합된 과목이다.[13] 사물수업 교육과정은 크게 6개의 단원(1단원: 나와 우리, 2단원: 인간 생활의 보호, 3단원: 공간과 시간, 4단원: 고향과 낯섦, 5단원: 자연과 환경, 6단원: 기술, 미디어, 경제)으로 구성되어 있다(〈표 11〉 참조). 이 중 4단원에서 시민교육과 관련된 내용을 다루고 있다(〈표 12〉 참조).

표 11 슐레스비히-홀슈타인 주의 1997 개정 사물수업 교육과정 주제

단원	주제
1	나와 우리
2	인간 생활의 보호
3	공간과 시간
4	고향과 낯섦
5	자연과 환경
6	기술, 미디어, 경제

13 방문 당시인 2018년에 독일의 여러 주에서는 몇 년 전부터 새로운 교육과정을 도입하여 사용하고 있었지만, 슐레스비히-홀슈타인 주의 초등학교는 1997에 개정된 교육과정을 사용하고 있었다. 그리고 2022년 현재, 2020 개정 초등학교 사물수업 교육과정을 사용하고 있다.

표 12 슐레스비히-홀슈타인 주 초등학교 사물수업 4단원의 1997 개정 교육과정 내용

단원 / 학년	4단원: 고향과 낯섦 슐레스비히-홀슈타인 주 바다 경험하기	
	주제	내용
1/2	지역 경치와 문화 자산 알기	-특히 주변 공간 살피기 -과거의 내용
	지역의 생활기반에 대한 정보 알기	-예를 들어, 해안가 -낯선 교통수단, 어부 -양치기
3	슐레스비히-홀슈타인 주의 가장 중요한 차변 항목의 바람에 대해 이해하기	-슐레스비히-홀슈타인 주 안에서 바람에 의해 일어나는 파도, 순수한 바닷가 공기, 풍력 에너지 생성에 대한 의미
	슐레스비히-홀슈타인 주의 자연공간에 대해 알기	-북해: 해군의 행군, 불모지, 광야, 습지 -빙하기부터 오늘날까지 -헬고란트섬
4	식량 중심지로서의 도시들	-주요 운반도시: 킬, 뤼벡, 플렌스부르크
	군(郡)에 대해 알기(인구의 중요성)	-노르트프리스란트와 라우엔부르크 등에 있는 농장들
	우리 주의 중력 조사하기	-자연공원 -국립공원 -북해와 동해
	정치적 통합 인지하기	-내가 사는 동네 -슐레스비히-홀슈타인 주

실제로 방문한 슐레스비히-홀슈타인 주의 프리츠-로이터 초등학교 사물수업 시간표를 살펴보았을 때, 슐레스비히-홀슈타인 주 교육부가 제안한 교육과정과 거의 비슷했으나, 교육과정의 단원 순서 및 학년과 관계없이 교육 내용을 구성한 것을 확인할 수 있었다(〈표 13〉 참조). 왜냐하면 독일은 4년 동안 같은 담임교사와 지내며, 그래서 1학년이 시작하기 전에 담임교사가 4년간의 수업계획을 구성하기 때문이다. 이러한 이유로 같은 학교이고, 같은 학년이지만, 학급마다 단원의 순서와 교육 내용이 약간의 차이가 있을 수 있다.

표 13 프리츠-로이터 초등학교의 사물수업 교육 내용

학년	사물수업에서 다루는 주제
1	나와 우리 (예: 내 자신을 발견하기, 감정 인지하기, 허락하기, 다른 사람과 함께 공유하기)
2	나와 우리, 공간과 시간 (예: 소녀로서, 소년으로서 개인의 감정 발견하기, 내 주위에 있는 공간을 생활 반경의 중심으로 인지하기)
3	공간과 시간, 고향과 낯섦, 기술, 미디어, 경제 (예: 옛날과 오늘날을 탐구하기, 슐레스비히-홀슈타인 주, 모든 인간은 동등한 권리를 가지고 있다.)
4	나와 우리, 고향과 낯섦, 기술, 미디어, 경제 (예: 공동체 삶 안에서 책임감 가지기, 신뢰와 낯섦(이상한 것), 미디어에 비판적으로 다가가기, 환경에 반하는 소비와 태도)

* 출처: 프리츠-로이터 초등학교 Alexandra Obolenski 교사

다음으로 중등학교를 살펴보면, 슐레스비히-홀슈타인 주에서는 다른 독일의 주와 유사하게 중등학교에서 시민교육이 본격적으로 이루어지고 있었다. 경제/정치라는 과목하에 정치(학), 경제(학), 사회(학)를 배경 학문으로, 학문적인 지식 체계를 강조하기보다는 정치, 경제, 사회 현안을 중심으로 학생들이 자신의 주장과 근거를 가지고 토의·토론하는 형태의 수업을 진행하고 있었다. 실제로 관찰한 수업은 11학년과 12학년 학생들이 함께 듣고 있었다. 원래는 11학년 수업이지만, 몇 명의 12학년 학생들이 정치에 관심을 가지고 있어서 공강 시간에 참여하는 것이었다.

2002년 개정된 슐레스비히-홀슈타인 주 김나지움의 경제/정치 교육과정을 살펴보면, 경제/정치 과목이지만, 정치(학), 경제(학), 사회(학)를 배경 학문으로 주제 및 내용을 다루고 있는 것을 볼 수 있다(〈표 14〉 참조).

표 14 슐레스비히-홀슈타인 주 김나지움의 경제/정치 교육과정 내용

학년	수업 영역	주제 영역	주제
11	연방독일의 사회학, 정치학, 경제학에 대한 기초	공동체, 사회구조, 사회변동	사회적 불평등과 사회적 유동성
			공동체 모델
			다양한 공동체 안에서의 사회적 변화
		연방독일의 정치 시스템	정치-무엇일까?

학년	수업 영역	주제 영역	주제
			정치적 규범
			정치적 과정
			법
		사회 시장경제	경제에 대한 기본 개념, 수단, 목표
			시장경제 시스템의 기초
			시장경제에서 소비자
			사회 시장경제와 정치적 조건
12	경제이론과 실습	스스로 돌아가는 세계 안에서의 경제	경제규범
			경제·정치적 계획 및 의도 독일연방정부의 경제적 발전
			기본 콘셉트
			현실 경제정책과 융합정책
			현 위치, 독일
		기업	개론
			기업의 원초적인 결정
			기업의 기본 기능
			생태적, 정치적, 사회적 관심 안에서의 기업
	유럽의 정치와 공동체	단일민족국가 유럽에서 유럽연합으로	정치적 통합과정
			경제적 측면
			외교정치과 안보정치
			유럽통합의 요구
		경계 없는 유럽 안의 독일	유동성과 이주
			유동성과 이주의 경제적 관점
			사회통합과 정체성
13[14]		국제관계의 혼란과 통합	세계화 과정에서 나타난 형태들
			국제적 상업 구조
			국제관계의 이론과 상업
			국제관계의 국내 정치
		미디어와 공공성	정치와 미디어
			사회와 미디어
			경제와 미디어
			새로운 정보통신기술

학년	수업 영역	주제 영역	주제
		현대 민주주의	개인과 정치적 문화
			혼란과 합의
			정치적 의사결정의 문제
			유럽의 민주주의와 참여
			민주주의와 공개
			민주주의와 경제
		사회복지국가의 미래	사회복지국가, 독일
			국가적 도전
			국제적 도전
		세계화의 승리자와 패자	세계화의 경제적 관점
			세계화의 공동체 영향
			세계화와 정치적 부담
		생태와 경제의 중간 지점	사례연구(문제발견), 문제분석
			생태학적 경제의 모델
			국내 및 국제의 문제해결을 위한 실재

중등학교(김나지움)의 수업은 대개 교사가 미리 수업할 과목에서 필요한 주제와 내용에 대해 언급하거나 PPT나 동영상을 보여주면서, 학생들에게 토의·토론 주제를 던져준다. 그러면 학생들은 스스로 연구하여, 과제로 에세이를 작성한다. 수업은 학생들이 작성한 에세이를 발표하고, 이에 대해 토의·토론하는 방법으로 진행된다. 수업 내용은 보통 1차시(90분)에 끝나지 않으며, 2~3차시에 걸쳐 진행된다. 방문 당일 직접 수업을 진행한 교사의 말에 따르면, 이전 시간에 정치 체제에 대한 이론에 대해 이야기하였고, 학생들에게 에세이 작성을 과제로 내주었다고 하였다. 주제를 바로 던져주고, 마인드맵을 통해 생각을 정리해서 토의·토론을 진행할 수도 있지만, 경제/정치 과목은 어려운 과목에 속하고 학생들이 에세이 작성을 위해서 여러 가지 조사를 하면서 연구 능력을 키울 수 있기 때문에, 이런 방식을 사용한다고 하였다.

14 슐레스비히-홀슈타인 교육과정에 따르면, 13학년 학생들은 한 학기 동안 여섯 개의 주제 영역 중 적어도 하나를 선택해야 한다. 이처럼 여섯 개의 주제 영역 중 하나를 선택하는 것이기 때문에 수업 영역을 따로 제시하지 않는다.

방문 당일에도 학생들이 과제로 작성한 에세이를 중심으로 토의·토론의 형태로 수업이 진행되었다. 학생들은 교과서를 보기보다는 자기가 미리 준비한 글과 동료들의 이야기를 토대로 수업에 참여하였다. 즉, 교과서에 대한 의존도는 낮았다. 교사는 내용을 가르치는 것을 지양하고, 질적으로 높은 수준의 질문을 통해 학생들의 논리적 주장과 근거를 유도하고자 하였다. 특히 교사는 주제별로 예화, 문제, 갈등, 이해관심 등을 가지고 학생들이 스스로 자신의 주장과 근거를 찾도록 도와주었다. 당일 구체적인 수업 내용은 선거 제도에 대한 것이었는데, 선거 제도의 의미와 유형을 공부하는 것이 아니라, 선거 제도에 대한 논쟁적인 사안을 통해서 학생들이 토의·토론하도록 수업이 진행되었다.

구체적인 토의·토론 주제는 '연방의회에 입성하기 위해서는 최저 득표율인 5퍼센트를 넘어야 한다.'이다. 독일 선거 제도의 논쟁적인 현안(5퍼센트 룰)을 가지고 학생들이 민주주의 제도의 효율성과 정당성에 대해 토의·토론하였다. 25명의 가까운 학생들이 토의·토론에 참여하였지만, 의견 조율이 안 된다거나 말다툼을 한다거나 하는 등의 문제는 전혀 일어나지 않았다. 학생들이 토의·토론을 하는 방법은 우선 앞선 친구의 의견에 대해 동의하는지 혹은 동의하지 않는지에 대해 먼저 밝히고, 그 이유나 근거를 구체적으로 언급하였다. 그리고 자신의 의견을 근거나 예시를 들어 논리적으로 설명하였다. 학생들이 토의·토론을 하는 동안 교사는 요점만 판서하였다. 그리고 교사가 학생들이 말한 것을 따로 요약 정리를 하지는 않았다. 그것은 아마도 모든 학생들이 토의·토론에 적극적으로 참여하기 때문에 토의·토론 내용을 반복해야 할 필요성을 느끼지 않았기 때문일 것이다.

이처럼 슐레스비히-홀슈타인 주의 시민교육은 다른 독일의 주와 유사하게 교화와 전통적인 국민교육을 지양하고, 자기반성을 강조하며, 균형 잡힌 이해관심과 다양한 주제(쟁점)에 대한 비판적 사고와 토론을 강조하였다. 보이텔스바흐 합의를 준용하여 자기반성, 균형 잡힌 이해관심, 비판적 사고와 토론 등을 강조하였다. 또 보이텔스바흐 합의의 세 가지 원칙에 따라 교화를 반대하고, 논쟁을 지향하며, 자기 이해관심에서 출발하도록 안내하고 있었다. 그리고 이러한 일련의 교육과정과 수업을 통해 슐레스비히-홀슈타인 주의 시민교육에서 강조하는 역량은 분석(analysing), 판단(judging), 행동(acting)이었다. 즉, 정치, 경제, 사회 현상과 문제 및 쟁점을 분석하고, 이에 대해서 적절한 판단을 내리고, 이를 실천하는 일련의 과정을 통해서 시민의 자질을 함양하고자 하는 것이다.

그리고 시민교육을 평가하는 방법은 구술 평가, 필기 평가, 수행 평가 등 다양하다. 예를 들어, 슐레스비히-홀슈타인 주의 김나지움 경제/정치 교육과정은 구술 평가, 필기 평가, 수행 평가 등 세 가지로 진행하고 있다. 구술 평가 항목으로 수업 시간 중 토의·토론 참여율, 과제, 모둠 활동에서의 적극성 및 참여율, 발표, 프로젝트 수업에서의 모둠 발표 등이 있다. 필기 평가 항목으로 필기시험, 과제, 프로토콜, 리포트, 발표, 프로젝트 보고서, 결과 보고서 등이 있다. 수행 평가 항목으로 전시, 그래프로 나타내기, 결과물 등이 있다. 슐레스비히-홀슈타인 주의 김나지움 경제/정치 과목 평가는 사실 인지 역량, 학문적 접근법 역량, 개인 역량, 사회 역량을 중심으로 이루어진다.

2) 교과 외 학교 시민교육

초기에 사회과는 독립 교과목이 아닌 교육이나 수업의 원리 또는 학교에서의 학생들의 활동 원리 등과 같은 교육의 기본 원리로서 독일의 각 주에 도입되었다. 즉, 사회과는 역사와 같은 기존 교과목에 민주주의 교육을 위한 요소를 추가하거나, 협동학습, 모의의회, 학생회 등과 같은 수업 방식 또는 교사와 학생 간의 민주적 관계에 대한 강조 등을 통해 독일 교육에 도입된 것이다. 따라서 교과목뿐만 아니라 범교과 수업 및 교과 외 활동에서도 이러한 사회과 교육의 원리가 반영되어 있다고 볼 수 있다. 즉, 학교생활에서도 학생들이 근거를 가지고 자신의 주장을 펼치고, 이를 바탕으로 학교생활의 다양한 규칙이 만들어가는 것을 시민교육으로 볼 수 있다.

특히 독일은 교과 수업 이외에 다양한 주제를 가지고 프로젝트 수업을 한다. 주마다 선택하는 주제는 다르지만, 대부분의 주제가 시민교육과 관련된다고 볼 수 있다. 예를 들어 베를린 주의 경우에는 1학년에서 10학년까지 ① 직업과 학업 체험, ② 다양성, ③ 민주주의, ④ 학교 안에서의 유럽, ⑤ 건강, ⑥ 폭력 예방, ⑦ 성평등, ⑧ 상호문화교육, ⑨ 문화교육, ⑩ 사회적 유동성과 교통지도, ⑪ 지속가능발전교육, ⑫ 성교육, ⑬ 소비교육 등 13개 주제를 가지고 프로젝트 수업을 해야 한다. 이 중 ③ 민주주의와 ⑪ 지속가능발전교육이 시민교육의 내용을 포함하고 있다. 이러한 프로젝트 수업은 일종의 범교과 수업으로 볼 수도 있고, 교과 외 활동으로 볼 수도 있다.

또 다른 예로, 슐레스비히-홀슈타인 주 경제/정치 교육과정에서 제안하고 있는 12학년 프로젝트 수업(범교과 수업)의 주제는 ① 사회시장경제, ② 국가와 경제, ③ 개인, 모둠, 공동체, 사회 변화, ④ 독일의 정치 구조와 과정, ⑤ 국제 정치 구조와 과정 등이다. 수업방법으로는 실습, 인터뷰, 저널 텍스트 작성, 탐색, 역할놀이, 전문가 면담, 사례연구, 정치 토론회 참석, 전시, 박람회, 그래프 작성, 보고서 작성, 토크쇼 등 다양하다. 13학년 프로젝트 수업의 주제는 ① 언어를 통한 통치, ② 이데올로기와 신화, ③ 시대 전환-파라디그마-변환, ④ 출발 직전의 들뜬 분위기-마지막-시간 분위기, ⑤ 문화와 자연, ⑥ 현실과 비주얼, ⑦ 예술의 권력, ⑧ 세상, ⑨ 문명의 과정, ⑩ 도시와 시골, ⑪ 성경에 나온 노아의 홍수, ⑫ 법과 질서, ⑬ 혼란과 질서, ⑭ 전쟁과 평화 등이다.[15] 이 주제들은 정치와 관련된 주제도 있고, 아닌 것들도 있다. 그러나 모두 경제/정치 과목이 제안하는 프로젝트 수업 주제들이다.

프리츠-로이터 초등학교의 Alexandra Obolenski 교사는 사물수업 시간에 범교과 수업으로 독일어 과목과 함께 프로젝트 수업을 한다고 하였다.[16] 또한, 지역의 유명한 곳에 대해 프로젝트 수업을 진행한다고 하였다. 그중 하나가 Seekamp의 어린이 공화국 90번째 기념일을 축하하기 위한 작은 텐트 설치와 작은 사전 만들기 작업이었다고 하였다.

> "킬에는 역사적으로 유명한 장소가 정말 많이 있습니다. 다른 지역도 마찬가지겠지만, 프리츠-로이터 초등학교 근처에는 역사적으로 유명한 장소가 많이 있습니다. 가끔 학생들에게 오전에 학교에 올 때, 어디를 지나서 그것을 보고 오라고 얘기합니다. 대부분 같이 가서 보지만, 학생들이 먼저 보고, 느끼는 것도 중요하다고 생각합니다. 저는 학생들과 사물수업을 할 때나 범교과 수업을 할 때, 지역의 자원을 정말 많이 활용합니다. 자신이 살고 있는 지역을 알고, 사랑하는 것이 참 중요하다고 생각하기 때문입니다. 그래서 Seekamp

15 슐레스비히-홀슈타인 주 경제/정치 교육과정은 프로젝트 수업(범교과 수업) 주제와 함께 관련 교과목도 제시하고 있다. 예를 들어, 13학년 프로젝트 수업(범교과 수업) 주제 중 ⑬ 혼란과 질서의 경우, 수학, 역사, 지리, 생물, 물리 과목과 관련이 있으며, ⑭ 전쟁과 평화의 경우, 역사, 독일어, 지리, 종교, 물리 과목과 관련이 있다.

16 슐레스비히-홀슈타인 주 초등학교 사물수업 교육과정에 사물수업 과목은 독일어 과목과 범교과 수업을 할 수 있다고 되어 있다.

라는 프로젝트를 진행하게 되었습니다. 지금 Seekamp가 더 이상 진행되지는 않아요. 예전에는 독일 전역뿐만 아니라, 다른 나라에서도 Seekamp에 참여하기 위해서 킬에 왔어요. 부모님들이 킬까지 기차를 타고 와서, 아이들만 내려놓고서 다시 기차를 타고서 집으로 가는 거죠. 아이를 여기에 혼자 두는 것이 위험할 수도 생각할 수도 있습니다. 그런데 전혀 그렇지 않습니다. Seekamp는 아이들이 다른 아이들과 함께 생활하는 것입니다. 아이들은 서로 도와서 밥도 지어야 하고, 감자도 심어야 하고, 사과도 따야 합니다. 주어지는 것이 거의 없다고 보면 됩니다. 아이들은 자신들이 감자를 직접 캐서, 먹을거리를 얻어야 합니다. 지금은 더 이상 그러한 캠프에 참여할 수는 없지만, 당시 Seekamp에 참여했던 학생들을 찍은 동영상이나, Seekamp에 참여했던 할머니, 할아버지의 인터뷰를 찍은 동영상을 보여주면, 아이들이 많은 관심을 가지게 됩니다. 또 동영상과 워크시트 등을 활용한 활동을 하면서 모르는 단어를 정리합니다. 그렇게 해서 작은 사전을 만들게 되는 것입니다. 만들기 활동으로 작은 텐트도 만들어서 내 텐트에 온 다른 친구에게 그 개념에 대해 설명해 줍니다. 그 단어의 뜻이 무엇인지, 그 단어가 Seekamp에서는 어떻게 사용되었는지 등과 같이 설명해 줍니다. 또 Seekamp가 있었던 곳이 학교에서 그리 멀지 않기 때문에 직접 가서 당시 모습을 그려보도록 합니다(Alexandra Obolenski, 2018년 9월 19일 면담)."

Alexandra Obolenski 교사는 사물수업 과목에 나오는 개념과 Seekamp라는 프로젝트를 진행하며 학생들과 작은 텐트를 만들었다([그림 1], [그림 2] 참조). 또한 그것을 가지고 교사와 학생들은 정치이론서 및 정치개념 설명서와 같은 작은 책자(사전)를 만들었다.[17] 그 책자를 살펴보면, 우선 설명해야 할 어휘 하나가 맨 위에 있고, 그 밑에는 개념을 설명하고, Seekamp 프로젝트에서 어떻게 사용했는지 또는 활용되었는지에 대해서 설명한다([그림 3], [그림 4] 참조).

그림 1 어린이 공화국 관련 활동 자료1

그림 2 어린이 공화국 관련 활동 자료2

17 존중, 공정(공평), 연대감, 공정함, 인권과 의무, 정부, 의회, 법원, 공화국, 민주주의, 투표, 의회의원, 정당, 대통령, 시장, 정책 등의 단어들이 작은 사전 안에 설명되어 있다.

그림 3 아이들이 직접 만든 작은 책자(정치 입문서)

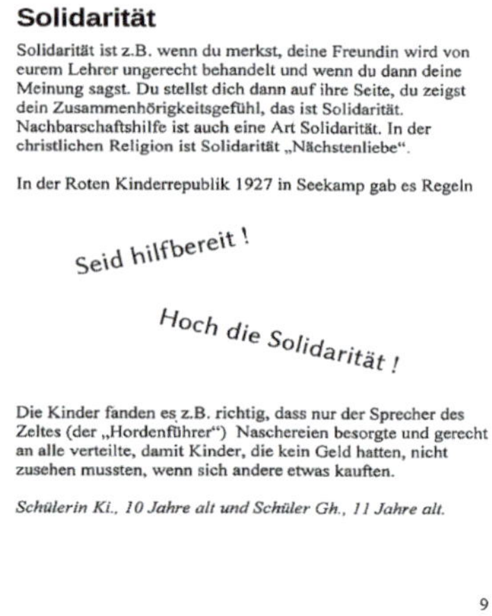
Solidarität

Solidarität ist z.B. wenn du merkst, deine Freundin wird von eurem Lehrer ungerecht behandelt und wenn du dann deine Meinung sagst. Du stellst dich dann auf ihre Seite, du zeigst dein Zusammenhörigkeitsgefühl, das ist Solidarität. Nachbarschaftshilfe ist auch eine Art Solidarität. In der christlichen Religion ist Solidarität „Nächstenliebe".

In der Roten Kinderrepublik 1927 in Seekamp gab es Regeln

Seid hilfbereit !

Hoch die Solidarität !

Die Kinder fanden es z.B. richtig, dass nur der Sprecher des Zeltes (der „Hordenführer") Naschereien besorgte und gerecht an alle verteilte, damit Kinder, die kein Geld hatten, nicht zusehen mussten, wenn sich andere etwas kauften.

Schülerin Ki., 10 Jahre alt und Schüler Gh., 11 Jahre alt.

9

그림 4 아이들이 직접 만든 작은 책자(연대감)

한편 독일의 시민교육은 학교에서만 국한된 것이 아니라 학교 밖에서도 활성화되어 있다. 따라서 학교와 학교 밖 시민교육이 연계되어 운영되기도 한다. 특히 교과 외 활동의 경우 학교 밖 시민교육과 연계하여 운영하는 경우가 많다.

3. 독일의 학교 밖 시민교육

독일의 학교 밖 시민교육은 연방정치교육원, 주정치교육원, 가족과 시민을 위한 연방정부, 국방부, 시민대학, 정당재단, 종교단체(개신교, 가톨릭), 노동조합, 청소년단체 연합, 비정부기구, 독일교육기관 연구회, 연방정치교육위원회 등을 통해 진행된다. 학교 밖 시민교육 기관들은 국가기관과 민간단체로 구분된다. 연방정치교육원, 주정치교육원, 가족과 시민을 위한 연방정부, 국방부, 연방정치교육위원회 등은 국가기관이며, 시민대학, 정당재단, 종교단체(개신교, 가톨릭), 노동조합, 청소년단체 연합, 비정부기구, 독일교육기관 연구회 등은 민간단체이다. 여기에서는 연방정치교육원, 주정치교육원, 정당재단, 시민대학 등에 대해 살펴보고자 한다.

1) 연방정치교육원

연방정치교육원은 독일 학교 밖 시민교육의 기둥 역할을 하고 있다. 연방정치교육원은 1952년 11월 25일 '향토봉사를 위한 연방본부'라는 명칭으로 연방내부무의 산하 기관으로 설립되었으며, 1963년부터 '정치교육을 위한 연방본부(이하 연방정치교육원)'로 개칭되었다.[18] 연방정치교육원은 독일 국민의 정치적 계몽을 위한 최초의 국가기관으로, 유럽 내 유일한 시민교육을 위한 연방정부 기관이기도 하다. 연방정치교육원은 제2차 세계대전 종식 이후, 나치의 잔재와

18 연방정치교육원은 1952년 11월 25일 제정된 법(향토봉사를 위한 연방본부에 관한 법령 Erlaβ über die Errichtung der Bundeszentrale für Heimatdienst)에 근거해서 출범하였다. 이 법령은 2018년 10월까지 총 10차례 개정되었다.

제정 및 개정	법령
1952년 11월 25일	향토봉사를 위한 연방본부에 관한 법령 Erlaß über die Errichtung der Bundeszentrale für Heimatdienst
1954년 1월 12일	1952년 11월 25일 향토봉사를 위한 연방본부의 설치에 관한 법령 보충을 위한 법령 Erlaß zur Ergänzung des Erlasses über die Errichtung der Bundeszentrale für Heimatdienst vom 25. November 1952
1957년 11월 28일	향토봉사를 위한 연방본부 기관(Ostkolleg)의 설치에 관한 법령 Erlaß über die Errichtung des Ostkollegs der Bundeszentrale für Heimatdienst
1963년 5월 18일	향토봉사를 위한 연방본부의 설치에 관한 법령 개정을 위한 법령 Erlaß zur Änderung des Erlasses über die Errichtung der Bundeszentrale für Heimatdienst
1969년 9월 10일 1974년 6월 21일	정치교육을 위한 연방본부에 관한 법령 Erlaß über die Bundeszentrale für politische Bildung(BpB)
1975년 11월 1일	정치교육을 위한 연방본부 기관(Ostkolleg)에 관한 법령 Erlaß über das Ostkolleg der Bundeszentrale für politische Bildung
1985년 7월 8일 1987년 3월 18일 1992년 6월 24일 2001년 1월 24일	정치교육을 위한 연방본부에 관한 법령 Erlaß über die Bundeszentrale für politische Bildung(BpB)

* 출처: 최영돈(2014) 재구성 및 연방정치교육원 홈페이지 참조

전체주의적 성향에 대응하고, 민주주의적 정치 문화를 정착시키기 위해 설립되었다. 연방정치교육원은 시민교육을 '민주적인 의식을 형성하고, 정치적인 삶에 성숙하게, 비판적으로, 적극적으로 참여하도록 동기를 부여하고 참여할 수 있는 능력을 갖게 하는 교육'으로 보고, 시민교육의 과제를 '정치적 사안에 대한 이해를 도모하고, 민주적 의식을 확고하게 하여 정치적 협력을 위한 적극적인 자세를 강화'시키는 데 있다고 보았다.[19]

독일은 법치주의에 입각하여 연방과 지방정부가 주도하여 시민교육을 시행하였다. 그런데 「정치교육을 위한 연방본부에 관한 법령(Erlaβ über die Bundeszentrale für politische Bildung, BpB)」 제1조 제1항에 따르면, 연방정치교육원은 법률적인 권한이나, 시민교육을 위한 연방정부 기관으로서의 권한은 행사해서는 안 된다고 되어 있다. 또한, 연방정치교육원이 연방정부를 구성하는 정당들의 정치적 입장을 대신하는 것도 아니다. 오히려 정당에 소속된 22명의 연방의회 의원으로 구성된 관리(감독)기관에 의해 정치적 중립성을 요구받는다.[20] 또한, 연방정치교육원은 독일 학교 및 학교 밖 시민교육을 실질적으로 담당하지 않는다. 대신 연방정치교육원은 시민교육을 담당하는 학교, 민간기관, 정당재단 등을 재정적·학술적으로 지원하거나, 세미나 개최, 교재 및 청각 자료, 온라인 자료 등을 제작하여 배포한다.

2) 주정치교육원

독일은 16개의 주로 이루어져 있다. 독일의 16개 주는 모두 주정치교육원을 가지고 있다. 그 형태가 조금씩 다르고, 소속 및 관리, 감독받는 기관이 다르지만, 모든 주는 주정치교육원을 가지고 있다(<표 15> 참조). 예를 들어, 바이에른 주

19 정기섭(2016). 독일 민주시민교육 방법론 사례분석. 2016년 제12회 민주시민교육 국제심포지엄. 홍은영(2018). 독일 정치교육(민주시민교육)의 현황과 과제: 안네 프랑크 교육소의 사례를 중심으로. 국민주권시대의 학교 민주시민교육의 현황과 과제. 독일 연방정치교육원 홈페이지 내 연방정치교육원의 비전 및 추진영역(http://www.bpb.de/die-bpb/51248/leitbild-der-bpb, 2018년 11월 28일 인출). 독일 연방정치교육원 홈페이지 내 연방정치교육원의 과제, 목표, 활동(http://www.bpb.de/die-bpb/51743/demokratie-staerken-zivilgesellschaft-foerdern, 2018년 11월 28일 인출)

20 2018년 9월 기준, 기민당(CDU)/기사련(CSU) 8명, 사민당(SPD) 5명, 독일을 위한 대안(AfD) 3명, 자민당(FDP) 2명, 좌파당(Die Linke) 2명, 녹색당(Bündnis 90/DIE GRÜNEN) 2명으로 구성되어 있다. 연방의회의원의 구성은 연방의회 내의 의석 수 비율에 따라 결정된다.

정치교육원은 주 교육부/문화부 산하 기관으로 운영된다. 브란덴부르크 주정치교육원은 주 교육부/청소년/체육부 산하 기관으로 운영된다. 바덴-뷔르템베르크 주정치교육원은 주청사 산하 기관으로 설립되어 운영된다. 슐레스비히-홀슈타인 주정치교육원은 주의회 산하 기관으로 설립되어 운영된다.[21]

표 15 16개 주정치교육원과 그 소속

주	소속/ 관리 및 감독	기관 CI
바덴-뷔르템베르크 주정치교육원 Landeszentrale für politische Bildung Baden-Württemberg	바덴-뷔르템베르크 주 청사	lpb Landeszentrale für politische Bildung Baden-Württemberg
바이에른 주정치교육원 Bayerische Landeszentrale für politische Bildungsarbeit	바이에른 주 교육부/문화부	Bayerische Landeszentrale für politische Bildungsarbeit
베를린 주정치교육원 Berliner Landeszentrale für politische Bildung	베를린 주 교육부/청소년/가족부	Berliner Landeszentrale für politische Bildung
브란덴부르크 주정치교육원 Brandenburgische Landeszentrale für politische Bildung	브란덴부르크 주 교육부/청소년/체육부	BLPB
브레멘 주정치교육원 Landeszentrale für politische Bildung Bremen	브레멘 주 상원 의장	Landeszentrale für politische Bildung Bremen
함부르크 주정치교육원 Landeszentrale für politische Bildung Hamburg	함부르크 주 학교와 직업교육 담당청사	Landeszentrale für politische Bildung Hamburg
헤센 주정치교육원 Hessische Landeszentrale für politische Bildung	헤센 주 정부 수상	HLZ

21 슐레스비히-홀슈타인 주의 경우 2005년까지 주 교육부/문화부 산하 기관으로 운영되었으며, 2005년부터 2009년까지 주청사 산하 기관으로 있었다. 2011년부터는 주의회 산하 기관으로 관리기관이 변경되었다.

주	소속/ 관리 및 감독	기관 CI
메클렌부르크-포어포메른 주정치교육원 Landeszentrale für politische Bildung des Landes Mecklenburg-Vorpommern	메클렌부르크-포어포메른 주 교육부/문화부	
니더작센 주정치교육원 Niedersächsische Landeszentrale für politische Bildung	니더작센 주 교육부/문화부	
노르트라인-베스트팔렌 주정치교육원 Landeszentrale für politische Bildung Nordrhein-Westfalen	노르트라인-베스트팔렌 주 문화부/교육부	
라인란트-팔츠 주정치교육원 Landeszentrale für politische Bildung Rheinland-Pfalz	라인란트-팔츠 주 교육부/문화부	
자를란트 주정치교육원 Landeszentrale für politische Bildung im Saarland LPM	자를란트 주 교육 및 미디어 연구소	
작센 주정치교육원 Sächsische Landeszentrale für politische Bildung	작센 주 문화부	
작센-안할트 주정치교육원 Landeszentrale für politische Bildung Sachsen-Anhalt	작센-안할트 주 교육부	
슐레스비히-홀슈타인 주정치교육원 Landesbeauftragter für politische Bildung Schleswig-Holstein	슐레스비히-홀슈타인 주 의회	
튀링겐 주정치교육원 Landeszentrale für politische Bildung Thüringen	튀링겐 주 청사	

* 출처: 연방정치교육원 및 각 16개 주정치교육원 홈페이지 참조

3) 정당재단

독일의 시민교육을 담당하고 있는 주요 기관 중 하나가 정당재단이다. 2018년 11월 현재 사민당(SPD), 자민당(FDP), 기민당(CDU), 기사련(CSU), 좌파당(Die Linke), 녹색당(DIE GRÜNEN) 등 여섯 개의 정당재단이 활동하고 있다(〈표 16〉 참조).

표 16 정치교육을 위한 여섯 개의 정당재단

정당재단	설립 연도	소속 정당	직원 수 (2011년 기준)
프리드리히 에버트 재단 Die Friedrich-Ebert-Stiftung(FES)	1925 (1949)	사민당(SPD)	628명
프리드리히 나우만 재단 Die Friedrich-Naumann-Stiftung(FNS)	1958	자민당(FDP)	190명
콘라드 아데나워 재단 Die Konrad-Adenauer-Stiftung(KAS)	1964	기민당(CDU)	563명
한스 자이델 재단 Die Hanns-Seidel-Stiftung(HSS)	1967	기사련(CSU)	281명
로자 룩셈부르크 재단 Die Rosa-Luxemburg-Stiftung(RLS)	1990	좌파당 (Die Linke)	170명
하인리히 뵐 재단 Die Heinrich-Böll-Stiftung(HBS)	1997	녹색당 (DIE GRÜNEN)	182명

* 출처: 연방정치교육원 홈페이지

이들 정당재단은 각 정당의 산하 기구는 아니다. 정당재단은 각 정당으로부터 독립되어 있으며, 독자적인 재정 구조와 인사 구조를 지니고 있다. 그래서 정당의 이념을 위한 정치활동을 할 수 없으며, 정당과 함께 시민교육도 할 수 없다. 정당재단은 정당의 정치적 이념을 위해 존재하는 것이 아니기 때문이다. 정당 친화적(parteinah) 정당재단이라고 말하기는 하지만, 이것이 정당의 부가적인 기능이나 정당 활동을 위한 기능을 수행한다는 것이 아니다. 그러나 선거 기간 외에 정당의 정치적 이념을 선전하고, 관련 내용에 대해 시민들과 토론할 수는 있다.

정당재단은 민주주의 이념을 바탕으로 시민교육의 실행을 위해 존재한다. 정당재단의 시민교육에는 시민들이 정치적 의사결정에 중요한 역할을 하고 있다.

정당재단은 세미나, 워크숍, 학술대회, 보고서 집필, 정책 분석 등의 형식으로 시민교육을 진행하고 있다. 예를 들어, 정당재단은 대도시에 교사, 공동체 대표들과 함께 사회적 이슈가 되고 있는 문제에 대해 서로 의견을 나누는 자리를 마련한다. 또한, 학생들을 대상으로 정치에 대한 관심을 신장하기 위한 다양한 프로그램을 진행한다. 이와 관련하여 슐레스비히-홀슈타인 주의 프리츠-로이터 초등학교(Fritz-Reuter-Schule) 교장인 Cay Tonner는 정당재단의 시민교육(정치교육)에 대해 다음과 같이 언급하였다.

> "프리드리히 에버트 정당재단은 각 주도에 정치교육 포럼을 위한 사무실을 가지고 있어요. 여기 슐레스비히-홀슈타인 주와 바이에른 주를 제외하고는 다 있습니다. 슐레스비히-홀슈타인 주는 주도인 킬에 헤어만 엘러스 재단(Hermann-Ehlers-Stiftung)[22]에서 아카데미를 운영하고, 바이에른 주는 주도인 뮌헨에 한스 자이델 재단(Hanns- Seidel-Stiftung)에서 아카데미를 운영하고 있습니다. 바덴-뷔르템베르크 주와 노르트라인-베스트팔렌 주의 경우에는 주도 외에 다른 지역에도 정치교육 포럼을 위한 지역사무실을 가지고 있습니다. 언급한 바와 같이, 킬에는 헤어만 엘러스 아카데미라는 정당재단이 있습니다. 헤어만 엘러스 아카데미는 1968년에 당시 슐레스비히-홀슈타인 주 정부 수상과 연방 총리에 의해 만들어졌습니다. 이 재단은 정치교육만 하는 건 아니고 여러 사회 활동도 합니다. 예를 들어, 대학생들을 위해 기숙사를 지어서 저렴한 비용에 머물 수 있도록 하고 있습니다. (…) 초등학생, 중학생, 고등학생들이 정치인들을 직접 만나서 자기가 살고 있는 도시나, 자기가 다니고 있는 학교에 대해 요구 사항이 있으면 그것에 대해 말하기도 합니다. 그 외에 정치인들에게 원하는 것을 말할 수도 있습니다. 학교에서 정치교육을 하는 것도 중요하지만, 직접 정치인을 만나 대화를 나눈 친구들은 정치에 대해 더 많은 관심을 보입니다 (Cay Tonner, 2018년 9월 19일 면담)."

이외에 정당재단은 대학생들에게 기숙사를 제공하거나, 성적 우수 대학생 및 대학원생에게 장학금을 지급한다. 이러한 혜택은 독일인뿐만 아니라, 독일에 유학하는 외국인에게도 해당된다. 장학금을 받는 대학(원)생들은 시민교육 관련 세미나에 참석해야 한다. 이처럼, 정당재단이 대학(원)생들에게 기숙사를 제공하

22 헤어만 엘러스 재단은 외교 정책, 공동체, 교육, 국내 정치(행정기관, 사법기관), 경제정책, 환경정치, 농업정치, 사회, 건강, 체육, 보안, 역사, 문화, 예술 등 다양한 주제를 다루고 있으며, 세미나, 포럼, 체험 활동(현장 체험) 등의 형태로 프로그램을 진행한다. 예를 들어, 2018년 11월 29일 9시부터 17시까지 유럽 난민에 대해 헤어만 엘러스 아카데미에서 세미나를 개최한다. 여기에서는 유럽인들인 우리가 어떻게 도와줘야 할지, 난민이 생기는 것을 방지하기 위해서 우리가 어떠한 지원을 해줄 수 있을지, 유럽에 온 난민들을 어떻게 도와줘야 할지 등에 대한 질문을 가지고 세미나를 개최한다. 또한, 2018년 12월 14일 19시에 크리스마스 노래에 대한 포럼을 개최한다. 여기에서는 크리스마스 역사와 영국의 크리스마스 동화에 대해 소개한다. 헤어만 엘러스 재단은 보통 한 달에 10개 정도의 프로그램을 제공한다(헤어만 엘러스 재단 홈페이지, https://www.hermann-ehlers.de, 2018년 11월 28일 인출).

고, 장학금을 지급하는 이유는, 이들이 정치에 관심을 갖고, 정치에 활발하게 참여하도록 하기 위함이다.

정당재단이 시민교육을 위해 다루는 주제는 다양하다. 예를 들어, 프리드리히 나우만 재단에서는 정치 외에 경제, 자유주의, 정치 문화, 시장경제, 역사, 인권, 법치국가, 국제 정치, 시민권, 사회기반시설, 미디어, 아시아, 북미, 지역, 테러, 에너지, 환경, 연금, 이민정책, 난민정책, 지방정치, 학문, 연구, 이주, 직업교육, 가족, 고등교육, 컴퓨터 자료 비밀 보장, 유럽, 통합, 세금, 문화, 학교 등 다양하다. 또한, 콘라드 아데나워 재단은 국제 정치, 교육 및 학문과 문화, 사회 시장경제, 국가와 공동체 등의 주제를 다루고 있다. 현재는 아니지만, 이전에 다뤘던 주제로는 민주주의, 60년 이스라엘, 50년 장벽 쌓기, 독일 개신교 교회, 메가시티, 강연 여행, 유럽 2012 등이 있다. 또한, 한스 자이델 재단은 국제 정치와 안보, 윤리 및 가치와 문화, 종교, 미디어, 국가, 정치, 국민, 환경과 소비자, 경제와 금융, 여성들, 공동체, 지역 발달, 통합, 이주, 난민, 상호문화, 유럽, 국제관계, 에너지와 환경, 교육 등의 주제를 다루고 있다.

4) 시민대학

시민대학은 독일 제국 당시 설립되었다(독일 제국 헌법 제148조 제4항). 시민대학은 독일의 성인교육을 담당하는 대표적인 평생교육 기관으로, 평생교육을 위한 독일의 전통으로 여겨진다. 시민대학은 독일 전역에 있으며, 독일 통계청 자료에 의하면, 2017년 시민대학의 수는 895개이고, 매년 약 700,000개의 프로그램이 개설된다([그림 5] 참조). 시민대학은 평생교육 및 성인교육, 직업교육 차원에서 다양한 교육프로그램(주제 영역: 정치-공동체-환경, 문화-조형, 건강, 직장생활을 위한 자격요건-IT-조직 및 관리, 기초교육, 언어, 학교교육지원)을 제공하고 있다([그림 6] 참조). 시민대학은 16세 이상 누구나 이용 가능하며, 일반적으로 하나의 교육프로그램은 1~15주 정도의 기간을 필요로 한다. 그리고 시민대학은 주 정부, 지방(한국의 읍, 면, 동, 군, 시에 해당), 기부금 등으로부터 지원금을 받기 때문에, 학습자는 일정 금액만 지불하면 된다.

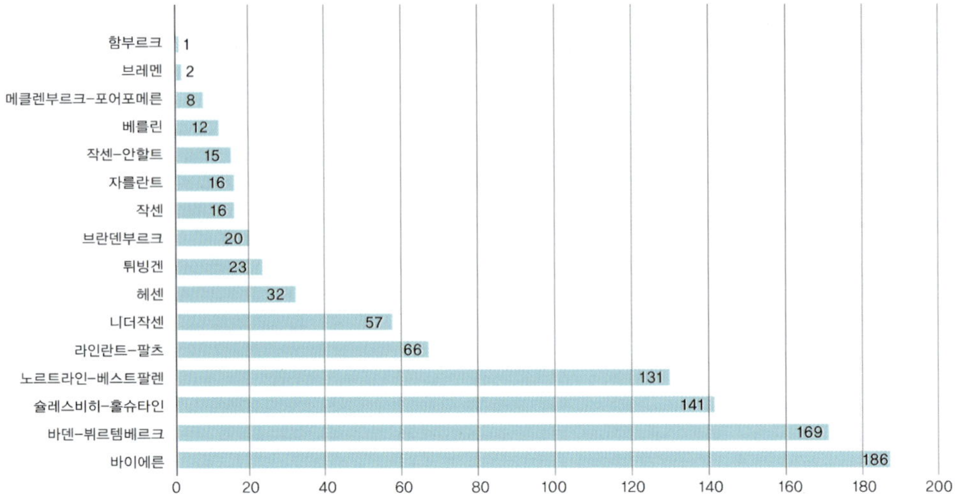

그림 5 **시민대학 수**(2017년 기준)

* 출처: 독일 시민대학 자료를 참고하여 재구성

시민대학이 설립될 당시, 공동체-정치교육을 위한 프로그램들이 주를 이루었다. 그러나 나치 당시, 성인교육 전문가들이 제3세계로 많이 망명하였으며, 시민대학은 조직적 주민교육(국가사회주의)을 위한 공간으로 퇴색되었다. 그러나 제2차 세계대전 이후 다시금 바이마르 공화국 당시의 성인교육을 위한 기관과 같이 탈바꿈하였다(Knierim & Schneider, 1978; Oppermann & Röhrig, 1995; Olbrich, 2001).

시민대학은 성인 시민교육을 위한 중심적인 역할을 수행하고 있다. 사실, 시민대학이 제공하고 있는 프로그램들만 봤을 때, 시민교육을 위한 교육기관이라고 보기 어려울 수도 있다. 오히려 직업교육이나 평생교육이라고 볼 수도 있다. 그러나 시민대학은 공공을 위한 교육 프로그램을 제공하고 있으며, 민주주의의 열린 공간으로써 참여 지향적인 방법으로 토의·토론을 위한 시민의 공간이라고 할 수 있다. 실제 사회, 정치적 문제로 인해 갈등이 생기면 토론이나 워크숍 등을 활용한다. 이러한 것은 시민들로 하여금 정치적 참여율을 높이는 데 많은 도움이 되고 있다.

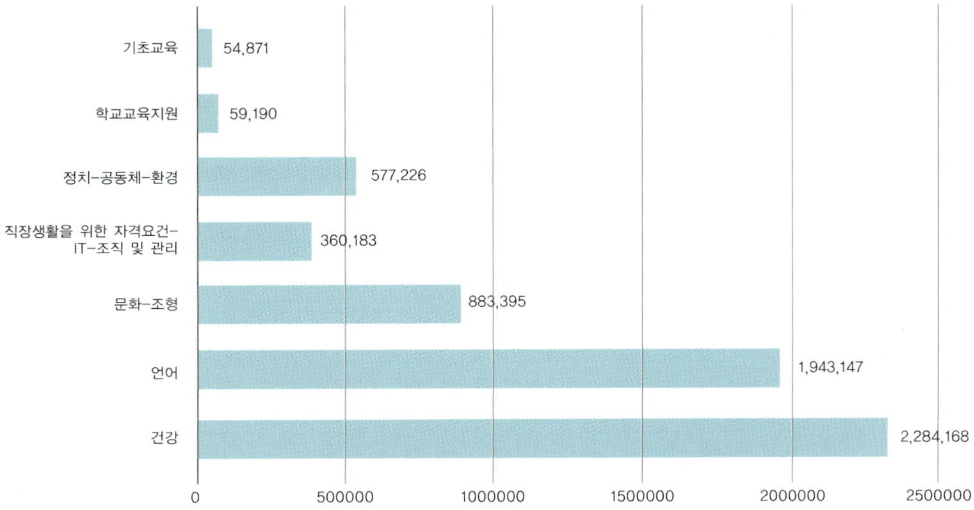

그림 6 시민대학 교육 주제별 강좌 수(2019년 기준)

* 출처: 연방정치교육원

4. 독일 시민교육의 특징과 시사점

1) 독일 시민교육의 특징

독일 시민교육은 정치교육이라는 이름 하에 제2차 세계대전 이후에 시작되어 독일 통일과 세계화를 거치면서 독일 사회의 요구에 부응해 왔다. 이러한 독일 시민교육의 전반적인 특징을 제시하면 다음과 같다.

첫째, 독일의 시민교육은 보이텔스바흐 합의로 대표되는 기본적인 합의에 기초하고 있다. 이러한 합의는 독일 시민교육의 정치적 중립성을 지키는 데 토대가 되고 있으며, 교사, 학생, 전문가들 사이에 공감대를 형성하여 독일 시민교육의 발전을 촉진하는 데 중요한 역할을 하고 있다.

둘째, 독일은 주 차원에서 다양한 방법으로 시민교육을 하고 있다. 연방은 큰 틀에서 주 차원의 시민교육을 지원해 주는 역할을 한다. 즉, 시민교육의 기획 및 운영도 풀뿌리 민주주의에 기초하여 민주적으로 이루어지고 있는 셈이다. 이는 정부 주도의 시민교육보다는 교육자치에 기초한 자율적 시민교육이 이루어져야 한다는 점을 상기시켜 준다.

셋째, 제2차 세계대전 후부터 교육과정 개정이 10~15년 정도의 주기로 이루어지면서 시민교육이 자연스럽게 뿌리내릴 수 있었다. 그 과정에서 사회과가 학교 교과목뿐만 아니라 교육의 기본 원리로 여겨져서 사회과뿐만 아니라 다른 교과 및 교과 외 활동에도 적용되었다.

넷째, 학교와 학교 밖의 시민교육의 연계가 잘 이루어지고 있었다. 시민교육은 학교에서만 이루어질 수 없기 때문에 학교 밖 기관과의 연계가 필수적이다. 독일의 경우에는 연방 및 주 정부의 정치교육원 같은 국가기구뿐만 아니라 정당재단, 시민대학 등의 민간단체들이 학교 밖의 시민교육을 기획·운영하면서 학교에도 좋은 영향을 주고 있었다.

다섯째, 독일의 초·중등학교에서는 사물수업과 사회과 과목을 통해 현대사회의 다양한 문제를 폭넓게 다루면서 시민의 핵심 자질과 역량을 갖추는 것을 목표로 하고 있다. 독일의 시민교육(정치교육) 주제를 살펴보면, 헌법을 시민교육의 기본으로 다루면서도, 정치와 관련된 내용뿐만 아니라 난민, 다문화, 고령화 등 독일 사회의 현안을 다루고 있다. 그리고 어떤 주제를 다루든지 간에 사회적 약자의 문제에 주목하도록 하여, 지구촌 시민으로서 세계 평화를 지키기 위한 책임의식을 심어주고 있다.

여섯째, 교재 구성 및 교수학습방법에 있어서 다양한 방법론과 다각적인 접근이 허용되고, 학생들이 자기 주도적으로 발표와 토의·토론을 하고 교사의 역할은 자문을 하거나 조정을 하고 학생들의 질문에 답하는 정도로 되어 있다.

일곱째, 평가는 구술 평가, 필기 평가, 수행 평가 등 다양한 방법을 사용하고 있다. 평가에 있어서 중요한 특징을 보이는 것은 학생들의 역량을 평가하는 기준을 제시하고 있다는 점이다.

2) 독일 시민교육의 시사점

이러한 독일 시민교육은 여러 측면에서 우리나라 시민교육에 좋은 선례를 제공해 줄 수 있다.

첫째, 앞으로 우리나라에서도 시민교육의 방향 설정과 관련하여 최소한의 합의에 도달하기 위한 담론 과정이 필요하다면 독일의 보이텔스바흐 합의 경험을 참고할 만하다. 물론 이러한 합의는 바로 이루어지는 것이 아니며, 여러 지역 및 학교에서 다양한 형태의 시민교육을 기획·운영하면서 발생하는 여러 문제를 경험하는 가운데 이루어져야 할 것이다.

둘째, 향후 우리나라의 시민교육은 중앙정부의 주도보다는 지방정부, 특히 광역시·도 자치단체와 시·도교육청을 중심으로 이루어져야 할 것이다. 그리고 이러한 노력들이 시·도협의체를 통해서 공유되고 확산되는 방식으로 이루어져야 할 것이다.

셋째, 독일의 시민교육은 점진적인 교육 개혁의 산물로 교육과정 개정의 주기도 우리보다 긴 편이다. 이는 수시 부분 개정 체제하에서 잦은 개정으로 교육의 안정성과 일관성이 낮아지고 있는 우리나라에 시사하는 바가 크다.

넷째, 학교와 학교 밖의 시민교육의 연계를 위해서 독일처럼 중앙 및 지방정부의 시민교육 기관은 신설할 수도 있지만, 기존의 정당, 시민사회단체 등을 활용하는 방안도 모색해야 할 것이다.

다섯째, 시민교육을 위한 교과목은 헌법 등 정치적인 주제를 다루면서 동시에 현대사회의 다양한 문제를 폭넓게 포함하여, 시민의 자질과 역량을 기르는 데 초점을 두어야 한다. 특히 학생들이 사회적 약자 등을 존중하면서 인류 보편의 가치인 인권과 민주주의, 지속가능발전에 헌신할 수 있도록 이끌어야 한다.

여섯째, 시민교육의 교재 구성 및 교수학습방법에 있어서 다양한 방법론과 다각적인 접근이 이루어져야 하며, 학생들의 자기 주도적 학습이 이루어지도록 해야 한다.

일곱째, 시민교육에 대한 평가 역시 다양한 방법을 활용하여 학생들의 시민 자질과 역량을 평가할 수 있도록 해야 한다.

제9장 미국 시민교육의 사례

1. 미국 시민교육의 개관

미국은 연방 국가로서 특정 사안에 대하여 주와 연방의 의견 중 어느 것을 우선시해야 하는가에 대한 논쟁을 벌이며 발전해 온 국가이다.[1] 또한, 건국 초기[2]부터 세계 각지에서 온 이주민들로 구성된 관계로, 이주민들 간의 이질성을 극복하고 민주주의 이념, 가치, 생활양식을 시민들이 공유하는 것이 국가적 과제였다. 남북전쟁 이후 국가적 통합이 더욱 강조되는 가운데 미국 시민으로서의 민주적 역량을 함양할 수 있도록 국가 및 사회통합을 위한 시민교육이 필요하였다.

따라서 미국의 초기 시민교육은 주로 역사, 헌법, 정치 등 미국 사회에 대한 애국심과 일체감을 고취시키는 데 초점이 맞추어졌다. 이처럼 19세기에 도입된 시민교육은 미국 사회에서 점차 강조되었으며 그 내용은 더욱 다양하게 되었다. 그리고 20세기 초에 사회과학에 기초를 두고 사회문제와 사회행동을 고려하는 민주주의 관련 교과로서 사회과가 하나의 교과목으로 등장하게 되었다. 관련 분야인 역사, 지리, 사회과학에서 무엇을 가르쳐야 하는가에 관련된 논란

---

1 미국은 역사적으로 연방주의자와 공화주의자 간의 대립으로 발전해 왔다. 여기서 연방주의는 강한 중앙집권체제에 대한 지지를 표방하는 사상을 말하며, 공화주의는 이에 대립되어 시민 혹은 주의 직접 참여를 좀 더 지지하는 사상을 말한다. 연방 혹은 각 주에서 발생하는 세세한 사안들에 대하여 연방주의자들과 공화주의자들이 대립되는 가운데 미국의 민주주의가 발전하였다(교수신문, 2017).

2 물론 미국 건국 이전에도 원주민들이 존재하여 나름의 공동체를 이루며 살고 있었다. 그러나 근대적 통치체계를 가진 북아메리카의 독립국가는 미국이 최초라 할 수 있을 것이다. 그래서 건국이라는 단어를 사용하였다.

끝에 1916년, 사회문제와 쟁점을 강조하는 진보주의 색채의 시민교육이 도입되었다(음선필, 2013: 37).

1950년대 후반, 미국과 소련 양 진영 간 냉전 시기가 본격화되는 와중 소련이 세계 최초로 인공위성 발사에 성공하게 되자 미국은 큰 충격을 받게 되었다. 특히 1960년대 이후 미국의 민권운동과 베트남 전쟁, 유럽의 68운동 등과 같은 거대한 사회 변동 속에서 미국의 시민교육도 변화를 맞이하였다. 미국의 시민교육은 정치 구조와 참여, 인권, 관용, 비판적 사고, 문제해결 등 사회 구성원으로서 갖추어야 할 지식과 책임감, 태도를 강조하게 되었다(음선필, 2013: 37).

이처럼 미국의 시민교육은 입헌 민주주의의 기본적 가치와 원리에 헌신하는 유능한 시민을 길러 정치 생활에 정통하며 책임 있게 참여하게 하는 데 그 목적이 있다. 그런데 이러한 효과적이고 책임 있는 참여를 촉진하기 위해서는 지식과 지적·참여적 기능이 요구된다. 또한, 정치과정에 참여하고 정치 체제의 원활한 운영과 사회발전에 기여할 수 있는 개인의 역량을 고양할 수 있는 일정한 성향(disposition) 내지 덕성이 요구된다. 이로 인해 시민교육의 주요한 내용으로 시민적 지식(civic knowledge), 시민적 기능(civic skill), 시민적 태도(civic attitude, civic disposition)가 강조된다(음선필, 2013: 38).

결국, 미국 시민교육의 목적은 민주주의 체제 유지와 운영을 위해 시민들이 민주적 태도, 기능 및 가치를 함양하는 것이다(전득주, 2002: 50; 최종덕, 2007: 4). 그리고 이러한 미국의 시민교육은 기본적으로 학교를 무대로 실시되었으며 청소년을 교육의 대상으로 하였다. 비록 미국에서 모든 학교가 지켜야 하는 국가 수준의 통일된 시민교육 교육과정은 존재하지 않았지만, 주 교육위원회나 학교별로 시민교육을 위한 사회과(social studies) 교육과정을 구성하여 운영하고 있다. 주로 연방정부의 지원을 받은 교육연구기관이나 주정부와 주교육위원회 또는 미국사회과 교육학회(National Council for the Social Studies)에서 교육과정이나 교육 프로그램들을 연구·개발하여 각급 학교(K-12)의 사회과 교육의 방향과 지침을 제공하고 있다. 그 결과 미국의 모든 학교에서 학생들은 사회과를 중심으로 시민교육에 관련된 과목을 수강하고 있다. 하지만 이러한 교과목으로서의 시민교육은 실천적인 연습이나 기능과 연계되기보다 미국사, 미국 정부에 대한 암기를 위한 교과목으로 인식되는 부분도 있다.

한편, 학교 밖에서도 여러 기관이 자율적으로 시민교육을 위한 프로그램 개발과 적용에 힘쓰고 있다. 미국에서 학교 밖 시민교육을 담당하는 주체는 주로 가정, 지역사회단체, 정당, 종교단체, 대중매체, 노동단체를 포함한 이익집단, 군대, 정부 기관 등이다. 미국에는 독일의 '연방정치교육원'이나 일본의 '공민관'과 같은 공식적인 시민교육 기관은 없지만, 여러 민간단체를 통해 다양한 차원의 시민교육이 실시되고 있다. 시민교육센터(Center for the Civic Education), 헌법권리재단(Constitutional Rights Foundation), 길거리의 법(Street Law) 등이 대표적인 사례이다. 이 밖에도 다양한 주제와 계층을 대상으로 한 시민교육 기관이나 단체가 활동하고 있다.

2. 미국의 학교 시민교육

미국은 시민교육을 학교 교육과정, 특히 사회과에서 강조해 왔다. 학교 교육과정은 미국사회과 교육학회(National Council of Social Studies)의 교육과정 기준(standards), 주의 교육과정 기준(standards), 카운티 교육과정의 목표지점(benchmark) 등을 기반으로 학교는 연간 계획을 만들고 그 계획에 따라 과목 담당 교사들은 수업을 한다. 일반적으로 미국의 경우 유치원(K) 과정이 초등학교에 포함되어 의무교육으로 제공되기 때문에 주와 카운티에서 편성하는 교육과정은 K-12, 즉 유치원부터 12학년까지이다. 하지만 주에 따라서 유아원(pre-K) 과정 역시 교사들이 참조할 수 있도록 주 단위의 표준 교육과정을 제공하기도 한다.

또한 졸업 시험을 통과해야 졸업이 가능한 주도 있는데, 이 시험에는 시민교육과 관련된 시험이 있는 주도 있다. 2018년 기준 17개 주의 학생들은 이민자들에게 주어지는 미국 시민권 획득 시험을 응시해야 졸업을 할 수 있으며, 이 중 8개 주에서는 미국 시민권 획득 시험을 통과한 학생들만 졸업할 수 있다. 시민권 획득 시험을 졸업 요건의 필수로 만든 정책은 '조 포스 협회(Joe Foss Institute)'와 같은 애국심을 강조하는 단체에서 주도하여 관철시킨 정책인데, NCSS는 이에 대해 시민교육을 특정 내용의 지식을 공부하는 것으로 환원시킨다고 비판하였다. 한편 학교 교육과정에 외부 단체의 교육과정이 일부 통합되어 운영되는 사례도 많아 외부 단체의 교육 프로그램과 학교 교육과정의 경계가 불분명한 경우도 있다. 예컨대 시민교육센터(Center for Civic Education)에서 제공하는 '우리는 시민(We the People)'[3] 모의 청문회 프로그램의 경우 전체 혹은 일부 내용이 정규 교육과정과 결합되어 학생들에게 제시되는 경우가 있다.

시민교육은 시민권 획득을 위한 교육과정과 시민 참여를 위한 교육과정으로 나눌 수 있다. 시민권 획득을 위한 교육과정은 시민권 획득 시험을 준비하는 교육과정으로 구성되는 반면에, 시민 참여를 위한 교육과정은 흔히 지역사회에서의 봉사활동(service learning)과 연계되어 이루어진다. 일견 미국의 경우 시민 참여를 위한 교육과정을 중시하는 것처럼 보인다. 그러나 미국 모든 주 교육과정에 대한 조사를 바탕으로 한 스튜트빌과 존슨(Stuteville & Johnson, 2016)의 분석에 따르면 미국의 시민교육은 연방과 주 헌법에 수록된 시민의 권리와 의무, 연방과 주의 행정·입법·사법부와 같은 법적 기관과 관련된 지식을 가르치는 법적 관점(legal perspective)에만 초점을 맞춘다는 지적이 있다.

이는 미국 사회에 차지하는 외국태생 이민자 비율만 2016년 기준 4,370만 명으로 전미 인구의 13.5%에 달하는 것(Radford, J. & Budiman, A., 2018)과 더불어, 특히 이민자 출신 비중이 높은 히스패닉과 아시아계 시민의 최근 투표율을 감안한다면(United States Census Bureau, 2016, Table 4b), 이민자 대상으로 가장 기본적인 참여 방법인 투표 방법에 대한 교육부터 강화할 필요가 있다. 법적 관점과 내용을 주로 가르치는 경향에 대한 비판은 많다. 예를 들어, NCSS의 경우 조 포스 협회의 주도로 확산되고 있는 공립학교 졸업요건에 시민권 획득 시험의 합격을 포함하는 경향에 대하여 비판하고 있으며(Education Week, 2018), 학계에서는 지역사회 활동을 통하여 학생들이 좀 더 시민으로서 참여할 수 있는 방안을 강조하는 편이다. 그러나 그 방안이 학교 및 주 단위의 시민교육에 적용되지 않을 수도 있다.

따라서 학계의 이론보다는 각 학교가 실제로 참고하게 되는 학교 시민교육

3 정확하게 번역하자면 '우리는 인민(people)'이 맞겠으나 한국 사회에서 '인민'이 주는 부정적인 어감을 감안하여 시민으로 번역하였다. 시민성, 즉 시민의 자격에 대한 프로그램이므로 시민이라 번역해도 무방하다. 그러나 엄밀한 의미로는 주권자로서 인민들이 헌법 제정과 정부 수립을 하고 헌법에 의해 권리와 의무를 규정받는 시민으로서 지위를 얻는 것이다.

관련 문서 및 주 교육과정을 중심으로 시민교육에 대하여 논하고자 한다. 논의를 위해 사용될 자료는 모든 주를 대상으로 활동하는 단체가 만든 교육과정(예: NCSS 교육과정 기준 및 C3 Framework), 주지사 및 교육감 등 주의 교육을 대표하는 사람들이 구성한 협의체에서 만든 교육과정(예: 공통핵심교육과정, Common Core State Curriculum Standards, CCSCS)과 같은 문서이다. 특히 실제로 학교에서 사용되는 주 수준 교육과정을 소개하려고 한다.

주의 교육과정이 제정될 때에는 일반적으로 NCSS 교육과정 기준, CCSCS, NCSS의 C3 framework 등을 참고한다. 이들 중 NCSS 교육과정 기준은 1994년 처음 발표되었으며 2010년 개정되었다. 개정의 목적은 사회과 교수, 학습, 평가와 관련해서 좀 더 명확하게 교육과정의 목표를 진술하며 각 영역 간의 일관성을 증진시키려는 데에 있었다(NCSS, 2010).

NCSS 교육과정은 스트랜드(strand)로 구성되어 있다. 스트랜드는 유치원(K)부터 12학년까지 모두 적용되며 학습 주제, 주제 탐색을 이끄는 질문, 답을 만드는 데에 필요한 지식, 답을 찾기 위한 과정, 과정을 거치게 되면 생성되는 결과물로 구성된다. 스트랜드는 '문화', '시간·영속성·변화', '인간·장소·환경', '개인의 발전과 정체성', '개인·집단·제도', '권력·권위·통치', '생산·분배·소비', '과학·기술·사회', '세계적 연결', '시민적 이상과 실천' 등 10가지 주제에 맞추어 생성된다.

이 중 '권력·권위·통치'에 대한 스트랜드의 일부를 표 1에서 소개한다. 표 1에서 보듯이 학교급에 따라 탐색 질문, 지식, 과정, 산출물이 다르다. 최종 산출물은 학생들이 만든 목록, 헌법, 작문과 같은 결과물이다. 과정과 산출물은 모두 평가 대상이다.

표 1 '권력 · 권위 · 통치'에 관한 NCSS 스트랜드

	초등학교 수준	중학교 수준	고등학교 수준
탐색 질문	어떻게 권력을 갖는가?	무엇이 권위이고 권위의 범위는 어떻게 결정되는가?	무엇이 권위의 적절한 범위이며, 또한 무엇이 권력과 권위의 제한 범위인가?
지식	학습자는 규칙, 법률이 질서를 유지하고 개인의 권리를 보호함을 이해한다.	권리가 미국 최상위 법인 미합중국 헌법으로 보장됨을 이해한다.	학습자는 시민 불복종이 정당화되는 시점과 법치 존중의 필요성을 이해한다.

	초등학교 수준	중학교 수준	고등학교 수준
과정	학습자는 개인과 집단의 권리 및 책임과 관련된 이슈를 보다 넓은 사회(공동체)와 관련지어 탐색한다.	학습자는 보편 복지와 관련되어 나타나는 개인과 집단의 권리 관계를 탐색한다.	학습자는 보편 복지와 관련되어 개인과 집단의 권리, 책임, 역할, 지위와 관련해서 지속적으로 제기되는 이슈를 탐색한다.
산출물	학습자들은 학급을 공정하게 지탱해 주는 규칙의 목록을 작성하여 자신들이 이해한 바를 보여줄 수 있다.	학습자들은 학급을 공정하게 통치하는 계획으로서의 학급 헌법 제정을 통해 자신들의 이해한 바를 보여줄 수 있다.	학습자들은 서로 다른 헌법들을 비교, 대조하고 다양한 통치 형태를 분석한 뒤 작문을 함으로써 자신들의 이해한 바를 보여줄 수 있다.

* 출처: NCSS(2010: 46-48)

NCSS 교육과정 외에 주 수준 교육과정을 구성할 때 참조하는 문서는 CCSCS이다. CCSCS는 문해력과 수리력의 향상을 염두에 두고 제시된 교육과정이다. 그래서 직접적으로 관련이 있는 교과는 영어와 수학이다. 그러나 문해력의 경우 영어로 적힌 모든 텍스트, 예를 들어 사회과 텍스트에도 적용되는 만큼 6학년부터 12학년 과정의 학생들이 향상시켜야 할 사회과의 문해력 기준이 CCSCS에 포함되어 있다. 예컨대 '어떤 학년의 학생들은 1, 2차 자료를 분석하고 이를 인용하여 작문하는 법을 자신의 학년 수준에 맞게 학습한다.' 등으로 되어 있다.

문제는 CCSCS의 기준이 어디까지나 문해력을 기르기 위한 기준이므로 사회과 고유의 내용 및 학생 활동을 강조하는 교육과정 기준을 제안할 필요가 있었다. 무엇보다 학생들의 고교 졸업 후 진로까지 고려한 교육과정 기준의 필요성이 대두되었다. 이에 2013년 NCSS는 '직업, 대학, 시민의 삶을 위한 틀(Career, College, and Civic Life Framework, C3 Framework)'을 제안하였다.

C3 Framework의 기본 목적은 "직업, 대학, 시민의 삶을 학생들이 준비하는 데에 필요한 개념, 기능, 학문적 도구에 대한 지침을 주정부에 제공"하는 데 있다(NCSS, 2013: 46-48). C3 Framework 지침은 4가지 차원으로 이루어진 탐구 절차(Inquiry Arc)로 구성되어 있다. 이 중 차원 1은 "질문을 발전시키고 탐구를 계획하는 것"이며 차원 2는 "분과(학문)별 개념과 도구를 적용"하는 것이다. 차원 3은 "자료를 평가하고 근거를 이용하는 것"이며 차원 4는 "결론에 대하여 의사소통하고 논리에 입각한 행위를 취하는 것"이다(NCSS, 2013: 17). 각 차원에 해당하는

기준 중 시민과 관련된 예는 표 2와 같다.

차원 1은 교사와 학생들이 탐색해야 할 질문으로 구성된다. 학생과 교사는 특정 질문이 왜 한 학기 또는 일 년의 프로젝트로 탐색해야 되는지에 대하여 협의하면서 질문을 만든다. 차원 2는 차원 1에서 생성된 질문을 탐색할 수

표 2 차원별 기준의 예(시민 관련)

차원	2학년말까지	5학년말까지	8학년말까지	12학년말까지
차원 1 질문 생성과 탐색	D1.2. K-2. 관심 질문과 연관된 분과(discipline)의 아이디어를 확인한다.	D1.2. 3-5. 관심 질문과 연관된 분과의 개념과 아이디어를 확인한다. 이때 개념 및 아이디어는 열린 해석이 가능하다.	D1.2. 6-8. 관심 질문과 연관된 분과의 개념과 아이디어의 해석 및 적용에 대하여 전문가들이 합의한 바를 설명한다.	D1.2. 9-12. 관심 질문과 연관된 분과의 개념과 아이디어의 해석 및 적용에 대하여 전문가들이 합의하고 합의하지 못한 바를 설명한다.
차원 2 분과별 도구와 개념의 선정 (시민 분과)	D2.Civ.9. K-2. 집단 안에서 의견을 표출하고 집단적 의사결정을 할 때 타인에게 주의 깊게 응답하면서 토론을 위해 합의된 규칙을 따른다.	D2.Civ.9. 3-5. 의사결정을 하고 집단으로서의 판단에 도달하기 위하여 숙의 절차를 사용한다.	D2.Civ.9. 6-8. 다양한 환경에 처한 서로 다른 여러 집단들이 사용하는 민주적 절차를 비교한다.	D2.Civ.9. 9-12. 다양한 환경에 맞추어 적절한 숙의 절차를 사용한다.
차원 3 증거를 이용한 자료 수집, 평가, 주장의 발전	D3.1. K-2. 자료의 출처, 구조, 맥락을 자료 선정의 지침으로 활용하면서 관련 자료를 하나 또는 두 개의 출처를 통해 수집한다.	D3.1. 3-5. 자료의 출처, 구조, 맥락을 자료 선정의 지침으로 활용하면서 다수의 관련 자료를 수집한다.	D3.1. 6-8. 자료의 출처, 권위, 구조, 맥락, 관련 가치를 자료 선정의 지침으로 활용하면서 다수의 관련 자료를 수집한다.	D3.1. 9-12. 자료의 출처, 권위, 구조, 맥락, 관련 가치를 자료 선정의 지침으로 활용하면서 다수의 관련 자료를, 다양한 의견을 대표할 수 있도록 수집한다.
차원 4 의사소통·결론·지적 활동	D4.6. K-2. 지역, 지방, 세계적 문제를 확인하고 이에 대해 사람들이 의사소통하는 방식을 확인한다.	D4.6. 3-5. 지역, 지방, 세계적 문제에 대하여 사람들이 직면하게 되는 도전과 기회에 대하여 해당 분야의 개념을 이용하여 발표할 수 있다.	D4.6. 6-8. 다양한 분야의 시각으로 특정 문제가 지역, 지방, 세계에서 드러나는 바를 살펴보고 그것의 성격, 원인, 그것이 주는 도전과 기회에 대하여 발표할 수 있다.	D4.6. 9-12. 다양한 분야 및 간학문적 시각을 가지고 특정 문제가 지역, 지방, 세계에서 다양한 맥락을 가지고 드러나는 바를 살펴보고 그것의 성격, 원인, 그것이 주는 도전과 기회에 대하여 발표할 수 있다.

* 출처: NCSS(2013)

있는 개념 및 탐색 도구(예: 설문, 인터뷰)를 결정하는 단계로 사회과의 분과 영역인 지리, 역사, 시민[4], 경제와 각각 연계된 기준이 예시로 제시된다. 차원 3은 차원 2에서 결정된 개념 및 분석 도구를 바탕으로 '자료의 수집과 평가', '주장의 발전과 증거의 사용'을 가능하게 하는 영역으로 구성된다. 차원 3은 차원 1과 같이 통합적으로 제시되며, 타당성과 신뢰성을 갖춘 자료를 적절하게 수집하는 것에 주안점을 둔다. 차원 4인 "의사소통·결론·지적 활동"은 차원 3에서 수집된 자료를 지적으로 분석하여 내려진 결론을 가지고 타인과 의사소통하는 데에 초점을 둔다.

이들 차원은 6개월 혹은 1년의 시민 교육과정을 설계하는 데에 활용될 수 있다. 이때 차원 1, 2, 3, 4에 해당하는 기준이 항상 순차적으로 배열될 필요는 없다. 차원 4의 기준까지 도달한 학생이 또 다른 주제에 대하여 다시 차원 1의 단계부터 시작할 수 있기 때문이다.

주의 교육부는 NCSS 교육과정 기준, CCSCS, C3 Framework 등을 토대로 주 수준 교육과정을 편성한다. 그리고 이를 참조하여 카운티에서는 카운티 수준 교육과정을 편성하여 과목을 제시하고, 학교에서 이를 가지고 학교 수준 교수학습 계획을 세운다. 대체로 주의 교육부는 NCSS 교육과정 기준, CCSCS를 가지고 주 수준 교육과정 기준을 편성하는데, 여기에 C3 Framework까지 이용하는 경우도 있고 그렇지 않은 경우도 있다. 미국에는 참고할 만한 주가 여럿 있지만 여기서는 인디애나, 아이오와, 로드아일랜드 주의 교육과정을 살펴보려고 한다. 이는 이들 주가 미국의 모든 주 및 자치령을 대표하지는 않지만 우리나라에서 참고할 만한 정도의 특기할 만한 면들이 있기 때문이다.

우선 인디애나 주의 경우 2014년에 사회과 교육과정이 제정되었으며 2018년에 대규모의 수정을 거쳤다. 그 결과 사회과에서는 '지리', '역사', '시민 및 정부', '경제' 등 4개 분과 영역의 교육과정이 제시되었으며, 각 영역에 따라 교육과정에 대한 설명 및 교육과정 기준이 제시되었다. 아이오와 주의 경우 2017년 사회과 교육과정이 제정되었으며, '지리', '역사', '시민 및 정부', '경제', '재정 문해력(financial literacy)', '행동과학' 등의 분과 영역이 있고, 각 영역에 따라 학년별

4 시민 영역은 "헌법적 민주주의에서는 생산적인 시민 참여를 위해 미국 민주주의의 역사, 원리, 근간에 관한 지식을 요구하며 또한 시민적·민주주의적 절차에 참여할 수 있는 능력을 요구"(NCSS, 2013: 31)하는 분과 영역이며 이를 학습한 사람들은 "개인적으로 또는 타인과 협력하여 공적 문제에 관하여 발표할 때, 지역사회를 유지, 강화, 형성할 때 참여"(NCSS, 2013: 31)할 수 있어야 한다.

기준이 제시되어 있다. 이 중 '시민 및 정부'가 시민교육과 깊이 관련된다. 로드아일랜드 주의 경우 2008년에 사회과 교육과정이 제정되었으며 대규모의 수정은 아직 없었다. '지리', '역사', '시민 및 정부', '경제'의 분과 영역으로 제시되어 영역 자체는 인디애나 주와 같다. 그러나 스트랜드 중심으로 구성되었다는 점[5]이 앞의 2개 주와 다르다.

이들 3개 주의 사회과 교육과정은 표 3 과 같다. 인디애나 주의 경우 특정 학년의 주제와 주제에 대한 설명, 교육과정 기준이 제시된다. 아이오와 주의 경우 주제에 대한 설명 없이 특정 학년의 주제와 교육과정 기준이 제시된다. 로드아일랜드 주의 경우 5가지 스트랜드가 존재하고 스트랜드에 맞는 교육과정 기준 및 교수학습 가능한 관련 주제가 학년별로 제시된다. 표 3 에서는 표 본문 중 주목할 만한 곳에 음영을 처리하였다.

표 3 인디애나, 아이오와, 로드아일랜드 주의 사회과 교육과정

<table>
<tr><th colspan="2">학교 · 학년</th><th>인디애나 주
(기준 설명)</th><th>아이오와 주
(기준의 일부)</th><th>로드아일랜드 주
(스트랜드 기준)</th></tr>
<tr><td rowspan="2">초등학교</td><td>K</td><td>함께 살고 학습하기
학교, 지역사회, 미국 시민임을 학습한다. 국가의 상징을 확인하고 왜 규칙이 필요한지를 이해하고 따르는 책임 있는 시민이 되는 것의 중요성을 이해한다.</td><td>공간과 장소
SS.K.8. 인간이 효과적으로 협동하여 그들의 교실 또는 지역사회를 향상시키기 위하여 결정하는 절차를 확인한다.
SS.K.9. 다양한 장소에서의 규칙을 비교, 대조한다.</td><td rowspan="2">C&G 1: 인간은 공동선을 이룩하기 위하여 권력 구조, 권위, 거버넌스를 창조하고 변화시킨다.
-관련 주제: 학급 규칙 만들기, 교칙과 지역사회 규칙(예: 인도로 다니기, 길 건너는 법, 과속 제한), 가족 규칙, 공공 안전(예: 경찰, 소방서, 환경미화, 동물규제) 등

C&G 2: 미국 헌법은 여러 기관으로 권력이 분산된 정부 기관을 세웠다.
-관련 주제: 미국 정부(유래, 구조, 목적), 미국 헌법, 권리장전 등

C&G 3: 미국 사회에서 모든 사람들은 권리와 책임을 갖는다.</td></tr>
<tr><td>1</td><td>집, 학교, 이웃
거버넌스의 의미를 설명, 왜 규칙과 법이 학교와 지역사회에 필요한지 설명, 개인의 권리와 책임 확인, 다양한 자료를 이용하여 정부의 기능과 시민의 역할에 대하여 학습한다.</td><td>지역사회와 문화
SS.1.9. 민주적 원리를 전형적인 예(예: 평등, 법적 자유(liberty), 권리로서의 자유(freedom), 개인의 권리 존중과 숙고)와 관련된 상황으로 설명하되, 위에서 언급한 예를 다루는</td></tr>
</table>

5 '시민 및 정부' 분과의 스트랜드는 5가지로 "C&G 1: 인간은 공동선을 이룩하기 위하여 권력 구조, 권위, 거버넌스를 창조하고 변화시킨다.", "C&G 2: 미국 헌법은 여러 기관으로 권력이 분산된 정부 기관을 세웠다.", "C&G 3: 미국 사회에서 모든 사람들은 권리와 책임을 갖는다.", "C&G 4: 인간은 다양한 방법으로 정치에 참여한다.", "C&G 5: 세계 사회와 연결된 구성원으로 우리는 지역적, 국가적, 세계적으로 영향력을 행사한다."에 해당한다.

학교 · 학년		인디애나 주 (기준 설명)	아이오와 주 (기준의 일부)	로드아일랜드 주 (스트랜드 기준)
			데에 그칠 필요는 없다. SS.1.10. 서로 다른 지역사회 및 문화 내의 규칙을 비교, 대조한다.	-관련 주제: 시민성(예: 법적 권리 및 책임), 미국 사회의 개인 및 집단 권리의 유래, 시민 책임과 리더십, 갈등 해결, 규칙과 결과) C&G 4: 인간은 다양한 방법으로 정치에 참여한다. -관련 주제: 선거, 지역사회 활동(예: 서베이, 청원), 정치와 정부, 지역사회 봉사, 환경(예: 지구의 날), 공공 안전 C&G 5: 세계 사회와 연결된 구성원으로 우리는 지역적, 국가적, 세계적으로 영향력을 행사한다. -관련 주제: 현재 사건/현대의 이슈들, 문화와 국가들 등
	2	지역사회 및 권역 왜 지역사회가 정부와 법을 가지고 있는지, 미국 사람들이 권리와 책임 모두를 갖고 있는지 지역사회 및 국가의 공동선에 기여할 수 있는 개인적 행동이 무엇인지를 확인한다.	선택과 결과 SS.2.9. 지역 이유를 결정하는 데에 관한 의견을 만든다. SS.2.10. 지역사회의 특정 문제를 해결하기 위한 효과적 전략을 결정해 본다.	
	3	지역사회 및 권역 사회 지역, 주, 국가의 시민이 되는 것의 의미를 설명한다.; 지역 정부가 제공하는 주요 서비스 및 정부 기능을 확인한다.; 지역, 주, 국가 정부에 관한 정보를 수집한다. 민주주의의 원리 및 실행에 관한 이해를 보여준다.	이주해 오기와 이주해 가기(Immigration and Migration) SS.3.10. 어떻게 규칙과 법이 사회에 영향을 주는지 설명한다. SS.3.11. 사회가 변화하는 모습에 대한 과거와 현재의 방식에 대한 예를 제시한다.	
	4	국가와 세계의 인디애나 인디애나 주 정부의 헌법적 모습에 대하여 묘사; 인디애나 정부의 세 부서에 관하여 설명; 시민의 권리와 책임에 대한 설명; 시민적/정치적 이슈와 문제에 관하여 탐구; 탐구 기능 및 차트, 그래프, 말하기 및 쓰기 형식으로 탐구 결과를 보고하는 커뮤니케이션 스킬 기르기; 시민의 덕목과 참여 기능을 행사함으로써 책임 있는 시민성이 있음을 보이기	변화와 연속성 SS.4.8. 시민적 덕(virtue) 및 민주주의 원리가 어떻게 정부와 사회를 안내하는지에 대하여 평가한다. SS.4.9. 특정한 법률 및 규칙이 사회를 변화시키는 방식에 대하여 설명한다. SS.4.10. 과거에 사회가 어떻게 변해 왔고 지금에도 변하고 있는지 설명한다.	C&G 1: 인간은 공동선을 이룩하기 위하여 권력 구조, 권위, 거버넌스를 창조하고 변화시킨다. -관련 주제: 마그나 카르타, 권리장전, 독립 선언문, 식민지의 타운 미팅의 기능, 코딩턴과 윌리엄 해리스, 미국 혁명, 로드아일랜드 로열 차터, 로드아일랜드 헌법 C&G 2: 미국 헌법은 여러 기관으로 권력이 분산된 정부 기관을 세웠다. -관련 주제: 헌법 구조, 독립선언서, 연방법, 연방주의자들의 신문, 로드아일랜드의 권력 분립, 주의 권한 등 C&G 3: 미국 사회에서 모든 사람들은 권리와 책임을 갖는다. -관련 주제: 유엔인권선언문, 학생
	5	미국: 공화국의 근간 미국 정부의 주요 요소 및 성격을 확인한다. 시민 및 정치적 삶을 형성하던 식민지 및 국가 수립 시기에 정	권리와 의무 SS.5.10. 독립선언서와 헌법이 어떻게 정부, 사회, 지역사회의 결정에 영향을 주는지 설명한다.	

학교 · 학년		인디애나 주 (기준 설명)	아이오와 주 (기준의 일부)	로드아일랜드 주 (스트랜드 기준)
		부에 대한 주요 아이디어를 설명한다.	SS.5.11. 교실, 학교, 정부, 사회에서 사람들이 규칙을 변경하는 절차에 대하여 설명한다. SS.5.12. 법, 규칙, 절차가 시간에 따라 어떻게 권리를 제한, 보호, 확장해 왔는지를 설명한다.	인권선언문, 학교, 정부, 시민권 운동, 국제아동권리, 불문법 vs. 성문법, 임무 vs. 의무, 공공선 vs. 개인 필요, 풀뿌리 운동, 토지 수용권 등 C&G 4: 인간은 다양한 방법으로 정치에 참여한다. -관련 주제: 민주당원, 공화당원, 학생회, 대통령 선거인단, 국민투표, 타운 미팅, 정당, 정치 이념, 로드아일랜드의 정치 문화(예: 공화당 정부와 다수파 민주당), 정당 체제 및 노동 조직, 이익집단(7~8학년) C&G 5: 세계 사회와 연결된 구성원으로 우리는 지역적, 국가적, 세계적으로 영향력을 행사한다. -관련 주제: 교통, 통신, 기술 등으로 상호 교류하는 것, 국제사회 문제의 해결 및 무역 등
중학교	6	유럽과 아메리카의 인간과 장소 다양한 역사적 시기의 정부 형태를 유럽과 미국의 현대 정치 구조와 비교하고 서로 다른 정치 체제에서 개인이 갖는 권리와 책임에 대하여 조사한다.	세계의 지역과 문화 시민 관련 기준 없음	
	7	아프리카, 아시아, 남태평양의 인간과 장소 다양한 역사적 시기의 정부 형태를 아프리카, 아시아, 남태평양 국가의 다양한 정치 구조와 미국의 현대 정치 구조를 인간의 권리, 시민으로서의 역할, 권력과 관련하여 비교한다.	현대 세계 연구 SS.7.15. 정부·비정부 상황에서 나타나는 세계시민으로서의 권력, 책임, 집단 이익, 미디어에 대하여 탐색한다. SS.7.16. 국제 합의, 국제법, 국제조약의 시작, 목적, 영향에 대하여 탐색한다. SS.7.17. 정치, 시민, 경제 기구가 사람의 삶에 영향을 주면서 하게 되는 역할을 설명한다.	
	8	미국 역사: 성장과 발전(1877년까지) 미국의 근간이 되는 문서에 실린 입헌 정부 및 시민성에 관련된 주요 원리를 설명한다. 어떻게 세 가지 정부기관이 연방 속에서 권력을 나누어 가지면서 상호 견제하는가에 대하여 설명한다.	미국 역사와 시민적 사상 SS.8.13. 다양한 정부, 비정부 상황에서 시민, 정당, 미디어의 권력과 책임에 관하여 설명한다. SS.8.14. 미연방 헌법 및 다른 문서에 근거하는 권력분립, 관료제 및 기타 시스템의 기능과 원천에 대하여 설명하고 그것들이 시민에 대하여 갖는 효과를 설명한다.	

학교 · 학년		인디애나 주 (기준 설명)	아이오와 주 (기준의 일부)	로드아일랜드 주 (스트랜드 기준)
고등학교	9~12	인디애나 연구 '역사', '시민과 정부', '지리', '경제', '개인·사회·문화'의 5가지 분과에 각각 결부된 기준 존재 미국 정부 기준 1: 정치, 정부의 속성 기준 2: 미국 내 삶에서 정부의 근간 기준 3: 미국 정부의 목적, 원리, 기관 기준 4: 국제 관계에서의 미국과 타국의 관계 기준 5: 미국 내 시민의 역할	시민과 정부 역사적 근간과 미국 민주주의 원리에 대한 지식을 함양하고 생산적인 시민 참여를 강조한다. 또한 지역, 주, 국가의 각 기관이 갖는 특유의 절차를 이해하는 데에 초점을 맞춘다.	C&G 1: 인간은 공동선을 이룩하기 위하여 권력 구조, 권위, 거버넌스를 창조하고 변화시킨다. -관련 주제: 다양한 환경 속에서(예: 집, 학교버스, 교실, 학교 식당)의 규칙, 규칙의 필요성, 규칙 제정자, 다양한 정부 형태(예: 독재, 민주정, 신정, 공화정, 의회민주정, 입헌군주정) 특징 및 비교. 지역의 공공 서비스(예: 우편, 경찰, 소방, 환경미화) 비교 C&G 2: 미국 헌법은 여러 기관으로 권력이 분산된 정부를 세웠다. -관련 주제: 과거와 현재 사건과 관련하여 나타난 정부 형태(예: 연방, 주, 로컬 정부, 연방 정부의 각 부처) 조사. 미국 민주주의 전통과 관련된 문서 분석(예: 연방 헌법, 주 헌법, 주요 대법원 판례 등) C&G 3: 미국 사회에서 모든 사람들은 권리와 책임을 갖는다. -관련 주제: 자유의 범위와 제한(예: 표현의 자유 vs. 학교 드레스코드, 모국어 말할 권리 vs. 영어 단독 인정(English-only) 정책: 생활 임금 보장 vs. 최저 임금 보장, 시민의 자유 vs. 국가 안전 보장) C&G 4: 인간은 다양한 방법으로 정치에 참여한다. -관련 주제: 과거와 현재의 논쟁적 이슈에 대한 관점(예: 이민, 환경 정책, 베트남 전쟁 참전, 브라운 vs. 교육부 대법원 판결) C&G 5: 세계 사회와 연결된 구성원으로 우리는 지역적, 국가적, 세

학교 · 학년		인디애나 주 (기준 설명)	아이오와 주 (기준의 일부)	로드아일랜드 주 (스트랜드 기준)
				계적으로 영향력을 행사한다. -관련 주제: 과거와 현재의 이슈에 대한 분석 및 평가(예: 자유 무역 vs. 공정무역, 테러리즘 축출 vs. 의료 서비스를 누릴 권리)

* 출처: Indiana State Department of Education(2018), Iowa Department of Education(2018), Rhode Island Department of Education(2012)

인디애나 주의 4학년을 주목해 보자. 이 시기의 학생들은 주정부와 연방정부를 함께 공부한다. 그리고 9~12학년에 학생들이 필수로 수강하는 주제가 제시되는데 '인디애나 연구'와 '미국 정부'이다. 일반적으로 고등학교의 경우 학생들이 '미국 정부'에 대한 과목을 '미국 역사'와 관련된 과목과 함께 필수로 수강하는 만큼 인디애나 주의 '인디애나 연구'는 이색적이다. 아이오와 주의 경우 인디애나 주와 비교했을 때 주에 대한 강조가 덜한 편이다. 대신 '선택과 결과' 등과 같이 의사결정을 하고 이를 실행한 후 그 결과를 받아들이는 과정과 관련된 주제가 나타난다. 또한, 6학년에는 시민교육과 관련된 부분이 없다. 스트랜드 위주인 로드아일랜드 주의 경우 K~3학년, 4~8학년, 9~12학년 등 학년군별로 교육과정 기준을 제시하는데, 이 중 4~8학년은 초등학교와 중학교 과정을 모두 포함한다. 이는 중학교를 초등학교의 연장이자 고등학교로 가는 중간 단계 정도로 간주한 시각을 반영한 듯하다.

이러한 교육과정 기준들은 학년별 주제에 반영되는데, 인디애나, 아이오와, 로드아일랜드 주 이외에 캘리포니아, 조지아, 오클라호마, 애리조나 주에서 특정 학년에서 가르치는 주제(topic)를 어떻게 배치하는지를 살펴보면 표 4와 같다. 표 4의 4개 주 모두 지리, 역사, 시민, 경제를 분과 영역으로 한다. 물론 이 주들이 표준은 아니지만 상당수의 주가 지리, 역사, 시민/정부, 경제를 분과 영역으로 하고 메릴랜드, 아이오와 등 일부 주에서는 재정문해력(financial literacy)이나 행동과학이 포함된다.

표 4 학년별 주제의 비교

	캘리포니아 주	조지아 주	오클라호마 주	애리조나 주
대규모 개정 연도	2001년(소소한 개정은 꾸준히 있었음)	2016년	2012년	2018년
관련 분과	역사, 지리, 경제, 시민/정부	역사, 지리, 경제, 미국 정부와 시민	역사, 지리, 경제, 시민	역사, 지리, 경제, 시민
Pre-K	없음	없음	사회 연구(Social Studies): 우리 미국	없음
K	현재와 과거에 대한 학습과 노동	미국의 근간	사회 연구: 미국의 상징	시민으로서의 어린이
1	시간과 공간 속에서의 학생의 장소	우리 미국의 유산(heritage)	사회 연구: 미국의 영웅	지역사회: 함께 살고 일하기
2	차이를 만든 사람들	조지아, 우리 주	사회 연구: 우리 민주주의의 유산(heritage)	내 주변의 세계
3	영속성과 변화	미국 역사 1년차: 미국 인디언 문화부터 식민지화까지	사회 연구: 오클라호마 연구(Oklahoma[6] Studies)	애리조나 연구(선사시대부터 현재)
4	캘리포니아: 변화하는 주	미국 역사 2년차: 혁명부터 재건까지	미국 연구: 지역 지리 및 역사	미국의 지역과 문화(유럽과 아메리카의 만남, 유럽인들의 정착부터 1763년까지)
5	미국 역사와 지리: 새로운 국가를 건설하기	미국 역사 3년차: 산업화부터 디지털시대까지	미국 연구: 미국의 건설-근간, 형태, 국가로서의 미국 변화, 1607~1806년	미국 연구(미국 혁명(1763년)부터 산업주의(1900년대)
6	세계 역사 및 지리: 고대 문명	라틴 아메리카, 캐리비언 및 캐나다, 유럽, 오스트레일리아	세계지리: 서반구-어디의 이유: 장소, 정착 패턴, 세계적 상호작용	세계 연구: 동반구 세계의 지역과 문화(고대 문명부터 르네상스 및 개혁 시기까지)
7	세계 역사 및 지리: 중세 및 근대	아프리카, 남서 아시아(중동), 남부 및 동부 아시아	세계지리: 동반구-어디의 이유: 장소, 정착 패턴, 세계적 상호작용	통합적 세계 연구(과학 혁명 & 계몽시기-현재까지)
8	미국 역사 및 지리: 성장과 갈등	조지아 연구(Georgia Studies)	미국 연구: 미국의 건설-근간, 형태, 국가로서의 미국 변화, 1754~1877년	오늘날 사회의 시민성 및 시민참여

6 한국에서는 social studies를 사회과 혹은 사회과 교육이라고 번역하지만 오클라호마 주의 경우 social studies, American studies, Oklahoma studies를 구분하므로 사회 연구, 미국 연구, 오클라호마 연구로 각각 적는다.

	캘리포니아 주	조지아 주	오클라호마 주	애리조나 주
9	역사-사회과 선택 과목	여러 필수 선택과목 중 '미국 정부 및 시민'이 시민교육과 관련된다.	여러 필수 선택과목 중 '미국 정부: 모든 사람을 위한 자유-권리의 보장과 책임의 확인'이 해당한다.	여러 필수 선택과목 중 '미국 정부 및 시민'이 시민교육과 관련된다.
10	세계 역사, 문화, 지리: 현대 세계			
11	미국 역사 및 지리: 21세기의 영속성과 변화			
12	미국 민주주의의 원리 (1학기)			

* 출처: Arizona Department of Education(2018), Georgia Department of Education(2016), Oklahoma Department of Education(2014), California Department of Education(2017)

표 4에서 알 수 있듯이 대부분의 주에서는 Pre-K 또는 K에서 2학년까지는 대개 미국 및 지역사회와 자신의 관계를 학습한다. 다만 캘리포니아 주보다는 조지아나 오클라호마 주가 미국과 관련된 주제를 강조하고 있다. 3-8학년까지는 자신이 속한 주의 역사, 지리, 정부에 관한 내용과 세계의 역사 및 지리에 관한 내용으로 구성된다. 자신이 속한 주 정부에 대하여 좀 더 낮은 학년에 학습하기도 하고 좀 더 높은 학년에서 학습하는 차이는 있지만 3-8학년 전체를 볼 때 학습하는 내용은 비슷하다. 9-12학년의 경우 필수과목인 '미국 정부' 또는 '미국 정부와 시민' 과목을 학습하며 이를 대체할 수 있는 몇 가지 과목이 존재한다. '미국 정부와 시민' 과목에는 주로 정치, 법에 관련된 내용을 학습한다.

그림 1은 조지아 주의 '미국 정부' 과목의 교육과정 지도(curriculum map)의 예로서 한 학기 동안 학습할 단원의 대략적인 배치까지 알려준다. 총 12개로 이루어진 단원 중 1, 2, 9단원만 제시한다.

기준: 특정한 기준보다는 전반적이고도 영속적인 이해의 증진에 초점	SSCG1, SSCG2	SSCG13, SSCG14
1단원: 미국 정부/시민의 주제를 연결하기	2단원: 미국 정부의 근간	9단원: 사법부와 형법적 정의(criminal justice)
이 단원에서 학생들은 다음 주제들의 연결을 소개 받는다: • 믿음과 사상 • 갈등과 해결 • 권력 분립 • 개인, 집단, 기관 • 법치	• 권력의 지리적 분립 • 독재정, 과두정, 민주정 • 대통령제 vs. 의원내각제 • 직접 민주주의, 대의 민주주의 • 민주정과 공화정 • 마그나카르타/권리장전/권리청원 • 홉스, 로크, 루소, 몽테스키외/초기의 사상과 독립선언서에 대한 영향	• 연방 법관의 선출과 승인 • 사법부: 원심과 항소심 • 연방 법원 vs. 주 법원 • 대법원(마베리 vs. 메디슨) • 사법 심사/사법 소극주의 • 본안 심리 판결의 대상 사안 선정 및 심판 • 권리의 적절한 절차: 수정헌법 4, 5, 6, 14조 • 형사 사법 절차/민법 vs. 형법 절차와 형사 처벌

* 출처: Georgia Department of Education(2018b)

그림 1 조지아 주 교육과정 지도 예시의 일부

각 단원의 주제들은 입법, 사법, 행정부가 구성·운영되는 원리와 실제에 대하여 다루고 있다. 학문적 기준으로 볼 때는 정치학과 법학이 주로 연관된다고 할 수 있다. 심화 과목들 역시 정치, 법 단원들을 다루고 있다고 할 수 있는데, 조지아의 경우는 '리더십', '윤리와 법', '개인과 법', '헌법 이론' 'AP 정부/정치: 미국', 'AP 정부/정치: 비교'가 이에 해당한다. 다른 주들의 경우에도 'AP 미국 정부', '개인과 법', 'AP 비교 정부' 등이 공통적으로 심화 과목이며 다른 과목들도 역시 주로 정치, 법 영역과 관련된다.

이들 선택과목 중 일부는 고등학교가 아니라 대학 과목으로 개설되고 학생들이 이를 수강하는 형태로 이루어지기도 한다. 그렇게 수강한 과목의 학점은 필수인 '미국 정부 및 시민' 과목의 학점을 대체할 수도 있으며, 선택과목의 학점으로 인정될 수도 있다. 시민교육은 시민 분과 영역의 관련 과목에서만 이루어지는 것으로 보이지만, 역사와 지리 같은 타 분과 영역에서도 시민교육이 다루어지고 있다. 표 5는 지리 및 역사 영역과 결합된 시민교육 내용이다.

표 5 역사, 지리와 결합되어 나타나는 시민교육 관련 기준

학년	학년별 성취기준
4	미국 역사 2년차: 혁명부터 재건까지 SS4CG1 다음의 의미를 설명하라. a. 독립선언서에 나타난 자연권(인간다운 생활을 할 권리, 지배로부터 자유로울 권리, 행복 추구권) b. 미국 헌법 서문 "We the People"과 헌법 본문에서 지배와 대중 주권에 대한 동의를 반영한 것 c. 연방제(연방 권력, 주 권력, 공동의 권력) d. 민주적/공화적 대표
7	아프리카, 남서 아시아(중동), 남부 및 동부 아시아 SS7CG1 정부에서의 다양한 시민참여 방법에 대하여 비교하고 대조하라. a. 독재정과 민주정의 시민 참여의 역할에 대하여 설명하라. b. 민주 정부의 두 가지 대표적인 형태에 대하여 묘사하라: 의회중심제와 대통령제 c. 남아프리카 공화국(의회 민주주의), 나이지리아(대통령제 민주주의), 케냐(대통령제 민주주의)에서 지도자를 선출할 때의 시민의 역할에 대하여 설명하라. SS7CG2 아프리카에서 정부의 불안정성이 어떻게 사람들의 삶의 기준에 영향을 미쳤는지를 분석하라. a. 아프리카의 질병과 기근에 대응하는 데 있어서 정부의 불안정성이 교육에의 접근, 의료와 식량의 분배에 영향을 미친 바를 설명하라. (중략) SS7CG4 다양한 정부의 형태를 비교하라. a. 독재와 민주정에서 시민 참여의 역할에 대하여 설명하라. [예: 중국(공산주의), 일본(의회 민주주의), 북한(독재), 남한(대통령제 민주주의), 인도(의회 민주주의)] b. 민주 정부의 두 가지 대표적인 형태에 대하여 묘사하라: 의회중심제와 대통령제.

* 출처: Georgia Department of Education(2016: 52-58)

표 5에서 4학년은 미국사, 7학년은 세계지리에 해당한다. 4학년 학생들의 경우 미국사에서 중요한 위치를 차지하는 문서인 독립선언서와 미국 헌법을 학습하며 자연권, 국민주권주의 등의 시민교육과 연관되는 개념을 함께 학습한다. 7학년 학생들은 아프리카의 인문지리에 대하여 학습하면서 아프리카 국가의 정부 형태와 미국의 정부 형태를 비교할 기회를 갖는다. 이렇듯 미국의 경우, 시민교육 관련 내용은 학교에서 상당한 분량을 차지하고 있다. 게다가 이런 상황에서 일부 주는 시민권 획득 시험 응시(17개 주) 또는 합격(8개 주)을 고등학생들의 졸업 요건으로 삼는다. 또한, 학교 밖 시민교육 기관에서 여름 방학 프로그램이나 사회과의 시민교육 분야에서 사용할 수 있는 프로그램을 제공하여

학생들에게 시민교육을 실시한다.

3. 미국의 학교 밖 시민교육[7]

학교 밖 시민교육 프로그램은 상당수 어린이와 청소년 대상 프로그램이다. 가장 유명한 기관은 'We the People(우리는 시민)' 교재의 개발 및 보급 기관으로 알려진 시민교육센터(The Center for Civic Education)이다. 시민교육센터는 1965년 캘리포니아 대학교(LA, 이하 UCLA)에서 시작된 NGO로서 미국 주, 특별구, 미국령 및 8개의 해외 국가에 시민교육 프로그램을 제공하는 활동을 한다(The Center for Civic Education, 2018, para 1). 구체적으로 시민교육센터는 학생들이 "헌법적 민주주의와 이를 뒷받침하는 근본 원리와 가치에 대한 이해", "능력과 책임 있는 시민으로서 참여하기 위하여 필요한 기능", "의사결정과 갈등관리를 위해 민주적 절차를 이용하고자 하는 의지"를 기르는 것을 목적으로 한다(The Center for Civic Education, 2018, para 3).

이러한 목적을 달성하기 위한 주력 프로그램은 일종의 모의 청문회 프로그램인 '우리는 시민: 시민과 헌법(We the People: The Citizens and the Constitution)'과 '우리는 시민: 프로젝트 시민(We the People: Project Citizen)'이다. '우리는 시민: 시민과 헌법' 프로그램은 국가 단위 모의 청문회(simulated congressional hearing) 프로그램이다. 학생들은 시민교육 관련 과목을 통하여 '우리는 시민' 교재로 미국 혁명, 국가 건설 및 건설 과정에서의 사건, 시민으로서의 참여에 대하여 학습하며 학년 말에 미연방 전역에 적용되는 정치 이슈에 관한 에세이를 써서 학부모와 지역 주민 앞에서 연설한다.[8]

---

7 미국 학교의 교과 외 시민교육은 학교 밖 시민교육과 연계되어 있어서 학교 밖 시민교육을 다루는 것으로 대신하려고 한다.

8 모의 청문회 프로그램이 초등학교에 적용된 예로는 메릴랜드 주의 하워드 카운티의 초등학교에서 찾아볼 수 있다. 하워드 카운티의 경우 프로그램은 5학년의 마지막 학기인 5학년 봄 학기에 시행된다. 학생들은 5학년 시작 시기인 직전 해 가을학기부터 '우리는 시민: 시민과 헌법' 프로그램에서 제작한 교과서 '우리는 시민(We the People)' 교재의 1~4단원을 공부한다. 이 단원들은 1단원 미국 혁명, 2단원 새 국가 건설, 3단원 새 국가에 대한 도전, 4단원 우리는 시민에 해당한다. 학습이 끝나는 4월 무렵부터 학생들은 SCH를 위한 준비에 들어간다. 프로그램의 핵심은 학생들이 학부모와 지역사회 주민들을 대상으로 시민 및 공

'우리는 시민: 프로젝트 시민' 프로그램의 경우, 동일한 모의 청문회 프로그램이나 국가가 아닌 주나 지역사회에 적용되는 이슈를 가지고 진행된다. 학생들은 지역사회의 공공 문제에 대한 확인, 문제에 대한 정보 수집, 문제에 대한 평가, 문제해결을 위한 정책의 선택 또는 개발, 행동 계획의 수립 과정을 통하여 프로젝트를 진행하며 프로젝트의 과정을 포트폴리오에 담는다. 포트폴리오는 지역 예선 시 심사 자료로 이용된다. 지역 예선을 통과한 학생들은 이후 '우리는 시민: 시민과 헌법' 프로그램에 참여한 학생들과 동일한 과정을 거쳐 연방 단위 연설대회에 참여하게 된다.

조 포스 협회(Joe Foss Institute) 역시 최근에 두드러지게 활동하는 시민교육 기관으로서 고등학교 졸업의 필수 요건으로 시민권 획득 시험 응시 혹은 합격을 포함시키는 데에 주력하고 있다.[9]

이외에도 학생들은 카운티 교육청에서 제공하는 시민교육 관련 여름 프로그램에 참여할 수 있다. 여름 프로그램의 경우 특정 과목의 속진 프로그램과 일반 프로그램으로 나뉘어 진행된다. 속진 프로그램의 경우 특정 학년의 학생이 해당 학년의 과목에서 높은 수준의 학업 성취도를 거둔 경우 바로 다음 단계가 아닌 2단계 위의 과목을 진급한 학년에서 수강할 수 있도록 준비시키는 프로그램이다. 수학의 경우 7학년 수학 과목을 학습한 7학년 학생이 8학년으로 진급하였을 때 8학년 수학이 아니라 9학년(고등학교)의 '대수 Ⅱ' 과목을 수강할 수 있도록 방학 동안 '속진 대수 Ⅰ(accelerated algebra Ⅰ)' 과목을 수강한다. 시민교육의 경우 '속진 AP 미국 정부/시민' 과목 프로그램이 여름에 개설되는 경우가 있어서 중학교 학생이 사회 과목 학업 성취 정도에 따라 '속진 AP 미국 정부/시민'을 수강하는 경우가 있다. 따라서 교사와 부모의 허락이 있을 때 학생은 아직 중학생일지라도 고등학교 교과목인 'AP 미국 정부/시민'을 수강할 수 있다.

공 이슈에 대한 5분짜리 짧은 연설을 하는 것으로 5학년이 끝나는 무렵인 5월부터 6월에 걸쳐 실시된다. 이를 위하여 학생들은 연설문을 작성하고 연설을 연습한다. 그리고 학교에서 2~3일에 걸쳐서 정규 교과 시간이 끝난 후 학부모와 주민들을 초대하고 학생들은 자신이 작성한 연설문을 가지고 연설하는 시간을 갖는다. 고등학교의 경우는 청문회 프로그램은 일종의 학교별 전국 대회로 진행된다. 지역 예선을 거쳐서 올라온 학생들은 미국 의회 건물 안에서 연설과 질의응답으로 구성되는 모의 청문회를 가지며 탑 텐 학교를 결정하며 탑 텐 안에서 우승 학교 세 팀을 결정한다.

9 2018년 현재 애리조나, 캔자스, 웨스트버지니아, 노스다코타, 사우스다코타, 버지니아, 조지아, 유타, 미네소타, 네바다, 아이다호, 미시간, 워싱턴, 테네시, 아칸소, 사우스캐롤라이나, 켄터키, 오클라호마, 루이지애나, 인디애나, 펜실베이니아, 위스콘신, 오하이오, 뉴햄프셔 등에서 시민권 획득 시험 응시를 고등학교 졸업의 필수 요건에 포함하고 있다.

학점을 부여받지 않는 각종 비교과 프로그램이 여름에 제공되기도 한다. 예를 들어, 연방 단위에서는 전미 상원 청소년 프로그램(United States Senate Youth Program, USSYP)을 1962년부터 운영하여, 주별로 2명씩 청소년을 선발한다. 미 상원에 모인 104명의 선발된 청소년들을 대상으로 2박 3일 동안 공공 서비스와 관련된 교육을 실시한다(USSYP, n.d). 학생들은 상원의원, 행정부 주요 인사들로부터 주요 정책에 대한 설명을 듣고 연방 대법원의 대법원장과 판사들을 만날 기회를 얻는다. 또한 학생들은 대학 진학 시 10,000달러의 장학금을 받게 되는데 이 장학금의 목적은 청소년들이 역사와 정치학 관련 과목을 수강하도록 하는 데에 있다(USSYP, n.d). 이 외에 연방의 상하원 또는 주 의회 선거 때에는 선거캠프에 인턴으로 참여할 학생을 모집하기도 한다. 대학교 진학 시 대외 활동 경력으로 사용할 수 있기 때문에 인문사회 계열 학과를 지망하는 학생에게는 인기 있는 자리이기도 하다.

주 단위에서는 롱아일랜드 주의 '법 & 시민교육 기관(Law & Civic Education Institute)'이 뉴욕 변호사 협회의 후원으로 디지털 미디어·시민 참여·학생의 목소리(Digital Media, Civic Engagement, & Students' Voice)와 포렌식 사이언스와 형사 사건 조사(Forensic Science and Criminal Investigations) 프로그램을 개설하고 있다. 학생들은 프로그램당 60달러 정도를 내고 2~3일가량 프로그램에 참여할 수 있다. 이렇듯 학교에서는 암기 과목으로 시민 관련 교과목을 학습하더라도 학생들이 대외 활동을 할 수 있는 여지가 많아 미국에서는 참여에 기반한 시민교육이 다수 이루어지는 편이다.

4. 미국 시민교육의 특징과 시사점

1) 미국 시민교육의 특징

미국 시민교육의 전반적인 특징은 다음과 같다.

첫째, 미국 시민교육은 근본적으로 학교 시민교육에 뿌리를 두고 있으며, 학교 시민교육의 활성화를 통해 시민교육의 내실화를 기하고 있다. 또한, 시민교육센터와 같은 학교 외부의 단체와 학교가 연계하여 학교 교육과정 안에 외부단체가 개발한 프로그램, 예컨대 '우리는 시민'과 같은 프로그램을 적극적으로 활용하는 것을 볼 수 있다. 이는 곧 학교의 교사가 시민교육을 위하여 이용할 수 있는 자원이 많다는 의미이다.

둘째, 미국에서는 연방이나 주 정부에 소속된 기관이 시민교육을 직접 주도하지 않고 다양한 기관에 의하여 자율적으로 운영되고 있다는 점이 특징이라 할 수 있다. 그러한 까닭에 시민교육을 위한 다양한 기관 간의 협조가 중시되고 있다. 미국 시민교육이 학교를 중심으로 실시되고 있지만, 이에 대한 시민교육단체의 체계적인 지원과 지역사회의 협조도 인상적이라 할 수 있다.

셋째, 미국 학교의 경우 초등학교부터 학점제로 운영되므로 학교, 학년과 상관없이 학생들은 자신의 학력 수준과 관심에 맞는 과목을 수강할 수 있다. 심지어 대학에 개설된 관련 과목을 학생이 수강할 경우 '미국 정부와 시민' 과목의 대체 과목으로 인정된다. 따라서 시민교육에 대해서도 자신이 스스로 선택하여 다양한 기관에서 공부할 수 있다.

2) 미국 시민교육의 시사점

미국 시민교육이 우리나라 시민교육에 주는 시사점은 다음과 같다.

첫째, 학교와 학교 밖 시민교육의 연계가 중요하다. 미국처럼 우리나라도 학교 밖 민간단체에서 진행하는 시민교육 프로그램을 학교와의 연계 하에서 진행하고, 민간단체도 프로그램을 설계하고 교재를 만들 때 학교의 교육과정 특성을 사전에 파악하여 시민단체의 프로그램과 교재가 학교에 잘 접목되어 활용될 수 있도록 해야 한다.

둘째, 지역사회에 존재하는 인적·물적·공간적 자원을 총체적으로 교육자원으로 활용해야 한다. 미국처럼 지역사회의 공공시설과 역사적 유적, 변호사, 판사, 정치인, 경찰 등과 같은 인적 집단 등을 프로그램에 관련시켜 활용하기도 하고 프로그램 운영자가 되도록 해야 한다. 특히 지역사회에 참여하는 활동 자체를 시민교육 프로그램화하는 봉사 학습 프로그램을 다양하게 운영하는 것도 중요하다.

셋째, 중등학교 학생들의 경우 자격이 된다면 대학 등 학교 밖에서 자신이 원하는 시민 관련 과목, 예컨대 정치 관련 과목 등을 수강하고 학점으로 인정받을 수 있도록 하는 것도 좋은 방안이 될 수 있다.

제10장

영국 시민교육의 사례

1. 영국 시민교육의 개관

1) 영국 시민교육의 도입 배경

영국은 1990년대에 와서야 시민교육의 제도화에 대한 정치적·대중적 관심이 제기되었다. 영국은 유혈 시민혁명을 거쳐 민주주의를 수립한 프랑스나 미국과는 다른 역사적 배경을 갖고 있으며, 독일이나 일본과 같이 군국주의의 역사도 거치지 않았기 때문에 민주주의를 가르쳐야 한다는 사회적 요구가 다른 나라에 비해 크지 않았다. 이는 이미 영국에서는 토론을 중심으로 하는 의회 민주주의가 발달했으며 정당 정치와 지방정치의 전통, 노동조합의 정치참여, 청소년들의 정당 활동 등으로 인해 일상생활 속의 시민교육이 폭넓게 이루어져 왔기 때문이다.

그러나 1990년대 말 청소년의 투표율 하락, 공적 문제에 대한 무관심, 각종 청소년 문제가 대두되면서 시민교육의 필요성에 대한 논의가 고조되었다. 특히 정당들의 위기감을 심화시킨 것은 영국 청소년들의 정치에 대한 무관심 증가와 공동체 참여의 감소가 하나의 추세로 자리 잡았다는 점이었다. 영국 총선투표율은 1970년대부터 1990년대까지는 평균 74%와 75% 사이를 오갔지만, 2000년대 들어와서 60%대로 현저하게 떨어졌고, 2001년 총선투표율은 59.4%로 1918년 이래 최저의 투표율을 기록했다(한규선, 2013: 45-46).

특히 청년층(18~24세)의 투표율은 급격한 하락을 보였는데 2001년과 2005년 총선에서 40% 아래로 떨어졌다. 2010년 총선은 치열한 접전이 이루어진 선거였지만 청년층의 투표는 44%로 높아지는 데 그쳤다. 영국청년자치회(The British Youth Council)가 인용한 조사에 의하면 30년 만에 청년들의 최저 투표율을 기록한 1997년 총선에서 18~24세의 등록 유권자 중 투표에 참가한 비율은 68%뿐이었다. 전체 인구 중 8%만이 유권자 등록을 하지 않은 데 반해 청년 중 40%는 아예 유권자 등록조차 하지 않았다. 이에 영국의 노동당과 보수당은 청소년의 정치적 무관심과 낮은 정치참여(총선투표율)에 대한 위기의식을 공유하며 1990년대 중반 이후 청소년들에 대한 시민교육을 강화하게 되었다(한규선, 2013: 46).

다른 한편으로는 양당 정치의 좌우 진영에서 시민교육의 정치적 획일성과 편향에 대해 우려하면서 정치적 합의를 이루지 못했던 점도 시민교육의 제도화가 늦어진 주요 원인의 하나로 볼 수 있다. 그동안 시민교육을 학교에서 정규(법정) 교과목으로 가르치지 않았던 이유는 '시민성(citizenship)'의 개념에 대한 정당간 합의가 없었기 때문이다. 시민성의 목적을 '좋은 시민(good citizen)'의 형성에 두었을 때 어떤 사람이 좋은 시민인가를 정의하는 것은 정치적 문제였다. 정치이념에 따라 '좋은' 시민의 정의는 달라지기 때문이다. 보수당의 경우 좋은 시민은 기존의 정치 질서를 존중하는 시민이며 개인이 자신에 대해 더 많은 책임을 지고 국가에 대한 의존도를 줄이는 시민이다. 노동당의 경우 좋은 시민은 정치 질서에 순응하는 시민이 아니라 기존 정치 질서의 개혁에 참여하는 시민이다. 이러한 상황에서 크릭이 이끄는 시민교육자문단은 『학교에서 시민교육과 민주주의 교육』(QCA, 1998) 보고서에서 '적극적 시민성(active citizenship)' 개념을 제시하면서 시민교육의 목표를 '정치 문화의 변화'에 두고 시민교육을 통해 '사람들이 스스로를 적극적인 시민으로 생각하는 정치 문화'를 만들겠다고 명확하게 설정하였다. 자문단이 말하는 적극적 시민은 '공적 생활에서 영향을 주려고 하고 줄 수 있고 줄 자격이 있는 시민'이며, '말하고 행동하기 전에 증거를 판단할 수 있는 비판적 능력을 가진 시민'이다(한규선, 2013: 50-54).

또한, 영국의 시민교육은 '정치적 문해력(political literacy)'이라는 중립적인 개념을 제안함으로써 시민교육에 대한 합의를 도출할 수 있었다. 크릭에 따르면 시민성은 정당이나 압력단체들의 정치만을 의미하지 않으며, 온갖 종류의 자원봉사단체, 지역사회와 근린 집단들의 활동에서 사용되는 효과적인 지식과 기능들을 의미한다(한규선, 2013: 57-58). 크릭은 시민교육에 정치적 문해력 개념을 도입함으로써 정치적 범주를 넘어서는 시민교육의 확장을 시도하였고, 이러한 관점은 적극적 시민성의 개념과 함께 보수당과 노동당의 정치적 합의를 이끌어 내는 데 성공했다. 그 결과 시민교육이 도입된 이후 노동당에서 보수당으로 정권이 바뀌고 여러 정책이 변화되었음에도 불구하고 시민교육은 지속적으로 추진되고 있다.

2) 영국 시민교육의 진행 과정

영국의 시민교육은 민간의 자율적 실험들이 먼저 등장하여 시행착오를 거치면서 천천히 제도화되어 가는 특징을 보인다. 영국에서는 20세기 초 보편적인 의무교육 도입 이후에 시민교육을 정립하기 위한 많은 노력이 있었는데, 국가 주도 시민교육에 대한 정서적 반감과 다양한 관점의 충돌로 인해 1990년대 후반 크릭 위원회의 시민교육보고서가 제출(1998년)되면 학교를 중심으로 제도화가 진행되었다. 그 결과 영국에서는 2002년 8월부터 시민교육 교과목이 중등학교 필수 교과목으로, 그리고 2014년에는 초등학교 선택과목으로 지정되었다. 이에 따라 중학교에서는 민주주의, 정부 및 시민의 권리와 의무에 대한 이해를 가르치고, 고등학교에서는 이를 심화하여 다양한 관련 증거를 평가하고 설득력 있는 주장을 제시하며 그에 대한 결론을 구체화할 수 있는 자질을 개발하는 것을 교육 목표로 하였다. 그리고 2009년 8월부터는 시민교육이 중등교육 일반 자격시험(General Certificate of Secondary Education, GCSE)과 대입시험(A level)에서 선택과목으로 추가되었다.

영국의 시민교육은 정치적 문해력(political literacy), 사회적·도덕적 책임감(social and moral responsibility), 사회 참여(community involvement)라는 3가지 요소를 바탕으로, 학생들이 자신이 속한 사회에서 정치 및 시민 활동에 적극적으로 참여하는 책임감 있는 시민을 육성하는 것을 목표로 설정하였다. 이에 따라 정부 구조와 정치체계, 법적 체계, 기회균등 및 인권 등을 시민교육의 주요 내용으로 다루었다. 2007년에는 민주주의와 정의(democracy and justice), 권리와 책임(rights and responsibilities), 정체성과 다양성(identity and diversity)이 시민교육의 새로운 요소로 제시되었다. 이는 2005년 런던 테러 이후 영국 정부가 국가 통합에서 교육의 중요성, 특히 시민교육의 필요성에 대해 절감한 결과라고 할 수 있다.

영국에서는 공공 영역과 민간 영역 어느 쪽에도 시민교육을 전담하는 기구를 두고 있지 않다. 학교 시민교육은 통합적인 교과 내용으로 구성되어 있으며, 일선 학교와 교사의 재량에 의해 자율적으로 수행된다. 한편 학교 밖 시민교육은 시민교육 관련 프로그램, 콘텐츠, 교육방법 등을 연구하여 학교에 제공하는 보충적 기능을 한다. 또한, 성인 시민단체들은 평생교육과 연계하여 독립기구나 중간 지원조직을 통해 정부와 민관 파트너십을 구성하는 경향을 보인다.

3) 영국 시민교육의 요소

크릭 보고서는 청소년들을 책임감 있는 시민으로 성장시키기 위해 시민교육의 3가지 요소를 제시하였다. 그 3가지 요소는 사회적·도덕적 책임감(social and moral responsibility), 사회 참여(community involvement), 정치적 문해력(political literacy)으로 각 요소를 자세히 살펴보면 표 1과 같다.

표 1 영국 시민교육의 요소(QCA, 1998: 11-13)

요소	내용
사회적·도덕적 책임감 (social and moral responsibility)	학생들은 학교 안에서든 밖에서든 자신이 한 행동에 대해 사회적·도덕적 책임을 져야 한다. 교사와의 관계나 학급 친구들과의 관계에서도 마찬가지로 책임을 져야 한다.
사회 참여 (community involvement)	학생들은 자신이 속한 공동체에 참여하고 자원봉사함으로써 지역의 생활과 문제점에 대해 알고 유익한 도움을 주어야 한다.
정치적 문해력 (political literacy)	학생들은 사회생활에 도움이 되는 기능(skill), 가치(value), 지식(knowledge)을 배워야 한다.

* 참조: QCA, 1998, Education for citizenship and the teaching of democracy in school: final report of the advisory group on citizenship, London

영국 시민교육은 2000년 8월부터 개정되어 실시된 국가 교육과정에 따라 비정규(비법정) 과목으로 지정되었고, 개인·사회·보건 교육(Personal, Social and Health Education, PSHE) 과목 안에 처음으로 시민교육 내용이 포함되었다. 그리고 2002년 8월부터 중등과정(11~16세)에서 시민교육이 필수 교과목으로 채택되었다. 이는 크릭 보고서에서 강조한 시민성과 민주주의 교육의 중요성과 시민교육이 필수 교과목이 되어야 한다는 제안을 반영한 결과이다(정재원, 2013: 18).

크릭 보고서에 따르면, 시민교육은 균형 감각을 갖춘 교육과정을 만들어 학생들의 도덕적·문화적·정신적·육체적 성장을 도모하고 사회 구성원으로서 책임 있는 행동을 하도록 준비시키는 과정이다(QCA, 1998; 민주화운동기념사업회 역, 2008: 22). 그리고 학교 시민교육의 목적은 참여 민주주의의 구현에 필요한 지식, 기능, 가치를 가르치고, 권리, 의무, 책임을 깨닫게 함으로써 학생들을 적극적인 시민으로 길러내는 것이다. 이를 통해 학생들이 지역 사회와 보다 넓은 공동체에 참여하고 개인·학교·사회에 도움이 되도록 하는 것이다(QCA, 1998; 민주화운동기념사업회 역, 2008: 95).

그러나 2002년에 학교에서 시행되기 시작한 영국 시민교육의 요소는 2007년 교육과정 개정에서 대폭 수정되었다.[1] 2007년 아제그보 보고서(Ajegbo report)를 통해 제안된 시민교육의 요소는 첫째, 민주주의와 정의(democracy and justice), 둘째, 권리와 책임(rights and responsibilities), 셋째, 정체성과 다양성(identities and diversity: living together in the UK)이다.

2007년에 수정된 시민교육 3요소의 내용을 구체적으로 살펴보면 표 2와 같다.

1 2007 교육과정에서는 시민교육이 시민사회의 재생과 공동체 결속에 기여할 수 있다는 점을 명시했다는 점에서 정책의 주요 변화를 확인할 수 있다. 관련 정책 문서로는 Diversity and Citizenship: Curriculum Review(DfES, 2007; Maylor et al., 2007), Our Shared Future, the report of the Commission on Integration and Cohesion(2007), Guidance [for schools] on the Duty to Promote Community Cohesion(DCSF, 2007) 등이 있다(Kerr, Keating and Ireland, 2009: 22 재인용).

표 2 2007년 개정 후 시민교육의 요소(QCA, 2007: 28-29)

요소	내용
민주주의와 정의 (democracy and justice)	-공공의 삶에 영향력을 행사하기 위해 여러 종류의 의사결정과 투표에 적극적으로 참여하기 -다양한 상황에서 무엇이 공정하고 불공정한지 판단하고, 민주사회에서 정의가 결정적 기준임을 이해하며, 질서 유지와 갈등 해결을 위한 법의 역할에 대해 탐색하기 -변화하는 민주사회에서 다양한 신념, 배경, 전통을 가진 사람들에게 민주주의, 정의, 다양성, 관용, 존중, 자유가 어떻게 다른 가치를 갖는지 고려하기 -정부를 지탱하는 시민과 의회의 역할, 책무성을 갖는 권력에 대해 이해하고 탐색하기
권리와 책임 (rights and responsibilities)	-다양한 권리와 의무에 대해 이해하고, 이러한 권리와 의무가 개인과 공동체에 미치는 영향 탐색하기 -개인, 조직, 정부는 다양한 권리를 지지하고 보호하며 권리 간 균형이 이루어지도록 하는 책임이 있음을 이해하기 -다양한 권리가 상호경쟁하고 충돌하는 방식을 조사하고 권리 간 균형을 이루기 위해 어려운 결정이 내려진다는 것을 이해하기
정체성과 다양성: 영국에서 함께 살아가기 (identities and diversity: living together in the UK)	-정체성은 복합적이고 시간의 흐름에 따라 변화할 수 있으며, 영국 시민이 된다는 의미가 다양하게 이해될 수 있음을 인식하기 -국가적·지역적·종교적으로 다양한 문화, 집단, 공동체와 이 다양한 문화들 간의 연관 관계에 대해 탐색하기 -영국, 유럽, 세계 간 상호연관성에 대해 고려하기 -공동체 통합의 문제, 시간의 흐름에 따라 공동체에 변화를 가져오는 여러 세력에 대해 탐색하기

* 참조: Qualifications and Curriculum Authority(QCA)(2007). Citizenship: Programme of study for key stage 3. Retrieved from https://webarchive.nationalarchives.gov.uk/20110215121020/http://curriculum.qcda.gov.uk/key-stages-3-and-4/subjects/key-stag-3/citizenship/programme-of-study/index.aspx?tab=2 (검색일: 2020. 2. 6.)

시민교육이 중요한 이유(QCA, 2010; 정재원, 2013: 18-19 재인용)는 무엇보다도 청소년들이 공적인 삶에서 시민의 한 사람으로서 역할을 수행하기 위한 지식, 기능과 이해를 갖추도록 돕기 때문이다. 시민교육은 학생들이 사회의 논쟁적인 이슈에 관심을 기울이도록 하고 토론에 참여하도록 격려한다. 시민교육을 통해 학생들은 자신의 권리, 책임, 의무, 자유에 대해서 배우고 법과 정의, 민주주의에 대해서 학습한다. 이와 함께 학생들은 의사결정과 다양한 형태의 실천에 참여하는 방법을 배우고, 자신들의 학교, 이웃, 지역, 사회에서 적극적 시민, 세계시민으로서 활발하게 참여하도록 지지받는다.

둘째, 학생들은 시민교육을 통해서 다양한 민족과 종교, 인종적 정체성들을 존중하도록 지지받는다. 그들은 영국에서 시민으로서 공유하는 다양한 문화와 가치, 정체성들을 비판적으로 탐구한다. 이를 통해서 사회가 어떻게 변화되어 왔는지 그리고 어떻게 변화하고 있는지를 이해하게 된다.

셋째, 시민교육은 사회정의, 인권, 사회통합과 관련된 이슈를 제기하고 학생들이 부정의, 불평등, 차별에 도전하도록 한다. 청소년들의 비판적 사고를 함양하며, 좀 더 광범위한 정치적·사회적·윤리적·도덕적 문제들을 고려하고, 자신의 의견보다는 타인의 의견과 생각을 경청할 수 있도록 한다. 청소년들은 다양한 정보를 평가하여 현재와 미래의 자신의 행동에 반영한다. 학생들은 그들 자신뿐만 아니라 타인을 대표해서 주장하는 것을 배우고, 관심을 갖고 있는 이슈를 자유롭게 말한다.

영국은 시민교육을 전담하는 독립적인 기구가 존재하지 않는다. 정부는 시민교육을 정규 교육과정으로 편성하고 있을 뿐, 정부 차원에서 체계적인 시민교육 사업을 운영하지 않는다. 정당도 마찬가지로 시민교육 자체를 목적으로 프로그램을 운영하지 않는다. 중앙정부, 지자체, 의회, 의원, 시민단체 등은 시민교육을 운영하는 학교의 요청이 있을 경우 수업 참여, 견학 등을 지원하는 등 간접적인 방법으로 시민교육을 지원하고 있다. 영국의 교육은 전통적으로 정부와 민간의 상호 신뢰를 바탕으로 지역과 밀착된 민관 파트너십으로 운영된다(권진욱 외, 2016: 175).

2. 영국의 학교 시민교육

영국에서의 시민교육은 주로 '시민교육(Citizenship)' 교과를 중심으로 이루어지며, 여기에 '개인·사회·보건 교육(Personal, Social and Health Education, PSHE)'을 통해 보완이 이루어지고 있다. 나아가 영어, 역사, 현대 외국어, 체육 등 전 교과의 활동계획에 시민교육과의 연계를 제시하도록 하여, 학교의 모든 교과에서 시민교육이 이루어질 수 있도록 하고 있다(Fiehn & Fiehn, 2002: 4; 서강식, 2017: 134).

1) 교과 중심 시민교육: 사회과를 중심으로

(1) 영국의 국가 교육과정과 '시민교육'

영국에서 학교 시민교육은 '시민교육'이라는 교과를 중심으로 이루어진다. 2018년 11월에 실시되고 있는 국가 교육과정에 의하면 '시민교육'은 중등과정에 해당되는 핵심 단계 3(Key Stage 3, 11~14세)와 핵심 단계 4(Key Stage 4, 14~16세)에서 배워야 하는 기초 과목(Foundation Subject)으로 규정되어 있으며, 이는 정규 필수 교과목에 해당된다. 초등학교에 해당하는 핵심 단계 1(Key Stage 1, 5~7세)과 핵심 단계 2(Key Stage 2, 7~11세)에서는 '시민교육'을 비정규 교과로 가르치도록 되어 있다.

표 3 영국의 국가 교육과정

		핵심 단계 1 (Key Stage 1)	핵심 단계 2 (Key Stage 2)	핵심 단계 3 (Key Stage 3)	핵심 단계 4 (Key Stage 4)
나이		5~7	7~11	11~14	14~16
학년		1~2	3~6	7~9	10~11
핵심 과목 (Core Subjects)	영어	V	V	V	V
	수학	V	V	V	V
	과학	V	V	V	V
기초 과목 (Foundation Subjects)	예술과 디자인	V	V	V	
	시민교육			V	V
	정보통신 기술	V	V	V	V
	디자인과 기술	V	V	V	
	외국어		V	V	
	지리	V	V	V	
	역사	V	V	V	
	음악	V	V	V	
	체육	V	V	V	V
	종교교육	V	V	V	V
	성교육			V	V

* V: 필수 교과(의무과목)
* 자료: Department For Education, The National Curriculum in England: Framework document. December 2014. p.7, Figure 1, Figure 2 재구성

(2) '시민교육' 교육과정

1998년 중등 교육과정에서 필수 교과목으로 선정된 '시민교육'의 목표와 내용을 살펴보면 표 4와 같다. 또한 2013년 교육과정 개정 이후 시행되고 있는 최근의 시민교육 교육과정은 표 5와 같다. '시민교육'의 목표는 다양한 쟁점을 비판적으로 사고하고 토론하는 과정을 통해서 책임감 있는 시민을 길러내는 것이다. 그리고 자신의 삶에 영향을 주는 정치 제도 및 법 체계, 경제 제도 등에 대한 지식을 습득하여 적극적으로 실천을 할 수 있도록 한다. 이와 함께 '시민교육'에서 초점을 맞추고 있는 것은 학교와 지역사회 등 공동체에 적극적으로 참여하여 시민으로서의 책임감과 비판적 인지 기능을 갖도록 하는 것이다(정재원, 2013: 19).

표 4 1998년에 발표된 중등 교육과정 시민교육의 목표

Key stage	시민교육의 목표
Key stage 3 (7~9학년)	-정치적·정신적·도덕적·사회적·문화적 쟁점, 문제와 사건에 대하여 학습하고 토론한다. -일상생활과 사회에 영향을 주는 법적·정치적·종교적·사회적·경제적 제도와 시스템의 역할에 대해 학습한다. -학교, 이웃, 보다 넓은 사회에서의 삶에 적극적으로 참여하고, 공적인 삶의 영역에서 좀 더 효과적으로 일하도록 배운다. -책임감 있게 사회에 참여함으로써 학교·지방·국가·세계 차원에서 민주주의와 다양성을 배운다.
Key stage 4 (10~11학년)	-주제별로 정치적·정신적·도덕적·사회적·문화적 쟁점, 문제, 사건을 학습하고, 사고하며 토론한다. -자신의 삶과 사회에 영향을 미치는 법적·정치적·종교적·사회적·입헌, 경제 시스템에 대해서 학습하고, 이것들이 어떻게 작동되며 영향을 미치는지 심도 있게 관찰한다. -자신의 학교·이웃과 보다 넓은 사회에 더욱 책임감을 갖고 참여한다. 그리고 비판적 인식 능력을 발전시키고 참여할 수 있는 기술을 배운다. -공동체 활동에 참여함으로써 학교·지방·국가·세계 수준에서 민주주의와 다양성을 위한 공정·사회정의·존중에 대하여 보다 체계적으로 학습한다.

* 자료: DfES and QCA, 1999, *The National Curriculum for England* (정재원, 2013: 20 재인용)

표 5 2013년 교육부가 제시한 핵심 단계 3, 4의 시민교육 목표 및 내용

구분	내용
목적	-높은 수준의 시민교육은 학생들이 사회에 적극적이고 완전히 참여할 수 있는 준비를 위해 이해, 기술, 지식을 제공함 -특히 시민교육은 정부, 민주주의 및 법의 형성과 준수에 대한 이해와 인식을 증진시킴.

구분	내용
	정치와 사회문제에 대해 비판적이고 객관적인 증거를 분별할 수 있고 토론과 이성적인 주장을 개진할 수 있는 능력을 함양시켜서 사회에서 책임 있는 시민으로 참여할 수 있고 자신의 경제적인 능력과 건전한 경제생활을 영위할 수 있도록 지도함
목표	-시민들이 어떻게 정부의 민주적인 제도에 적극적으로 참여하고 영국이 어떻게 통치되는지 정치 제도에 관한 지식과 이해를 습득 -사법 제도와 법의 집행에 대한 지식과 이해 -성인에 되어서도 지속할 수 있는 자원봉사 및 다른 형태의 책임 있는 활동 참여에 대한 관심을 개발 -비판적인 생각과 정치 문제에 대한 토론, 건전한 재정 관리 방법과 장래를 위한 재정 계획 수립 방법 습득
실행 목표	-각 핵심 단계마다 관련 프로그램에서 구체화된 문제, 기술, 과정을 이해하고, 알아서 적용할 수 있어야 함
교과 내용 (핵심 단계 3)	-민주주의, 정부, 시민의 권리와 책임을 이해할 수 있도록 교육 -자료 조사, 증거 도출, 토론, 견해 평가, 논리적인 주장 전개, 적합한 행동을 위한 기술을 개발하면서 지식을 이용하고 적용할 수 있어야 함 -주요 교육 내용: •시민, 의회, 군주의 역할을 포함해 영국 민주정부의 정치 시스템의 발전 •선거에서 투표, 정당의 역할을 포함한 의회의 운영 •영국 시민이 향유하는 자유의 소중함 •경찰의 역할, 재판소와 법원의 운영을 포함한 사법 제도와 법의 지배 •학교에 기반한 활동이 참여하는 기회를 포함해 사회를 발전시키기 위해 시민들이 협력해야 하는 방법과 사회에서 자원단체와 공공기구의 역할 •화폐의 사용과 기능, 예산실천의 중요성, 위기관리
교과 내용 (핵심 단계 4)	-핵심 단계 3에서 배운 민주주의, 정부, 시민의 권리와 의무를 심화 학습 -학생들은 자료 조사의 방법, 증거의 선별 능력, 설득력 있는 주장, 구체적인 결론 등을 개발할 수 있어야 함 -시민들이 함께 문제를 해결하고 사회에 공헌할 수 있는 다른 방법을 평가하고 경험해야 함 -주요 교육 내용: •언론의 자유, 삼권분립, 집권당과 시민들의 역할, 정부의 권력구조, 영국의 헌법 내용과 의회 민주주의 •영국 외에 다른 나라의 선거 제도, 지역, 국가, 세계에 영향을 주는 민주주의와 선거 절차에 참여하는 시민들의 실천 •영국 이외의 민주주의와 비민주주의 정부 형태와 시스템 •지역, 지방, 국제적인 거버넌스와 유럽 국가, 영연방, 유엔 및 더 넓은 세계와 영국과의 관계 •인권과 국제법 •영국의 법제도, 그 밖의 다양한 법의 근거, 법이 복잡한 사회문제를 해결하는 방법에 대한 이해

* 자료: Department of Education of UK (권진욱 외, 2016: 165 재인용)

(3) '시민교육' 교재와 교육 콘텐츠 개발

시민교육 교재와 교육 콘텐츠를 개발하는 일에는 정부와 중간 매개 조직, 그리고 NGO들이 적극적으로 참여하고 있다. 의회의 교육 서비스는 최근 많은 지원과 지지를 받으며 시민교육 관련 교육 콘텐츠를 개발하고 있다. 안정적인 자원을 기반으로 온라인 학습 과정을 개발하고 있으며 학생들이 쉽게 이용할 수 있는 책자와 DVD를 개발하여 무료로 배포하고 있다. 특히 학생들의 연령집단의 특성을 고려한 다양한 교구 개발에 선도적인 역할을 하고 있다. 게임 및 만화, 퀴즈 등을 활용하여 학생들의 흥미를 이끌어 낼 수 있는 교구의 개발에 주력하고 있다(정재원, 2011: 7-8).

시민교육재단(Citizenship Foundation)은 영국에서 시민교육 관련하여 영향력이 큰 NGO로서 초·중등학교용 수업자료를 발간하고 있다. 2006년에 발간된 『시민교육 이해하기(Making sense of citizenship: A CPD Handbook)』는 시민교육 교사용 지침서로서 전국의 주요 서점에서 판매되고 있는 시민교육 관련 베스트셀러라고 할 수 있다. 이 교재는 시민교육재단이 발간하였지만 집필 과정에서 시민교육 관련 다양한 민관기관이 함께 참여하여 공동으로 개발되었다. 법정 교과서가 없는 영국의 경우, 각 학교별로 다양한 교재를 구입하여 사용하고 있는데 시민교육재단에서 발간한 교재들은 교사들로부터 매우 긍정적인 평가를 받고 있다(정재원, 2011: 8).

영국의 국가 교육과정 핵심 단계 1, 2에서 '시민교육'은 비정규 교과목이므로 검정교과서나 국정교과서가 존재하지 않으며, 우리나라의 한국교육과정평가원에 상응하는 영국의 QCA(Qualifications and Curriculum Authority)에서 『국가 교육과정 안내서(The National Curriculum Handbook)』를 발간하고(서강식, 2017: 142), 특정한 교과서 없이 학교 교육 전반에서 '시민교육'을 수행하도록 되어 있다. 이와 달리 '핵심 단계 3, 4'에서는 '시민교육'이 정규 교과목으로 편성되어 있으므로 모든 학교에서 독립된 교과서와 시수를 확보하여야 하며 모든 학생은 의무적으로 '시민교육'을 이수해야 한다(한국교육과정평가원, 2010: 4; 서강식, 2017: 133).

영국에서 '시민교육' 교과목을 위해 국가 교육과정을 기준으로 출판사에서 개발한 교과서 중 비교적 널리 사용되는 교과서가 『이것이 시민성이다(This is citizenship)』이다. 현재 영국의 중학교와 고등학교 학생들이 사용하는 『이것이 시민성이다(This is citizenship)』는 총 3권이 발행되고 있는데, 제1권은 7, 8학년, 제2권은 8, 9학년, 제3권은 10, 11학년을 대상으로 가르치도록 되어 있다(Fiehn, J. & Fiehn, T., 2013a; 2013b; 2014; 서강식, 2017: 133-134 재인용).

이 교과목은 주당 2시간씩 가르치도록 되어 있으며, 정규 교과목인 핵심 단계 3, 4의 『이것이 시민성이다』 교과서는 학기 구분 없이 연간 1권을 가르치도록 되어 있다. 이 교과서는 보조 교과서 형식의 자료가 있다. 영국의 국가 교육과정의 특징상 학교에서 사용되는 모든 종류의 책자와 자료가 교과서로 간주되므로 학교 또는 교사에 따라 보조 교과서가 굉장히 많을 수도 있다. 일반적으로 『이것이 시민성이다』 교과서에는 교사용 지도서와 학습용 CD-ROM이 보조 교과서와 유사한 기능을 한다. 다만 원칙적인 면에서 볼 때 교사용 지도서와 CD-ROM은 교수학습을 위해 활용되는 자료의 성격을 지니고 있다(서강식, 2017: 143).

『이것이 시민성이다』 제1권, 제2권, 제3권[2]의 대단원과 소단원 및 소단원의 주요 지도 내용은 표 6, 표 7, 표 8과 같다(서강식, 2017: 143-145 참조).

표 6 『이것이 시민성이다』 제1권 단원 및 지도 내용

대단원	소단원
1. 규칙과 공정, 권리와 책임	1.1 호프 행성[3] 학교에 갈까?
	1.2 학교 규칙은 공정한가?
	1.3 결코 공정하지 않아요!
	1.4 모든 아동들이 누려야 하는 권리에 무엇이 있는가?
	1.5 그 누구도 결코 혼자가 아니다.
	1.6 누구의 책임인가?
	1.7 말하기
	1.8 토론에 참가하기
2. 공동체와 정체성	2.1 공동체에 속하기
	2.2 정체성
	2.3 공동체에서 함께 어울려 살기
	2.4 지역사회를 변화시키기 위해서는 어떻게 해야 할까?

2 『이것이 시민성이다』의 제1권은 90쪽(Terry & Julia, 2014a), 제2권은 91쪽(Terry & Julia, 2013), 제3권은 96쪽(Terry & Julia, 2014b)이며, 1, 2, 3권은 모두 3개의 대단원과 각각 22개, 24개, 21개의 소단원으로 구성되어 있다.

대단원	소단원
	2.5 당신은 좋은 또는 적극적인 시민인가?
	2.6 무엇을 변화시킬 수 있는가?
	2.7 우리 공동체를 어떻게 유지할 수 있는가?
	2.8 공동체를 함께 만들어가기
3. 세계 시민이 되기	3.1 다른 나라에 관해 무엇을 알고 있는가?
	3.2 세계와 어떻게 연결되어 있는가?
	3.3 힘든 노동!
	3.4 공정무역
	3.5 자선이 어떻게 도움이 되는가?
	3.6 관광이 어떻게 사람들에게 영향을 미치는가?

표 7 『이것이 시민성이다』 제2권 대단원 및 소단원

대단원	소단원
1. 규칙과 공정, 권리와 책임	1.1 법이 어떻게 청소년에게 영향을 미칠까? / 논의 기술 발달시키기
	1.2 왜 청소년들은 법을 어길까?
	1.3 왜 청소년들은 범죄집단에 매력은 가질까?
	1.4 체포된 청소년 범법자에게는 무슨 일이 일어날까?
	1.5 청소년 법정
	1.6 선고
	1.7 범죄의 결과
	1.8 청소년 교화 시설의 내부 / 성찰
2. 지역 공동체와 지역 정부	2.1 이웃의 문제를 누가 도울 수 있는가?
	2.2 공동체에 영향을 미치는 결정을 누가 하는가?
	2.3 슈퍼마켓 급습!
	2.4 지불할 것을 가지고 있는가?/조사 기술을 발달시키기
	2.5 사람들이 잘 어울려 지내도록 무엇이 돕고 있는가?
	2.6 무엇이 정형화된 시각이고 그것이 왜 중요한가?
	2.7 인종 차별주의의 결과
	2.8 학교와 공동체 / 성찰

3 일종의 '생각 열기'를 위한 가공의 행성이다.

대단원	소단원
3. 지구공동체의 인권	3.1 호프 행성의 시민 권리 조사하기
	3.2 무엇이 인권인가? / 캠페인 기술 발달시키기
	3.3 글로벌한 세계!
	3.4 유럽인들의 이주
	3.5 피난민
	3.6 언론 자유
	3.7 언론에 대한 불평
	3.8 말하세요! / 성찰

표 8 『이것이 시민성이다』 제3권 대단원 및 소단원

대단원	소단원
1. 규칙과 공정, 권리와 책임	1.1 인권과 시민 자유-옳은가 혹은 그른가? / 협상 기술 발달시키기
	1.2 인권 법
	1.3 권리와 경찰
	1.4 테러리즘에 관한 법
	1.5 감시 사회
	1.6 정보의 자유
	1.7 모든 사람에게 기회가 평등한가?
	1.8 모든 사람이 접근할 수 있는가? / 성찰
2. 국가 정부와 국가 정치	2.1 어떤 종류의 국가에 살기를 원하는가?
	2.2 정치적 정당
	2.3 어떻게 하원의원이 될 수 있는가?
	2.4 하원의원은 무슨 일을 하는가?
	2.5 상원은 무엇을 하는가?
	2.6 압력 정치 / 책임 있는 행동 기술 발달시키기
	2.7 영국은 어떻게 통치되는가?
	2.8 군주제가 영국의 미래인가? / 논의 기술 발달시키기 / 성찰
3. 영국과 세계	3.1 지구의 문제해결하기
	3.2 영국과 유럽 연합
	3.3 공화국이 뜻하는 바는 무엇인가?
	3.4 세계의 충돌을 해결하는 것이 그렇게 어려운 이유는 무엇인가? / 중재 기술 발달시키기 / 성찰

2) 교과 외 시민교육[4]

영국에서 이루어지고 있는 대표적인 교과 외 시민교육 프로그램으로는 NCS(National Citizen Service)와 Young Citizens를 들 수 있다.[5]

(1) National Citizen Service(NCS)

NCS(National Citizen Service)는 보수당·자민당 연립정부가 들어선 이후 발족한 프로그램으로 당초의 우려와 달리 성공적으로 운영되면서 범정당적 지지를 받고 있다. NCS는 만 15~17세의 영국(잉글랜드) 및 북아일랜드 청소년들을 대상으로 운영되며 봄학기가 끝난 후 여름방학 동안에 3~4주간 진행되고 있다. 1인당 교육에 소요되는 경비 가운데 약 1,000파운드를 정부가 지원하며 개별 참가자들에게는 약 50파운드의 참가비가 부과된다.

2018년 11월을 기준으로 약 50만 명의 학생들이 이 과정을 이수하였다. 학생들은 그룹 활동과 야외 활동으로 구성된 이 프로그램을 통해 새로운 관계망을 형성하고 사회 발전에 기여하는 방법을 배우는 동시에 문제해결 능력을 습득하게 된다.

NCS 프로그램은 정규 학기 이외의 기간을 활용해 구성되며 학교 교사들도 참여할 수 있으나 프로그램 구성 및 운영은 대부분 학교와는 별도로 조직된다. 또한, 졸업시험의 일환으로 중등과정 자격시험인 GCSE(General Certificate of Secondary Education)에서 요구하는 조건들에 부합하는 요건들로 구성되며 단계별 핵심 사항은 표 9와 같다. GCSE 평가 항목 중에는 사회조사 및 참여활동 등이 포함되어 있어 학생들이 다양한 형태의 적극적 시민교육을 이수할 수 있도록 하고 있다.

---

4 영국의 교과 외 시민교육과 학교 밖 시민교육은 연계되어 있어 구분이 명확하지 않다.

5 선거연수원, 해외연구관 2014-7호 보고서 16~32쪽을 참고하였으며, 2018년 11월 기준 영국 교육부 및 해당 시민단체 웹사이트를 참고하여 이후 변화 부분을 수정 보완하였다.
NCS 홈페이지 https://www.ncsyes.co.uk/ Young Citizens 홈페이지 https://www.youngcitizens.org/

표 9 NCS 단계별 주요 프로그램

단계		주요 프로그램	주차
1	소개 활동 및 조직 안내	-청소년 모집 및 식전 행사 -참가자 및 NCS 조직 스태프 간 관계 형성	1
2	야외 활동	-야외 활동 중심 팀 빌딩(개별 과제 포함) 활동 -암벽등반, 도보여행, 카누, 양궁 등	1
3	지역사회 기반 활동	-지역사회 지원과 관련한 이해 및 경험 증진 활동 -공공기관 등에서 숙식하며 예산 편성 방법 등의 지식 습득, 지역 현안에 대한 이해 증진	2
4	사회 활동 프로젝트 개발	-3단계에서 확인된 지역 현안 및 문제해결을 위한 프로젝트 기획 및 개발, 지역사회와 협조	3
5	사회 활동 프로젝트 및 수료	-사회 활동 프로젝트 수행을 통해 지역사회 현안 해결에 실질적 기여 -참가자들의 지속적인 활동 및 지역사회 기여를 목표로 수료식 실시	3
6	수료 이후 활동	-참가자들의 수료 이후 다양한 사회 활동 및 네트워킹 형성 지원	-

(2) Young Citizens

Young Citizens는 1989년에 창립된 시민교육재단(Citizenship Foundation)이 2018년에 청소년 자체에 좀 더 초점을 맞추고 청소년을 위한 영향력을 증가시키겠다는 목표로 내건 새로운 이름이다. Young Citizens는 강하고 안정된 민주주의에 기초하여 공정하고 포괄적인 사회를 건설하는 데 궁극적인 목적을 두고 있다.

Young Citizens의 모태인 시민교육재단은 민주시민 육성을 목적으로 하는 민간단체로 특히 관련 분야에 종사하는 교사 및 학생 대표들과의 긴밀한 소통을 추구하고 있으며, 재정·경제, 정치적 판단 능력, 사법 제도, 사회 활동 등 주제별 교육 프로그램을 운영해 왔다. 중등학교의 80% 이상, 30만 명이 넘는 학생들이 이 프로그램에 참여하여 적극적 시민이 되기 위한 학습의 기회를 얻었다.

표 10 시민교육재단 교육 · 훈련 프로그램

구분	과정	주요 내용	대상
재정·경제	Boom, Bust and Crunch	재정 위기 원인 및 극복 방안	Key Stage 4
	My Money My Rights	재정 관리와 관련된 법적 지식 습득	Key Stage 4

구분	과정	주요 내용	대상
	Paying For It	경제의 작동원리, 기업 및 금융서비스의 역할 등	14~18세
정치적 판단 능력	Make It Our Neighbourhood	학생들이 지역 현안 해결 과정에 참여, 관련 조직 구성원들과 협의	중등학교
사법 제도	Lawyers in Schools	40여 개의 로펌 및 자체 법무팀의 협조로 학생들의 법적 지식 제고	-
	Bar National Mock Trial Competition	전국적으로 300여 명의 변호인과 90명의 재판관들이 협조, 학생들의 모의재판을 평가하고, 지역예선에서 승리한 팀은 전국대회 출전	10~13학년
	Magistrates' Court Mock Trial Competition	변호인, 증인, 재판관, 검찰 등으로 역할을 나누어 실제 법원에서 치안 재판관의 참관 하에서 지역 예선 및 전국대회 개최	8~9학년
	Young Citizen's Passport	참정권, 피선거권, 노동권 등 기본적 권리 습득	-
사회 활동	Go-Givers	지역사회에 기여하는 데 필요한 기본적 지식 및 자신감 배양	초등학교
	Giving Nation	사회 기여 프로그램 설립을 위한 펀딩 자금 조성 등 사회 내 자선단체 역할 습득	중등학교

3. 영국의 학교 밖 시민교육[6]

영국의 시민교육은 관련 주체들 간의 긴밀한 협력을 기반으로 구축되고 있으며, 시민교육을 지원하는 주체들은 선택과 집중을 통해서 고유한 사업을 진행하고 있다. 의회의 경우 의회 체험학습을 통해서 학생들이 적극적 시민으로 성장하는 데 기여하고 있으며, 시민교육교사협회(The Association for Citizenship Teaching, ACT)는 시민교육 담당 교사들을 지원하는 국내외 활동에서 핵심적인 역할을 하고 있다. 시민교육재단(Citizenship Foundation)은 교육부와 공동으로 시민교육 교재를 개발하여 민관 협력의 모범을 보이고 있다(정재원, 2011: 11).

6 학교 밖 민주시민교육의 사례는 윤성원(2014)의 선거연수원 해외연구관 보고서와 정재원(2011)의 논문을 참고하였다.

1) 의회의 시민교육 지원 교육 서비스

의회의 시민교육 지원 서비스는 학생들을 대상으로 하는 일반적인 의회 투어와 특별 프로그램, 교사교육 프로그램과 디지털 학습 과정 개발 등을 들 수 있다(정재원, 2011: 11-12).

영국의 시민교육에서 가장 기본적으로 다루고 있는 내용은 바로 영국의 정치 제도와 사법 제도에 대한 정확한 이해와 참여를 위한 지식과 기능을 익히는 것이다. 의회는 이러한 시민교육 목표를 달성하기 위해 학교를 적극적으로 지원하고 있으며, 모든 학교는 의회에서 제공하고 있는 교육 서비스를 무료로 받을 수 있다.

의회의 교육 서비스 중에서 가장 기본적인 프로그램이 바로 상원과 하원, 웨스트민스터 사원을 방문하는 과정에서 영국의 정치 체계에 대한 강의를 듣는 의회 투어이다. 각 학교는 온라인을 통해서 방문 신청을 할 수 있으며 방문 일정이 확정되면 각 학교의 교사들은 학생들을 인솔하여 의회에 방문하게 된다. 학교 교육 프로그램(School Educational Programme)이라고 불리는 이 교육은 의회 교육 서비스 소속 전문 강사에 의해서 진행된다. 강사는 학생들을 데리고 상원과 하원을 직접 방문하여 의회의 역할과 구성에 대해서 강의한다. 현장 방문과 강의로 진행되는 투어가 마무리되면 바로 이어서 워크숍이 진행된다. 워크숍의 공간은 마치 의회를 축소시켜 놓은 모양으로 자리 배치를 하며, 최신 미디어를 활용하여 워크숍을 진행한다. 아이들의 흥미로운 수업 환경을 위해 게임기와 IWB(Interactive White Board)를 활용한다.

또한, 의회는 요일별로 다양한 프로그램을 운영하고 있다. 화요일에는 10세와 11세 학생들이 비밀투표방(Secret Ballot Room)에 입장하여 투표 현황이나 투표의 역사에 대해서 배운다. 16세부터 18세 학생들을 위해서는 좀 더 다양한 선택권을 준다. 의회에 대한 지식이 전혀 없는 학생들에게는 일반적인 투어를 해 주는 반면, 의회에 대해서 사전 지식이 풍부한 학생들을 위해서는 그들에게 좀 더 유용한 맞춤식 프로그램을 제공하고 있다. 의회에서 진행되는 특별 과정 및 절차 등을 설명해 주기도 하고, 다양한 프로그램을 통해 심화학습을 지원하기도 한다. 금요일에는 학생 의회(Student Parliament)라는 프로그램을 진행하는데 4개의 학교에서 60명의 학생들이 의회의 위원회실에 들어가서 자기들만의 회의 및 토론을 진행하도록 한다. 이와 함께 학생들이 위원회를 선택하여 특별한 방문 투어를 하기도 한다. 16세 이상의 학생들에게 주로 워크숍으로 프로그램을 진행한다. 정치인과의 만남(Political Speed Dating) 프로그램은 상원과 하원의원 중에서 10명의 정치인을 초청하여 소수의 학생들과 이야기하도록 하는 프로그램이다. 정치인들은 주로 자신의 정치적 성향이나 동기 등에 대해서 학생들과 이야기를 나눈다. 방에는 10명의 정치인이 있고 한 정치인당 5분에서 6분 정도만 이야기하고 다른 자리로 바꾸어서 다른 정치인과 이야기하는 방식으로 진행된다.

이 밖에도 의회 교육 서비스의 전문 강사들이 학교를 방문해서 교사들을 교육시키는 학교 방문 지원 프로그램(Parliament's Education Outreach Programme)이 있으며, 일주일 동안 교사들이 의회를 방문하여 연수를 받는 과정도 운영되고 있다.

또한, 온라인 학습 과정을 개발하여 교사들이 학교에서 접속하여 원활하게 수업을 진행하도록 돕기도 한다. 디지털 학습 과정은 세 가지 관점을 중심에 두고 개발되는데, 첫째는 의회에 대한 일반적인 사실, 둘째는 법이 어떻게 만들어지는지, 셋째는 선거와 투표에 대해서 다룬다. 온라인 학습 과정은 학생들의 흥미를 유발하기 위해 만화 또는 퀴즈의 형식으로 다양한 애플리케이션이 개발되었으며 게임도 적극적으로 개발되고 있다.

2) 시민교육교사협회(ACT)

시민교육교사협회(The Association for Citizenship Teaching, ACT)는 시민교육을 담당하는 교사 및 관련 교육 종사자들의 단체로 크릭 보고서의 주역인 버나드 크릭 경에 의해 2001년에 설립되었으며, 시민교육의 질을 향상하고 관련 분야에 대한 일반 대중의 이해를 증진하는 것을 일차적 목표로 삼고 있다. 이를 위해 청년층의 사회참여에 대한 조사를 수행하고, 시민교육과 관련된 정책을 제언하며, <Teaching Citizenship> 저널을 발간하는 등 시민교육 관련 교수학습 자료를 제공하고 있다.

시민교육교사협회는 특히 정부의 시민교육 교육과정 개편에 따라 일선 교사들에게 시민교육 교수학습 및 평가 방안 등에 대한 지침을 제공하는 데 중점을 두고 있다. 해당 지침은 시민교육협회 이사회 및 교육부 시민교육 전문가 그룹(DfE Expert Group for Citizenship)에 의해 개발되었으며, 이 전문가 그룹은 초·중등학교, 시민교육교사협회, 시민교육재단(Citizenship Foundation), 의회 교육부서, 감독기관인 교육기준청(Ofsted) 등에서 파견된 대표자들로 구성되어 있다.

시민교육교사협회는 이밖에 선거 제도 및 정당 정치, 헌법 및 정치 제도, 적극적 시민, 재정·경제 교육, 사법 제도 및 국제법 등 분야별로 시민교육과 관련된 지침을 제공하고 있다. 2014년 11월 기준 시행·추진 중인 시민교육교사협회의 교육사업 현황은 표 11과 같다.

표 11 ACT 교육 · 훈련 프로그램(2014년 11월 현재)

구분	주요 내용	일정	장소
Assessing Citizenship CPD[7]	-2014학년도 교육부 시민교육 지침 이해 제고 -시민교육 교육과정의 평가 원칙 및 적용 과정 탐구 -교육과정 개정에 따른 평가 방안 개발 -시민교육에 대한 교사의 이해도 증진	2014.11.14 2014.11.17	런던, 버밍엄
Global Learning CPD	-시민교육의 거시적 맥락 이해 -비판적 접근과 질의를 통한 최적의 교수법 용례 개발	2014.11.20	버밍엄
Financial Education and Global Learning	-시민교육에서 금융교육에 대한 이해 증진 -시민교육, 금융교육, 글로벌 학습의 통합적 교수법 -관련 학습 활동 체계 개발	2015.02.05	런던
The Future of Citizenship	-시민교육 교육부 지침 이해 제고 -개정된 시민교육(금융교육 포함) 교수법 제공 -시민교육 평가제도	2014.11.25 2014.12.03 2014.12.11	맨체스터, 런던, 리버풀

3) 피닉스 교육재단(Phoenix Education Trust)

피닉스 교육재단(Phoenix Education Trust)은 '능력주의(meritocracy)' 용어의 창시자인 마이클 영(Michael Young) 경에 의해 2000년 설립되었으며, 학교, 정치지도자들, 교육기관, 학부모 등과의 다양한 교류를 통해 시민교육 확산을 위해 활동하고 있다. 또한, 시민교육을 전 세계적으로 확산시키기 위해 인터넷 기반의 국제시

7 Continuing Professional Development

민교육네트워크(International Democratic Education Network, IDEA)를 운영하고 있다.

피닉스 교육재단은 학교의 시민교육 현황을 분석·평가하고, 문제해결을 위한 맞춤형 교육훈련 프로그램을 제공한다. 특히 학생자치단체인 'Student Voice' 운영을 재정적으로 지원하며 학생들 각자가 처한 교육환경에 대해 스스로 실질적인 목소리를 낼 수 있도록 도움을 제공한다.

4) 지방자치단체

청년층의 정치적 무관심이 확산되면서 지방자치단체의 위기의식도 증가하였다. 이에 지방자치단체 수준에서 공공서비스의 질 향상, 청년 실업률 감소를 위한 경력 지원 제도 등 단기적인 대안을 제시하기도 하지만, 직접적인 시민교육 활성화 움직임은 찾아보기 어렵다. 다만 중앙정부와의 협력을 통해 청년층이 지자체 차원의 민주주의 과정에 참여할 수 있는 보다 거시적인 교육 프로그램이 필요하다는 논의가 있다.

이 밖에도 영국에서는 지자체 연합, 'National Youth Agency' 등 다양한 단체들이 협력을 통해 시민교육을 증진시켜 오고 있는데, 특히 시민 패널의 운영은 실질적으로 지속적인 시민교육을 달성하는 데 이바지하고 있는 것으로 보인다.

브리스톨(Bristol) 지역의 경우 1998년 발족한 시민 패널이 브리스톨의 가장 큰 싱크 탱크로 기능하고 있는데, 이 시민 패널은 약 2,000명의 시민으로 구성되어 있으며 다양한 분야의 지역 현안에 대해 의견을 교환하고 있다. 시민 패널은 시를 구성하는 다양한 인구 분포에 따라 연령, 성별, 인종, 장애 정도 및 거주 지역을 고려해 무작위로 선출되며 3년마다 새롭게 구성된다. 패널로 참여하는 시민들은 설문 조사 응답 및 집단 토의 참여 등을 통해 주요 현안에 대한 의견을 개진하며, 이후 지자체로부터 정책 결정 과정에서 설문 결과 및 패널 의견이 어떤 방식으로 반영되었는지에 대한 보고서를 받는다.

4. 영국 시민교육의 특징과 시사점

1) 영국 시민교육의 특징

영국 시민교육의 특징을 제시하면 다음과 같다.

첫째, 영국은 시민교육 제도화에 장애가 되어온 정치적 대립 문제를 극복하기 위해 오랜 기간 심혈을 기울여 왔다. 이러한 노력의 결과로 영국의 시민교육은 비교적 늦게 시작되었음에도 불구하고 학교 현장에 잘 정착될 수 있었고 정권 교체에도 불구하고 지속될 수 있었다.

둘째, 영국은 시민교육 관련 자문위원회를 구성하여 관련 보고서를 채택하고 이를 바탕으로 시민교육을 위한 국가 정책을 수립하였다. 그리고 이에 따라 학교 교육에서 시민교육을 필수 교과목으로 규정하여 시행함으로써 교육적 효과를 달성하였다.

셋째, 영국의 경우 학교 단독으로 시민교육이 이루어지기보다는 시민단체나 청소년단체와 협력하여 시민교육이 이루어지는 경우가 많다. 이처럼 학교와 학교 밖 연계를 통하여 학교 밖의 다양하고 풍부한 교육 자원을 활용한 시민교육이 기획·운영되고 있다.

넷째, 영국의 시민교육은 지식과 이론의 측면도 있지만, 대부분 체험과 실천을 중심으로 구성되어 있다. 학교 교실에서 이루어지는 지식 중심의 수업이 아니라 사회의 다양한 쟁점에 대해 토론하고 실제로 학교 밖 다양한 시민교육의 현장을 방문하여 보고 느끼는 체험을 통해 시민교육이 이루어지고 있는 것이다.

2) 영국 시민교육의 시사점

영국 시민교육의 도입과 전개 과정을 통해 우리가 얻을 수 있는 시사점은 다음과 같다.

첫째, 시민교육을 제도화하기 위해서는 시민교육의 목표에 대한 정치적·사회적 합의가 중요하다는 점이다. 영국 시민교육의 제도화가 늦어진 이유 중의 하나는 정치적 논쟁 때문이었으며, 1990년대 말 노동당 정부에서 시민교육을 제도화한 이후 2010년 보수당으로 정권이 이양되면서 또 한 번의 변화를 겪었다. 이러한 변화 속에서 시민교육의 목표와 내용이 변화되고 시민교육이 약화된 측면이 있긴 하지만 그럼에도 불구하고 시민교육은 여전히 지속되고 있다. 우리나라도 2016~2017년 촛불집회의 결과로 정권이 바뀌고 시민교육에 대한 논의가 활발해진 상황에서 정치적 영향과 상관없이 시민교육을 지속적으로 추진해 나가기 위한 정치적·사회적 합의는 매우 중요하다.

둘째, 시민교육이 가장 효과적으로 시행되기 위해서는 국가 차원에서 정책을 수립하고 공교육을 통해 시민교육을 진행하여야 한다는 점이다. 영국은 민간에서 시민교육을 먼저 실시해 오긴 했지만, 1997년에 크릭을 중심으로 시민교육 자문위원회를 구성하고 1998년에 크릭 보고서를 채택하며 이를 바탕으로 시민교육을 위한 국가 정책을 수립하였다. 그리고 공교육을 중심으로 시민교육을 필수 교과목으로 규정하여 시민교육을 실시하면서 그 효과가 두드러지게 나타나고 있다. 우리나라는 사회과와 도덕과에서 시민교육이 부분적으로 실시되고 있지만 입시 위주의 지식 교육을 벗어나지 못하고 있는 실정이다. 영국처럼 시민교육 자체의 목표와 내용과 방법을 명확히 규정하고 이를 효과적으로 실시할 때 시민교육의 실질적인 목적이 달성될 수 있을 것이다.

셋째, 시민교육은 학교와 시민단체, 지역사회와의 적극적인 협력을 통해 가능하다는 점이다. 이는 아직 학교 시민교육을 위한 자원이 부족하기 때문이기도 하지만, 다른 한편으로는 시민단체와 지역사회가 축적해 온 자원을 적극적으로 활용함으로써 좀 더 실천적이고 참여적인 시민교육의 목표를 달성할 수 있기 때문이다. 영국의 경우 학교 단독으로 시민교육이 이루어지기보다는 시민단체나 청소년단체와 협력하여 시민교육이 이루어지는 경우가 많다. 우리나라도 시민교육의 본질적인 목표를 달성하기 위해서는 관련 단체들과의 긴밀한 협력관계를 통해 시민교육 교육과정 및 콘텐츠 개발, 교재 제작 및 교사 교육, 체험 및 참여 등 시민교육을 심도 있게 발전시켜 나갈 수 있을 것이다.

넷째, 시민교육의 내용과 방법은 체험과 실천을 중심으로 구성되어야 한다는 점이다. 시민교육의 목표는 결국 실천과 참여에 있기 때문이다. 영국의 시민교육은 지식과 이론의 측면도 있지만, 대부분 체험과 실천을 중심으로 구성되어 있다. 학교 교실에서 이루어지는 지식 중심의 수업이 아니라 사회의 다양한 쟁점에 대해 토론하고 실제로 학교 밖 다양한 시민교육의 현장을 방문하여 보고 느끼는 체험, 우리 사회의 문제를 발견하고 해결 방안을 모색하며 참여하고 실천하는 체험을 통해 진정한 시민교육이 이루어질 수 있다.

제11장

프랑스 시민교육의 사례

1. 프랑스 시민교육의 개관

계몽주의 전통과 1789년 대혁명의 역사를 지닌 프랑스에서는 일찍이 근대교육 이념이 활발하게 제시되었다. 디드로(Didrot), 루소(Rousseau) 등과 같은 계몽주의자에게 교육은 인간의 정치적·사회적 해방을 위한 수단이었다. 콩도르세(Condorcet)는 교육이 특정 계층의 전유물이 되어서는 안 되고 모든 사람에게 평등하게 제공되어야 하며 이를 위해 공교육이 필요하다는 점을 강조하였다. 1882년 쥘 페리는 기존의 가톨릭 대신 공화주의 이념을 지향하는 교육 개혁을 실시하였다.[1] 이는 프랑스 대혁명 이후 소수 엘리트와 귀족 및 가톨릭 중심의 구체제 교육으로 회귀하는 것을 거부하고 공적인 이성을 소유한 시민 양성에 대한 요구가 확대되는 사회상을 반영한 결과로 볼 수 있다(이기라, 2018: 3-4).

이와 같은 계몽주의와 공화주의 전통에 기반을 둔 프랑스 근대교육 이념의 핵심은 국가가 모든 사람에게 평등한 교육을 제공하여 적극적이고 비판적인 공화국 시민을 길러내야 한다는 것이었다. 대략 19세기 말에 제도적으로 정착되기 시작한 프랑스 시민교육은 국가 주도의 보통교육(일반교육)을 통해 국민 교화, 애국심 함양, 국민적 통일성 제고 등의 특징을 띠고 있었다. 이에 따라, 초등

1 초등교육을 의무화한 Jule Ferry 법안(1882. 3. 23.)에서는 읽기, 쓰기, 문학보다도 '*Instruction morale et civique*'를 우선시할 만큼 시민교육에 중점을 두었다. 이와 같은 움직임은 1871년 민주주의의 복구로 상징되는 제3공화국에 대한 국민적 지지를 공고히 해야 하는 필요성에서 비롯되었다(Osler & Starkey, 2001: 289).

교육이 의무화되고 초등학교에서 시민·도덕 교육이 실행되었는데 그 과정에서 종교교육의 색채는 크게 약화되었다. 1923년부터는 중등교육에서도 시민교육이 실시되었는데, 당시에 시민교육이 의무화되거나 독립 과목으로 존재한 것은 아니었고 다른 교과와 연계되는 방식을 주로 취하였다. 이러한 시기를 거쳐 1945년에는 중등교육에서 시민교육이 의무화되었는데 이 무렵 공공 생활, 시민의 역할 등을 주요 내용으로 하는 기본 사회생활 프로그램이라는 것을 주 1시간씩 실시하였다. 1960년대에는 시민교육을 독립 과목으로 분리하려는 움직임이 확대되었다. 시민교육을 통해 학생들이 민주주의 관련 지식을 습득하고 납세나 투표 등과 같은 국민의 의무를 성실히 수행할 수 있도록 하려는 의도가 반영된 것이다(김태수, 2007; 음선필, 2013: 42 재인용).

이처럼 전반적으로 확대되는 추세에 있던 프랑스 시민교육은 1960년대 후반부터 일대 변화를 맞이하며 대략 1980년대 초·중반 무렵에 이를 때까지 점차 위축되었다. 그 주요 배경으로는 1968년 5~6월 사이에 있었던 68운동을 꼽을 수 있다. 68운동과 함께 기존의 국가주의적 교육 방식과 기득권에 대한 대중의 반발이 확산되었다. 이 시기의 프랑스 시민교육은 진보와 기득권층 양쪽으로부터 비판을 받는 상황에 처하였다. 진보 세력은 시민교육이 기득권의 가치관과 이념을 전파하는 도구라고 비판하였고, 정부나 보수층은 시민교육이 급진적인 교사들의 정치교육 도구로 활용되는 점을 우려하였다. 이와 같은 비판과 압력에 직면한 프랑스 시민교육은 독립적인 지위를 상실하였고 다른 과목과 융합된 형태로만 일부 실시되는 양상으로 변화하였다. 그래서 전반적으로 경제교육(소비자교육)이 시민교육보다 우선시되는 등 시민교육의 비중이 축소되다가 1970년대에는 사실상 시민교육이 학교 교육에서 사라지다시피 하는 결과를 맞이하였다. 19세기 이래 명맥을 이어온 'Instruction morale et civique'는 1976년 Haby 교육 개혁을 통해 그 명칭을 'éducation civique'로 변경하려는 움직임이 있었지만, 공식적인 시수 규정은 이루어지지 않았다(Osler & Starkey, 2001: 290).

이러한 침체와 위축의 시기를 지나 1980년대 초·중반 무렵 프랑스 시민교육은 다시 전환점을 맞아 부활하고 확대되는 경향을 보였다. 이전에 비해 훨씬 심각한 경제적·사회적·정치적 문제가 대두되었다는 점이 이러한 변화를 가져온 큰 요인이었다. 예를 들어 경기 침체로 인해 실업률이 증가하고 이민자의 유입

이 늘어났을 뿐만 아니라, 인종차별, 학교폭력, 테러리즘 등과 같은 사회 문제가 확산되었다. 또한, 프랑스 사상 최초로 1981년 사회당이 집권하면서 명시적으로 인권교육을 뒷받침해 주는 시민교육의 재도입 필요성이 더욱 부각되었다. 마침내 시민교육은 공교육에서 독립 교과목으로 부활하였고 정권의 이념에 상관없이 공화국과 시민의 가치(자유, 평등, 연대, 인권, 노동, 공동선 등)가 다시 강조되는 특징을 보였다. 초등학교(1985년), 중학교(1995년), 고등학교(1999년)에서는 순차적으로 시민교육이 재도입되고 의무화되었다. 초등학교에서는 2008년에 시민교육이 다시 도덕교육과 접목되어 '시민·도덕 교수(instruction civique et morale)'로 확대[2]되었다가 2015년 시민·도덕 교육(éducation civique et morale)으로 개칭되었다. 초등학교, 중학교, 고등학교(일반계, 실업계) 등 모든 형태의 정규 학교에서 시민·도덕 교육이 여러 가지 형태(예컨대 중학교에서는 역사 · 지리 과목, 고등학교에서는 시민 · 사회 · 법 과목)로 실시되고 있다. 특히 최근의 변화를 반영하여 시민교육의 관심 분야를 국가에서 유럽과 세계로 확대하고, 법과 제도뿐만 아니라 다양한 정치·사회적 문제로 의제를 확장하며 토론식 수업 방식과 학교 외 활동을 권장하는 특징도 나타나고 있다(심성은, 2017).

프랑스 시민교육 활성화에 기여한 것 중 하나로 2001년에 제정된 시민교육법을 들 수 있다. 이 법은 시민에 대한 이론적 지식 습득을 넘어 적극적인 실천을 강조하고 있다(이범웅, 2015: 49). 이에 따라 프랑스의 시민교육은 자유, 평등, 책임, 윤리, 권력, 법치, 민주주의, 시민 권리 등을 중요한 내용 요소로 다루면서 지식 위주의 교육이 아니라 자신의 정치적 견해를 합리적으로 표명하고 그것을 구현하기 위해 실천할 수 있는 적극적인 시민의식을 강조하고 있다. 이를 위해 시민교육 수업 시간은 물론 학교의 운영이나 정책 결정 과정에서도 학생을 비롯한 학교 구성원의 적극적인 참여를 유도하는 등 직접적인 시민교육을 실천하기 위해 노력하고 있다.[3] 실제 수업에서도 토의 및 토론을 통해 학생들이 공공문제에 관심을 갖고 적극적으로 참여하는 시민성을 함양하도록 하는 데 주안점을 두고 있다(음선필, 2013: 48). 이처럼 프랑스에서는 민주적 가치와 절차를 구현하

2 시민교육은 상대적으로 좌파 정부에서, 도덕교육은 상대적으로 우파 정부에서 강조해 온 경향이 있다. 두 가지가 결합된 것은 정권의 이념에 상관없이 시민교육이 지속될 수 있도록 하기 위한 나름의 타협안, 절충안 정도로 해석할 수 있다.

3 학급 대표로 선출된 학생은 학생회에서 자신을 선출한 학급 학생들을 대표할 뿐만 아니라 학교 운영위원회에도 참여한다.

는 시민교육이 새롭게 자리를 잡아가고 있다.

2. 프랑스의 학교 시민교육

1) 시민교육 관련 과목의 등장

프랑스에서 1960~70년대는 시민교육이 크게 위축된 시기였다. 시민교육이 중등교육과정에서 사실상 사라졌다고 보아도 무방할 정도였다. 1980년대 들어 실업자 증가 등과 같은 경제 상황 변화, 동유럽 사회주의 국가의 몰락과 같은 정치적 변화, 이민자 유입 등으로 인한 인권 관련 의제 확산, 학교폭력의 빈번한 발생 등의 상황이 전개되면서 이에 대응하기 위해 사회 전반적으로 시민교육 부활을 요구하는 목소리가 높아졌다. 당시에 처음 출범한 사회당 정권은 이러한 요구에 부응하면서 1985년 시민교육의 부활을 선언하고 시민교육을 중학교의 필수과정으로 지정하였으며, 시민교육 교과목의 명칭도 Instruction Civique(시민교수)에서 Éducation Civique(시민교육)으로 바꾸었다. 이후 수차례 공론장에서의 토론을 통해 시민교육 교과목 내용을 수정·보완하고 토의·토론 등과 같은 시민교육 수업 방식을 개발하면서 오늘날과 같은 시민교육의 모습을 갖추게 되었다. 1998년에는 시민교육을 고등학교 교육과정에도 포함시켜 중등교육 전 과정에서 시민교육의 체계를 갖추었다(강영혜 외, 2011: 40-41).

2) 중등학교 시민교육의 목표

프랑스에서는 초등 5년과 중등(중학교) 4년이 의무교육으로 제공되는데, 중학교에서 시민교육은 독립된 교과목이 아니라 '역사·지리'라는 통합 교과목의 일부로 제공된다. 중학교 4년간의 시민교육은 '인권'과 '시민'이라는 두 개의 핵심 개념을 기초로 해서 다음과 같은 3가지 기본 방침을 설정하고 있다. 첫째, 인권과 시민성에 관한 교육으로, 민주주의와 공화국의 기초가 되는 가치와 원칙에 대한 교육이 이루어진다.[4] 둘째, 개인적·집단적 책임 의식을 함양하는 교육으로, 사회 규범을 인지하고 준수할 수 있도록 하는 교육과 함께 개인과 집단이 공동체 내에서 부담하는 책임을 인식하도록 하는 교육이 이루어진다. 셋째, 비판적 사고와 논증을 통해 판단력을 제고하는 교육으로, 기초적인 법교육과 함께 법과 제도를 비판적으로 성찰하는 의식과 판단 능력도 함께 향상될 수 있도록 하는 교육이 이루어진다(강영혜 외, 2011: 41).

3) 중등학교 편제 및 수업 시수

프랑스 교육부는 2015년에 공통과목의 편제와 수업 시수를 일부 조정하였다. 그 주요 내용을 살펴보면 다음과 같다(이기라, 2015).

(1) 중학교 공통과목 및 주당 학습 시간

시민교육에 해당하는 시민·도덕 교육은 주당 30분씩 이루어지고 있으며 중학교 4년 과정에서 모두 동일하다. 시민교육 교과목이 따로 분리되어 있는 것은 아니고 역사·지리와 함께 다루어지고 있다. 전체 비중에 비추어 많은 시수는 아니지만 적은 분량일지라도 매주 일정 수업 시간을 확보하고 있음을 알 수 있다.

---

4 '자유, 평등, 박애'와 같은 공화국의 시민적 가치 증진, 프랑스 혁명의 유산과 전통이 끊임없이 강조되는 것이 문제점으로 지적되기도 한다(Côté, Sundström and Sannerstedt, 2013: 226). 예를 들면 '안전(security)'에 대해 토론하면서, 민주주의와 인권이라는 규범에 대한 정서적 애착을 불러일으키기 위해 이항 대립적 구도를 사용한다는 것이다. '안전'은 인권의 하나로 묘사되며, "민주주의에서는 법률이 인명과 재산의 안전을 보장한다."고 진술되어 있다. 이와 같은 주장은 인권에 대한 유럽 인권 조약(European Convention on Human Rights)을 바탕으로 타당화되고 정상화되며, 특히 '인간과 시민에 관한 권리 선언(Declaration on the Rights of Man and the Citizen)'을 인용하면서 민주주의와 인권은 '프랑스적'인 것으로 명명하는 경향이 있다(O'Conner & Faas, 2012: 58).

표 1 중학교 공통과목 및 주당 학습시간

과목 \ 학년	1학년	2학년	3학년	4학년
프랑스어	4.5	4.5	4.5	4
수학	4.5	3.5	3.5	3.5
역사·지리[5] (시민·도덕 교육)	3 (0.5)	3 (0.5)	3 (0.5)	3.5 (0.5)
제1외국어	4	3	3	3
제2외국어		2.5	2.5	2.5
생명·지구과학	4	1.5	1.5	1.5
물리·화학		1.5	1.5	1.5
테크놀로지		1.5	1.5	1.5
체육	4	3	3	3
미술	1	1	1	1
음악	1	1	1	1
합계	26 (+보충 수업 3)	26 (+보충 수업 4)	26 (+보충 수업 4)	26 (+보충 수업 4)

(2) 고등학교 공통과목 및 주당 학습 시간[6]

고등학교에서 시민교육에 해당하는 시민·법·사회[7] 역시 주당 30분씩 매 학년 실시되고 있으며, 대학 진학을 앞둔 고등학교 3학년 과정에서도 변함없이 이수되고 있다. 중학교와 달리 시민·법·사회라는 과목이 시민교육 내에서 역사·지리와 분리되어 있다.

표 2 고등학교 공통과목 및 주당 학습 시간

과목 \ 학년	1학년	2학년	3학년
프랑스어	4	4	
수학	4.5	3.5	3.5

5 중학교 3학년의 역사-지리 수업 3시간 중 1시간 30분을 외국어 또는 지역 언어로 진행할 수 있다.
6 개인별 보충지도, 진로탐색, 학급활동 시간 등은 제외한다.
7 교과목 명칭은 *'education civique, juridique et social'*이다.

<table>
<tr><th colspan="2">학년
과목</th><th>1학년</th><th>2학년</th><th>3학년</th></tr>
<tr><td rowspan="2">시민·
도덕 교육</td><td>역사·지리</td><td>3</td><td>4</td><td></td></tr>
<tr><td>시민·법·
사회</td><td>0.5</td><td>0.5</td><td>0.5</td></tr>
<tr><td colspan="2">제1외국어</td><td rowspan="2">5.5</td><td rowspan="2">4.5</td><td rowspan="2">4</td></tr>
<tr><td colspan="2">제2외국어</td></tr>
<tr><td colspan="2">물리·화학</td><td>3</td><td></td><td></td></tr>
<tr><td colspan="2">생명·지구과학</td><td>1.5</td><td></td><td></td></tr>
<tr><td colspan="2">체육</td><td>2</td><td>2</td><td>2</td></tr>
<tr><td colspan="2">합계</td><td>23.5
(+보충 및 진로 수업 5)</td><td>15
(+보충 수업 3)</td><td>6.5
(+보충 수업 2)</td></tr>
</table>

4) 중등학교 시민교육 교과서 내용

프랑스 시민교육에 해당하는 중학교 역사·지리 교과서의 시민교육 내용과 고등학교 시민·사회·법 교과서의 시민교육 내용을 정리하면 다음과 같다.[8] 여기서는 각 교과서의 기본 주제와 핵심 개념을 중심으로 제시하였다.[9]

(1) 중학교 역사 · 지리(시민교육) 교과서 내용

중학교 1학년에서 학교, 개인, 공동체 등을 다루고, 2학년에서는 평등, 연대, 안전을 강조한다. 3학년에서는 자유와 권리, 사법, 인권 등을 다루고, 4학년에서는 시민, 국가, 시민성, 민주주의, 평화 등을 다룬다.

전반적으로 저학년 단계에서 자신이 몸담고 있는 학교 공동체를 통해 교육, 개인의 권리와 의무를 살펴보고 타인과의 관계(연대, 평등), 복지, 안전 등을 다루는 경향을 띤다. 고학년으로 가면서 개인의 권리는 물론 집단의 권리, 인권, 사법체계, 국민으로서의 정체성과 유럽연합 구성원으로서의 시민성, 민주주의, 국방, 국제 협력 등으로 영역이 확장되는 특징을 보인다.

---

8 "프랑스는 국가에서 교육과정을 개발하지만 교과서의 발행과 사용에는 개입하지 않는다. 국가는 교육과정 반영 여부를 판단하지 않지만 교육과정이 반영되도록 출판사 및 저자 대상의 연수와 교육과정 해설서를 보급한다."(김혜숙 외, 2018: 6). 따라서 여기서는 대표적인 출판사의 교과서를 선정하여 분석하였으며, 이들 교과서는 교육과정의 핵심 개념을 충실히 반영하고 있다고 할 수 있다.

9 프랑스 시민교육 교과서 분석 내용은 옥일남 외(2017: 27-28)에서 인용하였다.

표 3 중학교 역사 · 지리(시민교육) 교과서 내용

학년	1학년	2학년	3학년	4학년
기본 주제	Ⅰ. 학교의 의미 Ⅱ. 개인의 권리와 의무 Ⅲ. 공동체와 환경보호	Ⅰ. 평등 Ⅱ. 연대 Ⅲ. 안전	Ⅰ. 자유와 권리 Ⅱ. 프랑스의 사법 Ⅲ. 인권과 유럽통합	Ⅰ. 시민, 공화국, 민주주의 Ⅱ. 공화국의 권력구조 Ⅲ. 정치적 사회적 시민성 Ⅳ. 민주주의에서의 논쟁 Ⅴ. 국방과 평화
핵심 개념	-학교생활 -교육: 모두의 권리 -학생의 권리와 의무 -학생과 시민성 -환경보호 -문화유산 보호	-법 앞의 평등 -차별의 거부 -인간의 존엄성 -연대의 정신 -제도화된 연대 (복지 제도) -학교와 일상생활에서의 안전 -주요 위험에 대한 대비	-개인적, 집단적 자유 -다양한 종류의 권리 -언론과 정보 -사법의 원리 -사법 제도 -법에 호소하는 방식 -공통의 가치 -국가적 정체성 -유럽 시민성	-시민성 -민주주의 -제5공화국 헌법 -국가 행정조직과 지자체 -프랑스와 유럽연합 -선거 -행위자 -사회생활과 시민 -여론과 언론 -국가의 미래 -민주적 토론에서 과학기술전문가의 역할 -국방, 집단안전 및 평화 -연대와 국제 협력

(2) 고등학교 시민 · 법 · 사회(시민교육) 교과서 내용

고등학교 시민교육 교과서는 전반적으로 시민성이라는 주제로 수렴된다. 1학년에서는 사회통합, 법, 노동, 경제 등과 같은 일상적인 사회생활 영역에서의 시민성을 다루고, 2학년에서는 정치 제도 속에서의 시민성을 강조한다. 이에 따라 정치권력, 정치 참여, 시민의 의무, 국방 등이 주요 개념으로 제시된다. 3학년에서는 사회 변동에 대처하는 시민성을 다룬다. 과학기술 발전, 유럽연합 운영, 세계화 등과 같은 주제와의 관련성 속에서 시민의 선택과 삶을 부각하고 있다.

표 4 고등학교 시민 · 법 · 사회(시민교육) 교과서 내용

학년	1학년	2학년	3학년
대주제	사회생활과 시민성	제도와 시민성의 실천	현대사회의 변동과 시민성
기본 주제	Ⅰ. 시민성과 시민의식 Ⅱ. 시민성과 통합 Ⅲ. 시민성과 노동 Ⅳ. 시민성과 가족관계의 변화	Ⅰ. 정치권력의 대표성과 정당성 Ⅱ. 정치참여와 집단행동의 양식 Ⅲ. 공화국과 개별성 Ⅳ. 시민성 실행과 시민의무	Ⅰ. 시민성과 과학기술의 발전 Ⅱ. 시민성과 새로운 정의와 평등의 요구 Ⅲ. 시민성과 유럽연합의 건설 Ⅳ. 시민성과 세계화의 양태
핵심 개념	-시민의식 -법 -통합 -국적 -인권과 시민 -민권과 정치권 -사회권과 경제권	-권력 -대표성 -정당성 -법치국가 -공화국 -민주주의 -국방	-자유 -평등 -주권 -일반이익 -안전 -책임 -윤리

3. 프랑스의 학교 밖 시민교육

여기서 '학교 밖'이란 '물리적 장소'로서의 학교 바깥이 아니라, '시민교육의 주체'로서의 학교가 아닌 기타 기관을 의미한다. 프랑스에서는 공화주의 전통을 지닌 여러 단체가 학교 시민교육에 기여하고 있다. 이 단체들은 기본적으로 방과 후 활동이나 방학 기간을 활용하여 학교 내 교과 시민교육을 보완한다. 방과 후 활동이나 방학 기간 중 활동이라 하더라도 국가가 담당하는 공교육 체계 내부의 교육활동이기 때문에 여기에 참여하는 단체들은 교육부의 승인을 받아야 하고 행정적·재정적 측면에서도 공공성을 띤다. 이들의 시민교육 프로그램은 외양적으로 문화 예술, 취미 활동 등의 형태를 띠지만 궁극적인 목적은 학습자의 시민성, 사회성, 창의성을 함양하는 데 있다. 2013년 기준으로 전국에서 약 130개 정도의 단체들이 정규 수업 외 시민교육을 지원하고 있다. 프랑스 교육부의 재정 지원을 받는 교육 단체의 예를 들면 다음과 같다.

교육 동맹, 공교육 유자녀 지역협회 총연합, 적극적 교육 방법 연수원, 학교 협력 중앙사무소, 교육사업과 방학 연맹, 야외청년단, 프랑스 걸스카우트 & 보이스카우트, 도시를 위한 대학생 재단 협회

이 단체들은 학교의 교과 교육을 보완하면서 시민성 함양, 타인과 더불어 살아가기, 여가 누리기, 문화 활동 등을 지원하고 있다. 더 나아가 학교 밖 청소년을 위한 릴레이 교실, 학업 중단 및 문맹 퇴치 운동 등을 통해서 교육의 기회 균등을 제고하기 위한 노력도 기울이고 있다. 이러한 활동은 프랑스에서 오랫동안 중시해 온 연대의 원리를 바탕으로 이루어진다. 이 단체들이 각기 독자적으로 움직이기보다는 학교를 비롯한 지역 공동체의 협력과 공존 속에서 교육활동에 참여하는 것이다. 각 단체는 고유한 활동 분야와 대상, 목표 등을 가지고 있지만 전반적으로 시민성 함양, 더불어 살아가기와 같은 시민교육 목표를 공유하고 있다(프랑스 교육부, 2012; 이기라, 2018 재인용).

한편, 문화커뮤니케이션부(Ministère de la Culture et de la Communication, 이하 문화부)와 파트너십을 맺고 시민교육을 지원하는 단체들도 있다. 문화부 산하 예술문화교육처는 민간단체들과 협약을 체결하고 이들과 공동으로 학교 밖 시민교육을 담당하고 있다. 1999년 예술문화교육처는 8개 민간단체와 함께 시민교육의 목표를 담은 헌장을 만들었다. 이후 3개 연합단체가 더 추가되어 여기에 동의하고 참여한 단체가 11개로 확대되었다. 이 단체들이 함께 작성한 공동 목표 헌장을 소개하면 다음과 같다.

① 문화예술교육 개발
② 모든 분야에서 호기심, 발견, 창의 지원
③ 유·무형 유산의 계승 및 발전
④ 창의적 기획 지원
⑤ 언어교육, 문맹퇴치
⑥ 사회적·직업적·문화적 연결과 세대 간 소통 강화
⑦ 사회문제 및 의사결정 시민 참여
⑧ 전문적인 문화와 직업 세계의 연결

⑨ 유럽과 국제적 차원의 행동 개발
⑩ 지식의 융합에 의한 실험 지원

프랑스 시민교육 단체들이 공통적으로 지향하고 있는 것을 크게 두 가지로 구분한다면 하나는 문화 활동이고 다른 하나는 시민으로서의 사회참여 활동이다. 문화 활동과 시민 참여 활동은 완전히 다른 영역에서 각기 따로 작동하는 것이 아니라 서로 연계되어 있다. 이러한 경향을 통해 프랑스의 학교 밖 시민교육은 단지 학교 시민교육을 보완하는 정도에 머물지 않고 그것을 확장하는 특징을 띤다는 것을 알 수 있다. 설사 학교 밖 시민교육이 외양적으로 문화 예술 중심으로 진행된다고 하더라도 그것이 단순히 취미나 여가 활동에 그치는 것이 아니라 정치, 경제, 사회와의 연관성 속에서 시민교육 목표와 가치를 여전히 유지하며 추구하고 있다(이기라, 2018).

4. 프랑스 시민교육의 특징과 시사점

1) 프랑스 시민교육의 특징

프랑스의 초중고 각 학교에서는 다른 과목과 융합된 형태 혹은 별도의 시민교육 교과목을 통해 시민교육을 실시하고 있다. 학교 시민교육 관련 과목은 과거 가톨릭과 결합된 도덕교육이나 르네상스식 인문교양 교육 대신에 공적 이성과 합리성을 강조하는 시민성 함양에 초점을 맞추고 있다. 프랑스 학교 시민교육의 전반적인 특징은 다음과 같다.

첫째, 프랑스 민주주의의 역사와 이념을 반영하여 평등, 정의, 인권, 시민권, 사회적 통합과 연대 등 민주적 가치와 비판적 이성의 형성을 강조한다. 이러한 민주적 시민성 함양이라는 목표 아래 지식과 체험, 이론과 실천을 통합하고자 한다.

둘째, 초등학교부터 고등학교까지 시민교육 관련 과목 시수를 일정 시간 확보하여 이것을 이수하도록 의무화하고 있다.

셋째, 학습자들이 실제 삶 속에서 경험할 수 있는 현실적인 사례(실업, 시위, 파업 등)를 시민교육의 내용으로 활용한다.[10] 특히 이것을 덕성 함양 차원에서 접근하지 않고 민주적 토론의 소재로 활용하고 개방적인 토론 분위기 조성과 적극적인 참여를 유도한다.

넷째, 실제 삶에서 자신의 권리를 인식하고 실천할 수 있는 기회를 제공한다. 이에 따라 시민교육이 단순한 지식 전수에 그치지 않고 학교 운영 및 의사결정 과정에 학생의 참여를 적극적으로 유도함으로써 민주적인 학교 분위기 조성을 강조한다(음선필, 2013: 47-49).

2) 프랑스 시민교육의 시사점

한편, 프랑스 시민교육의 특징을 통해 우리나라 시민교육과 관련하여 얻을 수 있는 시사점은 다음과 같다.

첫째, 시민교육이 국가주의라는 유혹에 빠질 가능성에 대해 유의해야 한다. 프랑스의 시민교육은 공교육 강화와 공화국 시민 양성을 추구하면서 자리를 잡기 시작했다. 근대적 교육이 형성되던 시기에는 그러한 방식이 유효했던 측면이 있지만, 이것이 오늘날에도 동일하게 작동할 것으로 기대하기는 어렵다. 실제로 프랑스에서도 국가주의적 시민교육에 대한 반발로, 특히 1970년대에 시민교육 자체가 크게 위축된 경험이 있다는 점에 주목할 필요가 있다. 이것은 또한 시민교육에서 정권의 성향과 관계없이 그 목표와 기조, 내용과 방법 등이 일정하게 유지될 수 있어야 한다는 것을 의미하기도 한다. 이를 위한 법적, 문화적 토대를 마련하려는 노력이 뒷받침되어야 한다.

둘째, 시민교육의 방향을 설정하고 이를 위한 내용과 방법을 구안할 때, 안전하고 보편적인 지식과 가치의 전달에 안주하기보다는, 사회적 논쟁 문제를 교실로 가져와서 다룰 수 있는 용기와 판단력, 실천력을 함양할 수 있는가에 대한

10 영국 시민교육의 국가 수준 교육과정 내용 체계에 비해, 프랑스의 경우 정치 활동(political activity)에 대해 긍정적인 관점을 취하고 있으며, 사회적 갈등이 진보로 귀결될 수 있다는 것을 인정한다는 점이 특징적이다. 정당, 노동조합, 압력단체 및 기타 단체는 민주주의 사회의 건전한 요소로 제시된다(Osler & Starkey, 2001: 298, 302).

질문을 늘 염두에 둘 수 있어야 한다. 프랑스 시민교육에서는 무조건적으로 논쟁, 토론 등과 같은 방법만 기계적으로 활용하는 것이 아니라, 그러한 논쟁과 토론에 적합한 소재(노동, 인권, 불평등, 사회통합, 국제연대 등)를 지속적으로 발굴하고 이를 적극적으로 시민교육에 활용하고 있음에 주목할 필요가 있다.

셋째, 교과교육으로서 시민교육뿐만 아니라 교과 외 시민교육과 학교 밖 시민교육에 대해서도 관심을 기울일 필요가 있다. 교과 외 시민교육과 관련해서는 특히 2015 개정 교육과정기에 10개로 재구성된 범교과학습 주제를 다시 설정할 필요가 있다. 현재와 같이 민주시민교육, 인권교육, 인성교육 등이 병렬적으로 제시되는 범교과학습 주제가 아니라, 예컨대 '시민의 역량'이라든가 '시민의 생활 영역'이라든가 하는 원칙과 기준을 가지고 하위 교육의 범위를 설정해야 각 교육 간의 차별화도 어느 정도 가능할 것이다. 또한, 학교 밖 시민교육과 관련하여 시민교육에 이바지하는 기관이나 단체와 학교가 긴밀히 협력하는 방안을 모색할 필요가 있다. 단순히 행정적·재정적 측면의 지원이 아니라, 그러한 기관이나 단체의 프로그램이 일정 부분 시민교육 요소를 반영하도록 권장할 필요가 있다. 예컨대 언어, 스포츠, 취미 활동 등과 같은 것을 중심으로 학교 밖 교육 프로그램을 구성하더라도 내용이나 방법적 측면에서 시민 자질을 함양하는 데 기여할 수 있는 요소를 포함시키는 방안을 고려해 볼 수 있다.

넷째, 시민교육 교과목의 독립 교과화나 필수화 자체를 목적으로 삼기보다는 먼저 시민교육의 내용과 방법을 명료하게 하고 내실화하는 노력이 필요하다. 프랑스의 경우 시민교육 관련 시수가 절대적으로 많은 것도 아니고 중학교 과정에서는 특별히 독립되어 있는 것도 아니다. 그러나 학교급을 막론하고 일관되고 꾸준하게 시민교육이 진행되고 있는 것은 프랑스 시민교육이 분명한 목표와 그에 해당하는 콘텐츠와 방법을 가지고 있기 때문으로 판단된다. 교과 명칭에서의 '시민'이라는 표현 사용 여부나 과목 형식 등을 둘러싼 소모적 논쟁이 앞서다 보면, 자칫 시민교육의 본질과 방향을 잃고 정치적 고려에 의한 어정쩡한 산출물이 나올 수도 있으므로 주의해야 한다.

제4부 | 학교 시민교육 교육과정의 개선

제12장

학교 시민교육 교육과정의 개선 방향

1. 학교 시민교육 교육과정 개선의 필요성

시민교육을 위해서 학교 교육과정 개선이 필요한가? 제1, 2부에서 이미 살펴보았듯이 국내의 여러 선행 연구들은 우리나라 시민교육이 제대로 이루어지지 않고 있는 것으로 판단하였고, 저자들 역시 민주화 이후의 시민교육이 아직 정착되지 못했다고 판단하고 있다.

그러나 이와 달리, 이 책에서 실시한 설문 조사 결과에 따르면, 학교 현장 교사들은 대체로 시민교육이 잘 이루어지고 있다고 보았다. 그러나 동시에 학교 시민교육 운영 시간에 대해서는 주 1시간 이내라는 답변도 있었고, 범교과 학습 주제 중에서는 인성교육이나 안전·건강교육을 시민교육보다 강조하고 있다는 의견도 있었다. 그렇다면 과연 우리나라에서, 특히 학교에서 시민교육은 잘 이루어지고 있을까? 아마도 설문 대상을 교사뿐만 아니라 학생이나 학부모로 확대한다면 다른 차원의 응답이 이루어졌을 수도 있을 것이다.

학교 시민교육에 대한 교사들의 긍정적인 답변에도 불구하고 시민교육을 위해서 학교 교육과정 개선해야 하는가? 그리고 교사들의 의견처럼 우리나라의 시민교육은 정말 잘 이루어지고 있을까? 우리 학생들은 과연 학교에서 시민으로 자라고 있을까? 적어도 사회과와 도덕과 등 교과목 수준에서는 시민교육 관련 내용을 어느 정도 가르치고 있을지 모르겠지만 우리나라의 전반적인 학교 시민교육이 제대로 이루어지고 있다고 보기는 어렵다.

이는 우리 사회에서 나타나는 학교 폭력이나 왕따, 그리고 탈학교 아이들의 문제를 통해서 미루어 짐작할 수 있다. 시민의 요체는 다양한 사람들 사이의 존중과 연대에 있다고 할 수 있는데, 우리 학교에서는 그러한 의식과 문화가 아직 제대로 형성되어 있지 못한 편이다. 그리고 최근의 청소년 범죄 양상을 보더라도 교과목에서 가르치는 내용을 학생들이 학교나 사회에서 실천하고 있다고 보기도 어렵다.

물론 이러한 문제들의 원인을 학교가 제공한 것도 아니고, 그 문제들을 모두 학교가 해결할 수 있는 것도 아니다. 그리고 시민교육이 모든 학교 및 사회 문제의 만병통치약도 아니다. 그럼에도 불구하고 이 책에서 시민교육을 위한 학교 교육과정 개선의 필요성을 제기하는 이유는 이제 우리나라가 민주주의의 수준을 한 단계 더 높일 상황에 이르렀기 때문이다.

자신의 이익과 자신이 속한 집단의 이익만을 추구하는 모습은 민주주의에 부합하지 않는다. 상대방의 의견을 존중하고 타자와 대화하고 타협하는 것이야말로 진정한 민주주의이고, 정치과정은 물론 일상생활에서도 그러한 성향과 태도를 보일 때 민주주의가 안정적으로 유지될 수 있다. 바로 이 점 때문에 학교 교육과정 개선이 요구되는 것이다.

과거 독일에서도 나치의 잔재를 해소하고 민주주의의 회복과 향상을 위해, 그리고 사회통합을 위해 학교 시민교육을 적절히 활용하였다. 또한, 현재 독일에서도 최근의 세계화 과정에서 발생하는 여러 문제에 합리적이고 민주적인 방식으로 대응하기 위한 노력을 기울이면서 학교 시민교육을 적절히 활용하고 있다. 우리나라에서도 민주주의의 수준을 높이고 이를 더욱 진전시키기 위해 더 나은 학교 시민교육을 모색하는 노력을 계속해야 할 것이다.

그래서 학교 현장에서 시민교육이 대체로 잘 이루어지고 있다는 교사들의 의견에도 불구하고 시민교육을 위한 학교 교육과정 개선은 앞으로도 계속 고민해야 할 부분이다. 또한, 교사들의 응답에서 알 수 있듯이 시민교육에 대한 인식과 관심 부족, 시간 부족, 관련 학습 활동 수행의 어려움, 관련 자료 부족 등이 지적되는 것을 볼 때 시민교육을 위한 학교 교육과정 개선은 지속적으로 이루어져야 할 과제라 할 수 있다.

2. 학교 시민교육 교육과정 개선의 초점

그렇다면 어떻게 학교 교육과정을 개선할 것인가? 교사 대상 설문 조사 결과에 따르면 학교 시민교육 활성화를 위한 개선 방안으로 시민교육 관련 교수학습 방법 및 자료 개발·보급, 학교와 학급 자치 강화 등이 많이 꼽혔다. 반면, 시민교육 전담 기구나 관련 법 제정 등은 그 필요성에 대한 인식이 상대적으로 낮은 편이었다.

이렇듯 전반적으로 교사들은 시민교육 관련 법 제정이나 기구 설치와 같은 거시적 변화를 통한 시민교육 활성화보다는, 기존 틀 속에서 바로 실시할 수 있는 교수학습 개선이나 자치 활동 강화 등과 같은 미시적인 변화에 좀 더 많은 관심이 있음을 알 수 있다. 이는 교사들이 처한 상황에서 스스로 실천할 수 있는 영역에 더욱 관심을 드러낸 것으로 보인다.

한편, 설문 조사 결과에서 시민교육을 위한 학교 교육과정 개편이나 시민교육의 이수 필수화에 대해서는 긍정적인 평가가 다소 우세하기는 했지만, 교사들은 대체로 중립적인 입장을 보였다. 그리고 학교 교육과정 중에서는 교과 교육과정 개선보다는 범교과 학습 주제 및 창의적 체험활동 개선에 더욱 방점을 두는 것으로 보였다. 이는 교과 간에 복잡한 이해관계가 얽혀 있는 교과 교육과정 개선보다는 그러한 이해관계로부터 다소 자유로운 범교과 학습 주제 및 창의적 체험활동 개선이 더 현실적이고 용이하다는 판단에 따른 것으로 보인다.

물론 이러한 배경에는 이번 연구에서의 설문 조사가 민주시민교육 관련 업무 담당자 이외에 교과 개편으로 인한 이해관계 당사자인 사회과와 도덕과 교사들을 중심으로 진행되었다는 점도 일정 부분 영향을 미친 것으로 보인다. 교육과정 개선과 관련해서는 사회과, 도덕과 교사를 포함하여 시민교육을 담당하는 일선 교사들의 의견을 존중하는 것이 필요하며, 교사들의 동의 없이 추진하는 교육과정 개선은 학교 현장에서 제대로 정착될 수 없다는 점도 유의해야 한다.

3. 학교 시민교육 교육과정 개선의 방향

그렇다면 학교의 정규 교육과정을 구성하는 교과 교육과정, 범교과 학습 주제 및 창의적 체험활동 등을 어떻게 개선하는 것이 바람직할 것인가?

첫째, 시민의 자질과 성향을 기르기 위해서는 어떤 형태로든 교과목의 통합적 운영이 필요하다. 그러나 그 방법과 시기는 민주적으로 결정해야 하며, 가급적 점진적으로 추진하는 것이 바람직하다. 예컨대 해외 시민교육 사례에서, 통합 사회과 혹은 지리, 역사, 시민(공민)의 체제가 일반화되어 있다고 해서, 사회과와 도덕과로 분리된 우리나라의 교과목 체제를 하루아침에 바꾸는 것은 적절하지 않을 것이다. 다만, 사회 문제와 쟁점을 다루면서 가치 판단과 실천을 할 수 있도록 사회과와 도덕과를 연계하여 가르치는 노력은 필요할 것이다. 이는 교과목 개편을 통해서도 가능하지만, 기존 통합사회 과목을 활용하거나 사회과와 도덕과의 시민교육 내용을 강화하고 연계하는 것을 통해서도 시도할 수 있는 일이다.

둘째, 범교과 학습 및 창의적 체험활동은 구체적인 실천을 담보할 수 있도록 개선되어야 한다. 교과 교육을 통한 학교 시민교육만으로는 부족하기 때문에, 학교 시민교육을 위한 교육과정 개선에서 범교과 학습 및 창의적 체험활동 개편은 중요한 초점이라 할 수 있다. 우선 범교과 학습 주제를 대강화하여 그중에서 중요한 영역으로 시민교육을 실시할 필요가 있다. 그리고 이 과정에서 이전처럼 정부 등 유관기관의 요구가 국가·사회적 요구로 해석되어서는 안 되며, 사회 변화와 이에 따른 교육적 필요, 그리고 무엇보다도 학생들의 이해관심이 주요한 고려 대상이 되어야 할 것이다. 이 과정에서 범교과 학습 및 창의적 체험활동은 학교와 교실뿐만 아니라 학교 밖에서 구체적인 실천을 할 수 있는 방식으로 진행되어야 할 것이다. 왜냐하면 시민교육은 아는 것에 머무는 것이 아니라 실천을 지향하는 것이기 때문이다.

셋째, 이 점에서 학교와 학교 밖 시민교육의 연계가 중요하다. 학생들의 삶은 학교와 사회에 모두 걸쳐 있기 때문에 시민교육은 학교에서만 이루어져서는 안 되고 사회와의 연계가 필요하다. 대부분의 시민교육 선진국에서 강조하는 것 중 하나는 학교와 더불어 지역사회 기관이나 단체가 시민교육에 함께 참여하고 있다는 점이다. 국가기관이나 시민사회단체, 심지어 정당 등에서도 일정 정도의 교육적 중립성을 지킨다는 전제하에서 학교 시민교육에 참여할 수 있는 통로가 제공되는 것이 필요하다. 그렇게 했을 때 보다 현장감 있고, 실천을 지향하는 시민교육이 될 수 있을 것이다.

넷째, 학교 체제와 문화를 바꾸는 일이 병행되어야 한다. 시민교육의 가장 이상적인 형태는 그 체제와 문화가 민주적일 때 나타나는 자연스러운 사회화 과정을 통해서 이루어지는 것이다. 만약 사회의 실패를 보완하기 위한 시민교육을 학교에서 실시하고자 한다면 학교 체제나 문화가 사회에 비해 더 민주적이어야 할 것이다. 이는 성인들이 학생들을 맡아서 보호하는 학교의 기능 자체에 비추어 볼 때 그리 쉬운 일이 아니지만, 학교와 교사가 권위적인 모습을 띠지 않으면서 학생들의 의견을 존중하고 반영하는 방식으로 학교를 운영할 때 가능해질 수 있다. 즉, 학교생활에서 학생들이 자신의 의견을 표현하는 것이 자연스러운 일이 될 수 있도록 학교 문화를 바꾸는 작업이 이루어져야 할 것이다.

제13장

교과 시민교육 교육과정의 개선 방안

1. 교과목 체제 및 내용 개편의 필요성과 방안

1) 교과목 체제 및 내용 개편의 필요성

이 책의 앞부분에서 다룬 '우리나라 시민교육 방향'과 '학교 시민교육의 특징과 과제', '다른 나라의 학교 시민교육'을 두루 고찰해 본 결과에 따르면, 우리나라에서 학교 시민교육은 비판적인 사고와 적극적인 참여를 강조하면서 전인적이고 종합적인 형태의 시민교육을 지향해야 한다. 이를 위해서 시민교육은 교과 교육과정뿐만 아니라 범교과 학습, 창의적 체험활동 등을 통해서도 활성화되어야 한다. 또한, 체험 및 실천 중심의 시민교육이 이루어지기 위해서는 학교의 조직과 기풍, 문화와 환경 측면에서도 개선이 이루어져야 한다.

우선 교과 교육 측면에서 볼 때, 기존 교과 교육과정은 전인적이고 종합적인 시민교육에 방해가 되는 요소를 안고 있다. 대표적으로 대부분의 국가와 달리 시민교육의 핵심 교과라 할 수 있는 사회과와 도덕과가 분리되어 있는 것은 시민교육의 걸림돌이 될 수 있다. 이는 가치 태도 및 행동 영역을 지식과 사고의 영역으로부터 인위적으로 분리하는 결과를 초래함으로써 전인적이고 종합적인 시민교육을 시도할 수 있는 토대를 약화시키고 있다. 또한 사회과와 도덕과의 분리는 사회과의 주요한 전통이자 시민교육의 주요한 대안이 될 수 있는 반성적 탐구나 사회 비판 모형 혹은 통합 사회과의 교육과정 구성 및 조직 형태라 할 수 있는 경험 중심 혹은 학제적(간학문적) 교육과정을 반영한 교과목 개설을 어렵게 만드는 상황을 초래하기도 한다(노경주 외, 2018: 54-55).

이미 살펴본 바와 같이 시민교육의 핵심 교과가 2개로 분리된 것은 도덕과가 사회과에서 독립한 3차 교육과정부터이다. 시민교육의 영역을 크게 두 가지로 구분한다면 '사회 현상 및 사회 문제의 이해와 탐구' 측면과 '가치 태도의 함양' 측면이라고 할 수 있다. 이 두 영역은 개념적으로는 분리될 수 있지만 실제 삶 속에서는 통합적으로 나타나는 것이 당연하다. 그런데 3차 교육과정에서 사회과와 도덕과를 분리하여 사회 현상 및 사회 문제의 이해와 탐구 측면은 사회과에서, 가치 태도의 함양은 도덕과에서 주로 담당하도록 하면서 전인적이고 종합적인 시민교육으로부터 오히려 멀어지게 되었다.

물론 우리나라에 사회과가 도입된 지 얼마 되지 않은 시점이라는 당시의 상황 등을 고려하면 일정 기간 실험적인 시도가 이루어진 것은 불가피했던 측면이 있다. 그리고 그러한 점을 감안할 때 사실 3차 교육과정 이전의 교육과정에서도 시민교육이 체계적으로 실시되었다고 보기는 어렵다. 그럼에도 불구하고 교과 체제 측면에서 공민(시민) 영역 및 과목이 사회과 일반사회 영역과 도덕과로 분리된 것은 지식, 기능, 가치 태도 등을 두루 갖춘 시민 양성에 상당 부분 장애물로 작용할 여지가 있음을 부인하기는 어렵다. 이는 세계적으로도 공민(시민) 영역 및 과목을 사회과의 일반사회 영역과 도덕과로 분리하고 있는 나라가 매우 드물다는 사실에서도 미루어 짐작할 수 있다.

이로 인해 발생하는 시민교육의 문제점을 개선하기 위해서는 지식, 기능 및 사고, 가치 태도를 종합적으로 다룰 수 있는, 통합 혹은 쟁점 중심 교육과정을 통한 시민교육을 모색할 필요가 있다. 3차 교육과정 이후 기존 교육과정에 이르기까지 전반적으로 교과 및 학문 중심 교육과정과 분과 형태의 교육과정이 강세를 띠면서 시민이 사회생활에서 당면하는 통합적인 사회 문제와 공공 쟁점을 소홀히 다루어 왔는데 이제 이러한 방식에 변화를 주어야 할 시점인 것이다. 그 과정에서 ① 기존 교과 체제를 개편하여 '시민 교과'를 개설하는 방안, ② 기존 교과 체제를 유지하는 가운데 '시민 과목'을 개설하는 방안, ③ 기존 교과목 체제에서 시민교육 내용을 강화하는 방안 등을 고려해 볼 수 있다. 여기서 우리나라에서는 '교과'와 '과목'의 범주가 매우 다르므로 '교과 개설' 방안과 '과목 개설' 방안은 각각 다른 차원에서 논의해야 한다.

2) 교과목 체제 및 내용 개편의 방안

우리나라에서 교과라는 것은 초등학교부터 중등학교까지 연속성 속에서 학습하게 되는 관련 과목들의 대범주를 가리킨다. 다시 말해서 하나의 교과는 여러 과목으로 구성되어 있다. 같은 교과에 속하는 과목이라도 학교급이나 학년에 따라 명칭이 달라지기도 한다. 예컨대 2015 개정 교육과정에서 사회과라는 교과는 초등학교·중학교 사회, 중학교 역사, 고등학교 통합사회[1], 고등학교 한국사, 고등학교 일반선택과목(한국지리, 세계지리, 동아시아사, 세계사, 경제, 정치와 법, 사회 · 문화), 고등학교 진로선택과목(여행지리, 사회문제 탐구) 등 총 13과목으로 구성되어 있다.

교과 신설은 보통 교대의 심화 전공 및 사대의 학과 설치, 교육대학원의 해당 전공 개설을 전제로 이루어진다. 즉, 해당 교과를 가르칠 수 있는 예비 교사 양성 체제가 체계적으로 구축되어 있어야 한다. 그래서 3차 교육과정에서 도덕과 독립(신설)이 결정된 이후에 교대 및 사대의 관련 심화전공 및 학과로 국민윤리교육과/윤리교육과가 설치되었고 교육대학원에도 해당 전공이 개설된 바 있다. 물론 3차 교육과정에서 중등학교에 한해서만 국사과가 독립한 경우에 교대에서는 별도의 심화 전공 설치가 불필요했고, 사대에는 이미 역사교육과가 존재하고 있어서 새로운 학과 설치나 교육대학원의 해당 전공 개설은 이루어지지 않았다. 만약 이를 엄밀한 방식으로 추진했다면 사대와 교육대학원에 국사교육과가 설치되고 기존의 역사교육과는 세계사교육과로 재편되어야 했을 것이다.

즉, 교과 개설을 어떤 방식으로 하느냐에 따라서, 즉 어느 학교급에서 교과를 개설하느냐, 기존의 학과에서 배출된 교사들이 가르칠 수 있는 방식의 교과 개설이냐 아니냐에 따라서 교대의 심화전공 개편, 사대의 학과 설치, 교육대학원 해당 전공 개설 등의 작업이 이루어질 수도 있고 기존의 학과나 전공 혹은 관련 학과들의 연계 전공의 형태로 교사 양성이 이루어질 수도 있다.

기존 교과 개편을 통해 '시민' 교과를 개설하는 방식은 크게 A) 사회과와 도덕과를 통합하여 시민 교과로 개편하는 방안, B) 일반사회 영역과 도덕을 통합하여 시민 교과로 개편하는 방안, C) 도덕과를 시민 교과로 개편하는 방안, D) 일반사회 영역을 독립시켜 시민 교과로 개편하는 방안, E) 시민 교과를 신설

---

1 통합사회 과목은 지리, 역사(세계사), 일반사회, 도덕/윤리를 통합한 과목으로 엄밀한 의미에서는 사회과와 도덕과에 걸쳐 있는 과목이지만 2015 개정 교육과정 문서에서는 사회과 과목으로 분류하고 있다.

하는 방안 등 다섯 가지로 나누어 생각해 볼 수 있다. 이 중 A)는 기존 10개 교과[2]가 9개로 줄어드는 방식이고, B)와 C)는 10개 교과로 유지되는 방식이며, D)와 E)는 11개 교과로 늘어나는 방식이다.

물론 교과 교육과정 개선은 교과 개설 방식으로만 이루어지는 것은 아니다. 기존 교과 체제를 유지하면서 통합 과목 개설이나 기존 과목의 시민교육 내용을 강화하는 방식으로 교과 교육과정을 개선할 수도 있다. 전자는 기존 교과 체제 내에서 시민 과목을 개설하여 일부 학년이나 학기에 배정하는 방식이다. 이는 교과처럼 지속적인 교육이 이루어지지는 않지만, 기존 교과 체제를 유지한다는 측면에서 실효성이 높은 대안이 될 수 있다. 후자는 과목 개설도 하지 않고, 기존의 교과목을 유지하면서 사회과와 도덕과의 교과 및 학문 중심 교육과정을 수정하고 그동안 다소 등한시되어 온 쟁점 중심의 토론 학습 내용을 강화하는 방식이다. 이를 정리하면 표 1과 같다.

표 1 시민교육을 위한 교과 교육과정 개선 방안

구분		방안	교과목 개편 및 활용	총 교과 수
교과 개설	A안	대통합(광역)형 시민 교과	지리, 역사, 일반사회, 도덕을 통합하여 시민 교과로 개편	9개[3]
	B안	소통합형 시민 교과	지리, 역사를 제외한 일반사회와 도덕을 통합하여 시민 교과로 개편	10개[4]
	C안	도덕과의 시민 교과화	도덕과를 시민 교과로 개편	10개
	D안	일반사회의 시민 교과화	일반사회 영역을 사회과에서 독립시켜 시민 교과로 개편	11개[5]
	E안	시민 교과 신설	사회과(지리, 역사, 일반사회), 도덕과 이외의 시민 교과를 신설	11개
과목 개설		시민 과목 개설	기존 교과 체제 내에서 시민 과목을 개설하여 일부 학년이나 학기에 배치	10개
내용 강화		기존 과목 내에서 시민교육 강화	사회과의 교과 및 학문 중심 교육과정에 쟁점 중심 교육과정을 결합	10개

2 기존 2015 개정 교육과정의 공통교육과정은 10개 교과(국어, 도덕, 사회, 수학, 과학, 기술·가정, 체육, 음악, 미술, 영어)로 구성되어 있다. 초등학교에서는 기술·가정 대신에 실과라는 명칭이 사용되고 있다.

3 기존의 사회(지리, 역사, 일반사회)와 도덕 2개 교과가 시민 교과 1개로 통합되는 것이므로 교과 수가 1개 감소한다.

4 기존의 사회(지리, 역사, 일반사회)와 도덕 2개 교과가 지리와 역사를 묶은 교과 1개, 일반사회와 도덕을 묶은 교과 1개로 각각 재편되는 것이므로 교과 수에 변동은 없다.

2. 기존 교과 체제 개편을 통한 시민 교과 개설

1) A안: 대통합(광역)형 시민 교과 개설

(1) 특징

이 방안은 미국에서 통합적인 성격의 사회과(social studies)가 등장한 이래 가장 이상적인 형태의 통합적인 시민교육 방안으로 여겨져 왔다. 우리나라에서도 교수요목기와 1, 2차 교육과정기에 '사회생활과'라는 명칭하에 이러한 통합적 체제를 채택했다. 그러나 미국이나 우리나라 모두 엄밀한 의미에서 전체 학교급에서 지리, 역사, 공민(혹은 일반사회와 도덕)을 통합한 교육과정을 운영했던 것은 아니다. 이를 학교급별로 나누어 살펴보면, 초등학교에서는 대체로 지리, 역사, 공민이 어느 정도 통합된 교과 교육과정이 운영되었지만[6], 중등학교에서는 미국과 우리나라 모두 지리, 역사, 공민 혹은 지리, 역사, 일반사회, 도덕(과) 등으로 세분화되어 운영되었다. 중등학교에서 그렇게 분리되어 운영되어 온 교육과정의 역사가 미국의 경우에는 100년이 넘었고, 우리나라도 어느덧 70년이 넘었다.

이처럼 오랜 시간 분리되어 있던 교과 체제를 단번에 통합적 체제로 바꾼다는 것은 어려운 일이다. 이와 관련하여 우리나라와 마찬가지로 미국의 사회과를 도입했던 독일의 경우를 참고해 볼 필요가 있다. 독일에서도 중등학교의 경우 지리, 역사, 공민 과목의 통합을 무리하게 추진하지는 않았고 지리와 역사에는 사회과 교육의 기본 원리를 반영하는 정도로 운영되었다. 대신 국가시민과 혹은 공민 영역에 한해서 사회 연구, 공동체 연구 등의 과목을 개설하는 방식으로 시민교육(정치교육)을 실시해 왔다.[7]

이러한 미국과 우리나라의 경험, 그리고 독일의 사례는 중등학교에서 대통합형 시민 교과 개편이 현실적으로 쉽지 않음을 보여준다. 뿐만 아니라 중등학교

---

5 기존의 사회(지리, 역사, 일반사회)와 도덕 2개 교과가 지리와 역사를 묶은 교과 1개, 일반사회가 독립되어 만들어진 시민 교과 1개, 도덕 교과 1개로 재편되는 것이므로 교과 수가 1개 증가한다.

6 미국에서는 초등학교에서 통합 사회과가 지속적으로 운영되었지만, 우리나라의 경우에는 3차 교육과정부터 사회과(지리, 역사, 일반사회)와 도덕과가 분리되어 운영되고 있다.

7 물론 독일의 경우 초등학교에서는 사회과와 과학/기술과 등을 통합한 '사물학습' 과목이 운영되고 있다. 그러나 시민교육이 주로 이루어지는 중등학교에서는 지리, 역사, 공민 영역을 통합한 과목을 찾아보기 어렵다.

에서 대통합형 시민 교과가 과연 적절한 것인가라는 보다 근본적인 문제 제기도 피하기 어렵다. 특히 진로 및 직업 입문을 전제로 이루어지는 고등학교 교육에서 지리, 역사, 공민 혹은 일반사회 및 도덕 내용을 통합적으로 가르치는 것이 바람직하고 효과적인 것인가에 대해서는 충분히 반론이 제기될 수도 있다.

시민의 생활 영역은 다양하고 그들이 다루는 공공 쟁점은 여러 영역에 걸쳐 있다. 그러나 고등학생 정도의 수준이 되면 폭넓게 그 모든 영역을 다 아우르기보다는 자신의 적성에 맞는 분야의 일과 직업을 준비하고, 자신이 관심 있어 하는 분야의 지식과 문제 및 쟁점을 보다 심도 있게 다루어 볼 필요가 있다. 고등학교 수준에서는 현대사회의 복잡하고 다양한 쟁점을 피상적으로 얕게 다루기보다는 더욱 분화된 개별 과목 속에서 학생 자신이 탐구의 필요성과 흥미를 느끼는 분야 및 쟁점에 대해서 적극적으로 개입하고 참여할 수 있도록 지원하는 것이 더 적절할 수 있다.

한편, 우리나라의 경우 이러한 광역형 통합을 더욱 어렵게 만드는 특수한 요소가 있다. 바로 5천 년에 이르는 역사를 다루는 한국사라는 과목의 존재이다. 상당부분의 내용이 고대사, 중세사 중심으로 되어 있는 한국사는 오늘날 우리 사회의 근간이 되고 있는 민주주의 및 자본주의와 직접적인 연관성을 지니고 있다고 보기 어렵다. 이것은 곧 한국사가 내용적 측면에서 시민 교과에 크게 부합하는 과목이 아니라는 점을 보여주기도 한다. 한국사의 이러한 특징 때문에 한국사를 시민 교과에 포함시킬 경우 이는 시민교육을 위한 교육과정 구성을 어렵게 만드는 요소로 작용할 수 있다. 과거의 교육과정 개정 과정에서 역사과의 독립 혹은 한국사 교육의 강화가 통합적인 사회과 운영에 커다란 도전이 되어 왔음은 익히 알려진 사실이다.

이러한 현실을 고려할 때, 대통합형 시민 교과 개편을 추진한다고 하더라도 그것은 주로 초등학교 수준에서 가능할 것으로 판단된다. 1~2학년의 바른생활(도덕)과 슬기로운 생활의 사회과 부분을 통합하고, 3~6학년의 사회과와 도덕과를 통합하는 정도에서 생각해 볼 수 있다는 것이다. 이 경우 교대의 심화전공 중에서는 사회과 교육과와 윤리교육과가 통합되는 방식을 모색할 수 있을 것이다. 중등학교의 경우에는 시민 교과라는 이름하에 기본적으로 분과 형태를 취하되, 중학교에서는 지금보다는 다소 더 통합적인 체제를 모색하고 고등학교에서는 기존처럼 운영하는 것이 바람직할 것으로 보인다.

특히 중학교에서 기존보다 좀 더 통합적으로 운영될 필요가 있다는 것은 학교 규모와 관련된다. 중학교에는 고등학교에 비해 소규모 학교가 많은 편이다. 그 결과 지리, 역사, 일반사회, 도덕 과목을 한두 명의 교사가 다 가르치는 경우가 적지 않다. 만약 대통합형 시민 교과 개편을 추진한다면 중학교에서는 지리와 역사, 일반사회와 도덕 정도를 통합하는 형태로 소통합형 과목을 개설하는 것을 검토하여 사회과 및 도덕과 교사들이 상치과목을 가르치고 있는 현실을 최소화하는 방향으로 개선할 필요가 있다. 이 경우 사대의 지리교육과, 역사교육과, (일반)사회교육과, 윤리교육과는 그대로 존치하되, 중학교 사회 교사들을 위해 연계 전공을 강화할 필요가 있다. 지리와 역사 혹은 시민 연계 전공을 개설하거나 통합사회 연계 전공을 활용하는 것을 검토해 볼 수 있다.[8]

물론 이상적으로는 모든 학교급에서 대통합형 시민 교과로 개편하는 방안을 생각해 볼 수도 있다. 그러나 지금까지 논의를 종합해 보면, 초등학교에서는 대통합형, 중학교에서는 소통합형, 고등학교에서는 분과의 형태를 취하는 보다 현실적인 대통합형 시민 교과 개편 방안이라고 할 수 있다. 이를 도식화하면 표 2와 같다.[9]

표 2 대통합형 시민 교과 개편안

학교급	통합/분과	사회/도덕군 과목 수	과목	비고
초등학교	대통합형	1개	시민(또는 시민 생활)	과목명 조정 가능
중학교	대통합형	1개	시민(또는 시민 생활)	과목명 조정 가능
	소통합형	2개	지리와 역사, 시민(또는 시민 생활, 일반사회와 도덕도 가능)	과목명 조정 가능
고등학교	대통합형	1개	시민(또는 시민 생활)	과목명 조정 가능

8 2015 개정 사회과 교육과정에 '통합사회' 과목이 신설되면서 일부 사범대학에는 지리, 역사, 일반사회, 도덕(윤리) 교육의 주요 과목을 이수하는 '통합사회' 연계 전공이 개설되어 있는데 이를 활용할 수 있다.

9 표의 음영 부분은 각 학교급에서 보다 현실적인 방안을 표시한 것이다. 예컨대 중학교에서는 대통합형, 소통합형을 모두 추구해 볼 수 있지만, 소통합형이 더 현실적이라는 의미이다.

학교급	통합/분과	사회/도덕군 과목 수	과목	비고
	소통합형	2개	지리와 역사, 시민(또는 시민 생활, 일반사회와 도덕도 가능)	과목명 조정 가능
	분과형	11개	통합사회, 한국사, 한국지리, 세계지리, 동아시아사, 세계사, 경제, 정치와 법, 사회·문화, 여행지리, 사회문제 탐구 등	과목명과 수 조정 가능

대통합형 시민 교과 개편안에 따르면, 사회과와 도덕과를 시민 교과로 통합하되, 이를 구현하는 대통합형 과목인 가칭 '시민' 과목을 초등학교와 중등학교에 모두 개설할 수 있다. 그러나 교사 양성 과정이나 상치과목과 같은 현실을 고려하여 초등학교에서만 '시민'을 개발·운영하고, 중학교에서는 소통합 형태를 선택하여 '지리와 역사'와 '시민(일반사회와 도덕)' 과목을 개발·운영할 수 있다. 그리고 고등학교에서는 기존 분과 방식을 그대로 유지할 수 있다. 물론 중학교의 경우에도 대도시 지역에서는 기존처럼 사회(지리, 역사, 일반사회)와 도덕으로 구분하여 운영해도 큰 무리가 없겠지만, 점차 소규모화되고 있는 읍·면 지역 중학교를 고려할 경우에는 '지리와 역사' 과목과 함께 일반사회와 도덕을 통합한 '시민' 과목 개발 및 운영을 모색해 볼 수도 있을 것이다.

(2) 장단점

이 방안의 장점으로는 학교급별로 다양한 형태의 시민교육을 실시할 수 있다는 점이다. 특히 초등학교에서는 지리, 역사, 일반사회, 도덕을 아울러서 지식, 기능 및 사고, 가치 태도 및 행동을 종합한 전인적인 형태의 시민교육을 실시할 수 있다. 그리고 중학교에서는 시민교육의 가장 중핵적인 영역이라고 할 수 있는 일반사회와 도덕을 통합하여 사회 현상 및 사회 문제의 이해 및 탐구와 가치 판단 및 행동을 종합한 형태의 통합 중심 혹은 쟁점 중심의 교육과정을 개발·운영하는 토대가 마련될 수 있다. 그리고 고등학교에서는 기존처럼 여러 영역별로 다양한 과목을 개설하여 진로 및 적성을 탐색하는 가운데서 자신이 관심을 가진 분야에서 사회 현상과 문제를 이해하고, 이를 토대로 관련 쟁점들을 다룰 수 있다는 것이다.

이 방안의 또 다른 장점은 현실적으로도 학생들의 학습 부담 경감과 학교 교육 정상화에 기여할 수 있다는 점이다. 우선 교과 수가 9개로 줄어들어, 특히 초등학교에서 학생들의 학습 부담이 경감된다는 점, 중학교에서 상치과목 수업 관행을 상당 부분 개선할 수 있다는 점 등을 꼽을 수 있다. 또한, 시민교육을 학교급에 따라 대통합형, 소통합형, 분과형으로 운영해 봄으로써 학교급의 차이를 감안하며 각각의 장단점을 비교해 볼 수 있다는 점도 의미가 있다. 미국과 우리나라의 초기 사회과에서 운영하고자 했던 바로 그 방안이라는 점에서 역사적 의의도 부여할 수 있다.

이 방안의 단점으로는 대통합형 교육과정을 구성하는 것 자체가 매우 어렵다는 점을 들 수 있다. 특히 한국사 영역과 관련하여 초등학교에서도 고대사부터 현대사까지를 망라하여 가르치고 있는데, 이를 민주주의와 자본주의가 등장하는 근현대사 중심의 교육으로 바꾸지 않고서는 대통합형 교육과정을 구성하기가 쉽지 않다.[10] 또한, 중학교에서 소통합형 교육과정을 구성하는 것도 간단한 일은 아닐 것이다. 특히 지리와 역사를 통합한 과목을 개설하는 것도 현실적으로 쉽지만은 않을 것이므로 한국지리와 한국사, 세계지리와 세계사 정도의 과목을 학년별로 개설하는 방식을 고려해 볼 수도 있을 것이다. 그리고 이를 학기별로 다루어서 통합의 정도가 약한 형태의 분과 과목으로 개설할 수도 있다. 무엇보다도 과거 통합형 교육과정 개정 및 운영에서 나타난 바 있는 전공 및 교과 간의 장벽을 허무는 것이 어려울 것이다. 특히 교과 통합과 더불어, 적어도 초등교사를 양성하는 교대에서 사회과 교육과와 윤리교육과라는 2개의 심화전공 사이에 인적 통합이 이루어져야 하는데 이 부분 역시 간단한 일은 아니다. 이러한 점 때문에 기존의 과목을 합치는 것은 교과를 신설하는 것보다도 오히려 더 어려운 측면도 있다.

10 물론 이와 관련해서 역사교육 전공자들 사이에 초등학교에서는 근현대사 중심의 교육을 하고 고대 및 중세사 등은 중학교와 고등학교에서 다루는 것이 적절하다는 공감대가 형성된다면 충분히 가능한 안이다.

2) B안: 소통합형 시민 교과 개설

(1) 특징

현재의 지리, 역사, 일반사회를 합친 사회과와 도덕과를 재구성하여 지리와 역사를 합친 '지리역사과'와 일반사회와 도덕을 합친 '시민과'로 구성하는 방안을 검토해 볼 수도 있다. 이것은 현재처럼 사회/도덕군 교과 개수를 2개로 유지하여 교과 추가 신설로 인한 학습 부담 증가를 피하면서도 상대적으로 어떤 영역끼리 연관성이 더 높은가를 고려하여 2개 과목씩 재편하는 방안이다. 이에 따르면, 시민교육 측면에서 연관성이 높은 일반사회와 도덕을 하나로 묶고, 특정 공간을 배경으로 한다는 점에서 연관성이 있는 지리와 역사를 하나로 묶는다.[11] 이는 과거 도덕과 독립 이전인 공민과 형태의 교과목 체제로 복귀하는 방안으로 볼 수도 있다. 이러한 방안은 유럽의 교과 전통과도 일맥상통하여 유럽 등 외국 사례를 벤치마킹하여 활용하기에도 좋은 방안이다. 그리고 무엇보다도 그동안 떨어져 있었던 사회 현상 및 문제의 이해 및 탐구와 가치 태도의 함양을 '시민과'로 통합할 수 있는 방안이라는 점에서 전인적이고 종합적인 시민교육을 가능하게 하는 방안이라 할 수 있다.

이미 조성욱(2004)은 사회과와 도덕과를 4개 영역으로 분리한 후 이를 다시 2개 영역씩 통합하고 이후에 가능하다면 4개 영역을 모두 통합하는 체제를 만드는 방안(소통합 후 대통합 체제 구성)을 제시한 바 있다. 물론 해당 연구에서 지리역사과와 민주시민과(시민과)는 대통합을 위한 과도기로 제시한 것인데, 이는 시민교육을 위해서 서로 긴밀하게 연계될 수 있는 지리와 역사, 일반사회와 도덕을 묶는 방안이라는 점에서 시민교육 활성화를 위한 교육과정 개선 방안으로 검토해 볼 만한 가치가 있다. 표 3은 조성욱이 제안한 바 있는 소통합형 시민 교과 개편안(조성욱, 2004: 295)을 2015 개정 사회과 교육과정에 적용한 것이다.

---

11 여기서 연관성이 높다는 것은 지리학과 역사학 자체가 연관성이 높다기보다는 한국사나 한국지리의 내용이 공통적으로 한반도라는 공간을 무대로 한다는 데에 초점을 둔 것이다. 또한, 세계지리와 세계사도 세계 여러 나라를 배경으로 한다는 점에서 연관성을 가질 수 있다.

표 3 조성욱(2004)의 교과 체제 개편안(지리역사과와 민주시민과)의 적용

<table>
<tr><td rowspan="2">기존</td><td colspan="3">사회과</td><td>도덕과</td></tr>
<tr><td>지리</td><td>역사</td><td>일반사회</td><td>도덕</td></tr>
<tr><td rowspan="3">개편안</td><td colspan="2">지리역사과</td><td colspan="2">민주시민과(시민과)</td></tr>
<tr><td>지리</td><td>역사</td><td>일반사회</td><td>도덕</td></tr>
<tr><td colspan="2">-초등학교와 중학교에서는 통합적인 '지리와 역사' 과목을 구성
-고등학교에서는 통합사회를 제외하고 영역별로 분과형의 과목 구성</td><td colspan="2">-초등학교와 중학교에서는 통합적인 '(민주)시민' 과목을 구성
-고등학교에서는 통합사회를 제외하고 영역별로 분과형의 과목 구성</td></tr>
</table>

일반사회와 도덕의 결합은 과거 공민(시민)과로의 복귀를 의미하며, 지식 기능 및 사고, 가치 태도 및 행동을 기존보다 종합적으로 가르칠 수 있는 토대를 마련할 수 있는 방안이다. 물론 이 경우에도 대통합형과 마찬가지로 학교급과 학년에 따라 교과 내 2영역을 별도 과목으로 편성할 수도 있고 통합 편성할 수도 있다.

이러한 방안은 대통합형 시민 교과 개편안에 비해서는 상대적으로 현실성이 높지만, 그렇다 하더라도 초·중·고 모든 학교급에서 이를 운영하는 것은 쉽지 않을 것이다. 그래서 초등학교와 중학교에서는 현재 사회과와 도덕과로 구분된 교과를 지리역사과와 민주시민과로 재구성하고, 고등학교는 분과형으로 두는 것이 좀 더 현실적일 수 있다. 물론 중학교에서는 지리, 역사는 별도로 하고 시민(일반사회와 도덕)만 통합하거나 지리, 역사, 일반사회, 도덕 과목으로 나누어 운영하면서 시민 과목을 별도로 두어 그 과목을 통해 시민교육의 여러 영역을 종합하는 방안도 고려해 볼 수는 있다. 다만 이 경우 여전히 상치과목을 가르치는 관행을 해소할 수 없다는 점에서 중학교에서는 역시 소통합형이 좀 더 적절하다고 판단된다. 고등학교는 학교급의 특성을 고려하여 대통합형과 마찬가지로 분과형으로 운영하는 것이 바람직하고 현실적일 것이다. 이를 도식화하면 표 4와 같다.[12]

12 표의 음영 부분은 각 학교급에서 보다 현실적인 방안을 표시한 것이다. 예컨대 중학교에서는 소통합형, 분과형을 모두 추진할 수 있지만, 소통합형이 더 현실적이라는 의미이다.

표 4 소통합형 시민 교과 개편안

학교급	통합/분과	사회/도덕군 과목 수	과목	비고
초등학교	소통합형	2개	지리와 역사, 시민(일반사회와 도덕)	과목명 조정 가능
중학교	소통합형	2개	지리와 역사, 시민(일반사회와 도덕)	과목명과 수 조정 가능
	분과형	3~4/5개	지리, 역사, 시민	
			지리, 역사, 일반사회, 도덕, (시민)	
고등학교	소통합형	2개	지리와 역사, 시민(일반사회와 도덕)	과목명과 수 조정 가능
	분과형	11개	통합사회, 한국사, 한국지리, 세계지리, 동아시아사, 세계사, 경제, 정치와 법, 사회·문화, 여행지리, 사회문제 탐구 등	

이러한 개편 방안은 우선 교대 예비교사 교육의 변화를 요구한다. 즉, 교대의 심화전공에서 사회과 교육과 소속의 일반사회영역 전공자들과 윤리교육과 소속 전공자들이 모여 '시민교육과'를 만들어야 하고, 현재의 사회과 교육과는 '지리역사교육과'로 개편되어야 한다. 사대 및 교육대학원 체제는 기존을 유지하되, 기존의 통합사회 연계 전공과는 별도의 시민 혹은 지리와 역사 연계 전공을 운영할 수도 있을 것이다. 물론 새로운 연계 전공 개설 없이 지리, 역사, 일반사회, 도덕(윤리)을 아우를 수 있는 통합사회 연계 전공을 그대로 활용하는 것도 하나의 방안이 될 수 있다.

(2) 장단점

이 방안의 장점으로는 초등학교와 중학교에서 일반사회와 도덕을 통합한 시민 교과와 관련 과목을 개설함으로써 장기간에 걸쳐 일관성 있게 시민교육을 실시할 수 있다는 점이다. 즉, 초등학교와 중학교 간의 연계성 높은 시민교육을 실시할 수 있다는 점이다. 비록 지리, 역사, 일반사회, 도덕을 아우르는 보다 종합적이고 통합적인 형태의 시민 교과 개설까지는 아니지만, 시민교육의 가장 중핵적인 영역이라고 할 수 있는 일반사회와 도덕을 통합함으로써 사회 현상과 사회 문제의 이해 및 탐구와 가치 판단 및 행동을 종합한 형태의 통합 혹은 쟁점 중심의 교육과정을 최대 9년에 걸쳐 개발·운영할 수 있는 토대가 마련될 수 있다.

이 방안의 또 다른 장점은 이상과 현실을 적절하게 절충했다는 점에서 명분도 있고 실천 가능성이 높은 방안이라는 점이다. 우선 초·중등학교에서 교과 수를 기존처럼 10개로 유지하면서도 시민교육의 중핵 영역인 일반사회와 도덕을 통합하는 방안이라는 점에서 시민교육이라는 명분에 부합하는 방안이라 할 수 있다. 또한, 대통합형에 비해서 교육과정 구성이 상대적으로 용이하다는 점도 의미가 있다. 초등학교에서 고대사를 포함한 한국사 내용을 시민 교과에 포함시키는 것에 대한 부담을 덜 수 있고, 중학교에서도 소통합형 혹은 분과형을 선택할 수도 있다는 점에서 현실적인 방안이 될 수 있다.[13]

이 방안의 단점으로는 오랫동안 각기 다른 교과에서 가르쳐 왔던 일반사회와 도덕을 통합하는 것을 꼽을 수 있다. 그리고 전공자들 사이의 장벽과 관행을 허무는 것 역시 어려운 일이다. 또한, 일반사회 영역을 제외한 지리와 역사 교과의 개편이나 교육과정 구성도 쉽지 않은 일이다. 그동안 역사 영역은 중등학교에서 '독립 과목'의 지위를 누리고 있었는데 이에 대한 변화를 요구하는 것은 역사교육 혹은 국사교육 약화라는 비판이 제기될 소지가 있다. 물론 역사 과목의 독립을 유지하면서도 지리 역사과 내에서 과목명과 과목 수를 조정할 수도 있겠지만, 적어도 중학교에서 소통합형을 전제할 경우 역사 과목이 아니라 '지리와 역사' 과목이 개설되어야 한다는 점에서 그동안 역사교육 강화를 주장해 온 사람들은 이 방안에 반대할 것이다.

3) C안: 도덕과를 민주시민 교과로 개편

(1) 특징

기존 교과 체제를 유지하면서 포괄적인 시민교육은 사회과에서 수행하고, 도덕과를 시민 교과로 변경하여 시민교육에 더욱 특화된 내용으로 재편하는 것도 하나의 방안이 될 수 있다. 즉, 도덕과의 정체성을 과거 권위주의 국가 체제에서 만들어졌던 반공·도덕교육의 전통으로부터 결별시키고 시민교육에 초점을

13 그러나 중학교에서 분과형을 선택하는 것은 시민교육 측면이나 상치과목을 가르치게 되는 학교 현장을 고려했을 때 가장 적절한 방안이라고 볼 수는 없다.

맞추는 방안이다.

이를 좀 더 구체적으로 설명하면, 사회과에서는 인문학과 사회과학을 토대로 한 광의의 시민교육을 담당하고 도덕과에서는 사회 문제 및 공공 쟁점에 대한 토론을 통하여 시민 의식과 생활(사회) 기능을 기르는 데 중점을 두어 교육과정을 구성하고 이에 맞는 교사 교육을 실시하는 것이다.

일례로 싱가포르에서는 사회과(social studies)를 학문적 지식 위주의 교과로 편성하고 '공민과 도덕교육(Civics and Moral Education, CME)'을 생활 기능 중심의 교과로 편성하고 있다(추병완, 2011: 128). 이는 대체로 C안과 비슷한 방식이다.

이 방안은 전인적이고 종합적인 시민교육을 위한 교과 개편이라기보다는 기존 사회과를 그대로 두고 도덕과만 '시민과'로 전환하는 것이다. 따라서 여전히 사회과(일반사회 영역)에서는 사회 현상과 사회 문제의 이해 및 탐구를 다루고 도덕과에서는 가치 태도의 능력 함양을 강조하는 형태로 두 교과가 분리된 상태를 유지하면서, 도덕과의 명칭만 '시민과'로 변경하는 안이다.

이 방안이 효과를 거두기 위해서는 사회과와 도덕과(시민과)의 교과 정체성을

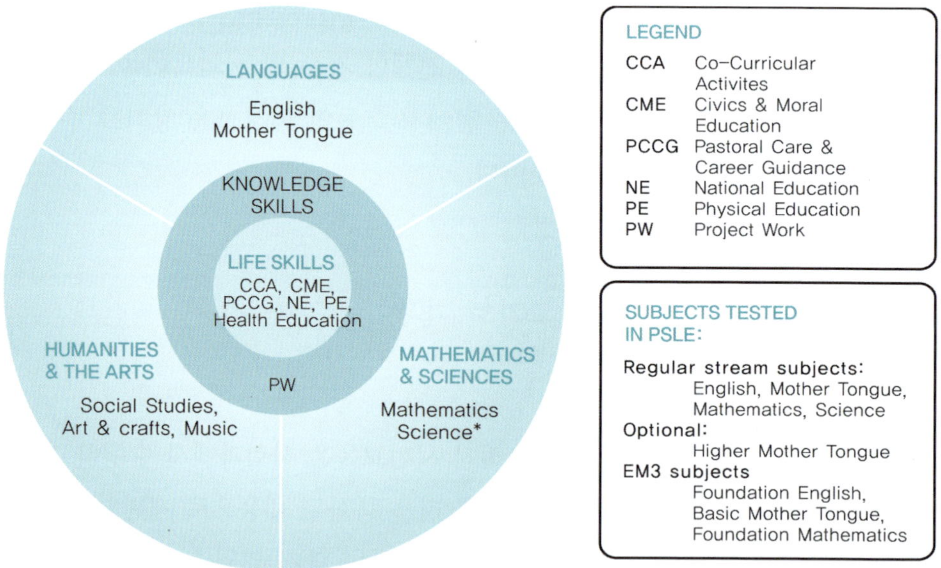

그림 1 싱가포르의 초등학교 교육과정

명확히 해야 하고 도덕(윤리) 교육의 대폭적인 체질 개선이 필요하다. 그동안 도덕과는 주로 인성 및 윤리 교육을 자신의 고유 영역으로 설정하고 거기에 치중해 왔는데, 시민교육의 주요 배경 학문인 정치학, 경제학, 사회학, 법학 등의 기초 지식과 사고 체계 등 사회과(특히 일반사회 영역)와의 연계 없이 도덕과만을 시민 교과로 전환하는 것은 결코 쉬운 일이 아니다. 보다 근본적으로는 시민교육의 중핵 교과이자 영역이라고 할 수 있는 사회과(특히 일반사회 영역)를 배제하는 방식으로 시민교육을 실시하는 것이 과연 가능할지에 대한 고민이 필요하다. 또한, 교대와 사대 및 교육대학원의 윤리교육과 교육과정 및 교사 양성 체제를 그대로 둔 상황에서 도덕과의 명칭을 시민 교과로 변경하고 윤리교육과의 명칭을 시민교육과로 변경한다고 해서 과연 시민교육이 활성화될 수 있을지 의문을 가질 수 있다.

(2) 장단점

이 방안의 장점은 비교적 교과 개편이 용이하고 현실적이라는 점이다. 즉, 별도의 교과목 체제 변경 없이 기존 10개 교과를 유지하면서 도덕과만 시민 교과로 바꾸는 것이므로 개편 작업이 용이하다는 점을 들 수 있다. 도덕과 혹은 윤리교육과 내에 시민 교과로의 전환에 대한 공감대 형성만 이루어진다면 바로 개편이 가능한 것이다.

이 방안의 단점으로는 자칫 실질적인 변화 없이 교과 이름만 바꾸는 데 그칠 수 있다는 점을 들 수 있다. 또한, 전통적으로 시민교육을 담당하는 교과로 인식되고 있는 일반사회 영역 등 사회과 교육 전공자들의 반발도 무시하기는 어렵다. 또한, 사회 현상과 사회 문제의 이해 및 탐구 교육(일반사회 영역)과 가치 태도 교육(시민 교과로 전환한 도덕과)이 여전히 분리된 형태를 띤다는 비판도 받을 수 있다.

4) D안: 일반사회 영역을 시민 교과로 개편

(1) 특징

도덕과를 시민 교과로 개편하는 방안(C안)의 대구로서, 사회과 일반사회 영역을 지리와 역사 영역과 분리하여 '시민' 교과로 독립시키는 것도 하나의 방안으로 검토해 볼 수 있다. 사회과에서 일반사회 영역을 독립시켜 사회과학 교육과 사회 문제 및 쟁점 중심의 교육을 종합하는 형태로 '시민' 교과를 운영하는 것이다. 이 경우 정치학, 경제학, 사회학, 법학 등과 같은 배경 학문을 활용하여 시민 교과를 운영한다는 점에서 도덕과를 시민 교과로 개편하는 방안에 비해 내용 측면의 타당성을 확보할 수 있다. 또한, 기존의 교과목과 별도로 시민 교과를 아예 신설하는 방안에 비해 현실적으로 교육과정 구성이 용이할 수 있다.

그러나 이 방안은 기존의 사회과에서 일반사회 영역을 분리하여 시민 교과로 개편하는 것이므로 이에 따르면 교과 수가 10개에서 11개로 늘어나게 된다. 또한, 도덕과가 여전히 존재하는 상황에서 가치 태도 교육까지 포함하는 시민교육을 수행하기 위해서는 도덕과와의 역할 분담 및 상호 입장 정리가 필요하다. 또한, 교대 심화 전공에서는 기존의 사회과 교육과를 예컨대 지리역사교육과, 시민교육과(일반사회)로 구분하는 변화를 추진해야 한다. 사대에서는 (일반)사회교육과를 시민교육과로 명칭을 변경하는 것 이외에 별다른 변화가 없겠지만 교육대학원에서도 지리역사교육과, 시민교육과로의 재편이 필요하다.

(2) 장단점

이 방안의 장점으로는 시민 교과 신설 방안에 비해서 교육과정 개발 및 운영이 상대적으로 용이하다는 점을 꼽을 수 있다. 단점으로는 기존보다 1개 교과가 늘어나서 학생들의 학습 부담이 가중될 수 있다는 점이다. 또한, 일반사회 영역이 시민 교과가 되었다 하더라도, 도덕과가 별도로 운영되는 상황을 고려할 때 가치 태도를 포함한 전인적이고 종합적인 시민교육을 할 수 있을지에 대해서 의문이 제기될 수 있다.

5) E안: 시민 교과 신설

(1) 특징

시민교육의 획기적 전기를 마련하기 위해 '시민' 교과 자체를 신설하여 초·

중·고 모든 학년 혹은 대부분의 학년에서 가르치는 방안도 고려해 볼 수 있다. 이는 일종의 '새 술은 새 부대' 전략으로 과거 시민교육에서 드러났던 잘못된 전통과 관행, 실패의 경험에서 벗어나 새로운 교과를 만들고 거기에 적합한 교사를 양성한다는 점에서 의의가 있을 수 있다.

이 경우 교과 신설에 따라 사회과, 도덕과와 차별화되는 교과 교육과정이 개발·운영되어야 하고 교대 및 사대와 교육대학원에 '시민교육과'가 심화전공 및 학과로 만들어져서 해당 전공의 예비교사들을 양성해야 한다.

(2) 장단점

이 방안의 장점으로는 시민교육 측면에서 미흡한 모습을 보여 왔던 사회과, 도덕과와 결별하여 새로운 형태의 시민 교과를 통한 시민교육을 시도한다는 점이다. 즉, 시민교육에 대한 새로운 접근과 시도가 가능하다는 점이 가장 큰 장점이다.

그러나 과거 사회과에서 도덕과, 국사과를 분리시켰던 경험에 비추어 볼 때 새로운 교과를 신설하고 관련 학과 혹은 심화전공을 교·사대에 설치하여 운영하는 것이 가능할지, 또한 학생들에게 거의 전 학년에 걸쳐서 11개 교과를 가르치는 것이 바람직한지 고민할 필요가 있다.

이 방안의 단점은 사회과, 도덕과와 차별화되는 형태로서, 예컨대 쟁점 중심의 시민 교과를 초·중·고 대부분의 학년에서 가르칠 수 있도록 교과 교육과정을 개발하는 것이 매우 어렵다는 점이다. 특히 사회과의 일반사회 영역에서 정치학, 경제학, 사회학, 법학 등을 다루고 있고 도덕과에서 인성 및 윤리 교육을 하면서 가치 태도 교육을 담당하는 상황에서 새로운 내용으로 시민 교과의 교육과정을 개발·운영할 수 있을지 의문이 제기될 수 있다.

이 책에서 살펴본 해외 사례에서도 대체로 시민교육을 지리, 역사, 시민(공민)의 형태로 가르치면서 지리와 역사에서는 사회과 혹은 민주주의 교육의 원리를 반영하는 정도의 특징을 보이고 시민(공민) 영역에서는 정치적·경제적·사회적 측면의 쟁점을 중심으로 토론을 실시하면서 본격적인 시민교육을 하고 있음을 알 수 있다. 주요 해외 사례와 비교해 보더라도 사회과와 도덕과가 분리되어 운영되는 상황에서 별도로 시민 교과까지 두는 방식은 상당히 생소하다.

기존의 교과목이 성공적이지 못한 측면이 많다고 해서 새로운 교과목을 신설하고자 한다면 아마 수십 개의 교과목을 신설해도 부족할 것이다. 그리고 '과목' 수준이 아니라 '교과' 신설을 염두에 둘 경우에는 초등학교 1학년부터 고등학교 3학년까지 연속성을 가지고 가르칠 만한 내용적 기반이 반드시 필요하다. 쟁점 중심 교육과정 운영을 염두에 둔 시민 교과를 개설하면서 사회과, 도덕과와의 교통 정리가 이루어지지 않는다면 시민 교과 내용 구성이 어렵고 학생들은 중복된 내용을 배울 수 있게 된다는 점에서 신중한 접근이 필요해 보인다.

3. 기존 교과 체제 내의 '시민' 과목 개설

1) 특징

'시민' 교과를 개설하지 않고 기존의 사회과, 도덕과라는 교과 체제를 유지하면서 사회과와 도덕과를 통합한 '시민' 과목을 각 학교급의 일부 학년에 개설하는 방안을 검토할 수도 있다. 이는 기존의 사회과와 도덕과 교과 체제를 유지한다는 점에서 실천 가능성이 높은 안이며, 초·중등학교와 교·사대 교육의 개편 없이 운영 가능한 방안이라 할 수 있다.

이러한 '시민' 과목 개설은 각 학교급에 시민 과목을 적어도 1개 학년 혹은 1학기 이상 개설한다는 원칙하에 해당 학년 및 학기에 배정되어 있는 기존의 사회과, 도덕과의 시수를 일부 활용하는 방식이다. 따라서 특정 학년이나 학기에서는 기존의 사회과와 도덕과 과목을 일부 축소·운영해야 한다. 이 방안에 따라 예컨대 쟁점 중심의 토론 수업을 전제로 하는 시민 과목을 상정할 경우 가급적 각 학교급의 최종 학년 또는 최종 학기에 그 과목을 개설하는 방안을 고려할 수 있다. 학교급별로 일부 학년에 '시민' 과목을 개설하는 방안을 정리해 보면 표 5와 같다.

표 5 학교급별 시민 과목 개설 방안

학교급	학년	과목	통합 방식	비고
초등학교	1~2	시민 생활/시민	대통합형	바른생활과 슬기로운 생활의 사회 부분 통합, 과목명 조정 가능
	5~6	시민	대통합형	사회와 도덕 시수 할애, 학년 및 학기 등 시수 조정 가능, 과목명 조정 가능
중학교	1	시민	대통합형/소통합형	사회와 도덕 시수 할애, 학기 등 시수 조정 가능, 자유학기제를 활용하여 창의적 체험활동 및 지역사회와 연계, 과목명 조정 가능
	3	시민	대통합형/소통합형	사회와 도덕 시수 할애, 학기 등 시수 조정 가능, 과목명 조정 가능
고등학교	1	통합사회/시민	대통합형	통합사회 명칭 변경 고려, 토론 시간 추가, 과목명 조정 가능

* 초등학교에서는 1~2학년과 5~6학년 중에서 택일하고, 중학교에서는 1학년과 3학년 중에서 택일해야 함.

우선 초등학교에서는 이전에도 추진되다가 무산된 적이 있는 초등학교 1~2학년에 바른생활과 슬기로운 생활의 사회 부분을 통합하는 방안(은지용, 2012)을 검토해 볼 수 있다. 당시에는 통합 과목의 명칭을 '사회생활'이라고 했는데, 이를 '시민 생활' 혹은 '시민'으로 명명할 수도 있다. 그러나 이러한 과목은 초등학교 저학년에 배치되는 관계로 현실적으로 학교 시민교육의 기본 방향이라 할 수 있는 사회 문제 및 공공 쟁점 중심의 토론교육에 초점을 둔 과목보다는 학교생활의 기본적인 규칙이나 사회생활의 기본적인 법규에 대한 준법 성향을 기르는 형태의 과목이 될 가능성이 높다.

또한 3~4학년 혹은 3~5학년에서는 사회와 도덕으로 분리해서 가르치고, 5~6학년 혹은 6학년에 사회와 도덕을 통합한 새로운 '시민' 과목을 개설하여 사회 문제 및 공공 쟁점 중심의 과목을 신설하는 방안도 검토할 수 있다. 물론 반대로 3~4학년에서 '시민' 과목을 개설하고 5~6학년에서 사회와 도덕을 분리해서 가르치는 것도 가능하다. 앞에서 살펴본 다른 나라의 사례를 참조한다면 초등학교의 저학년이나 중학년보다는 고학년에 '시민' 과목을 개설하는 것이 적절해 보여서 여기서는 주로 5~6학년에 배치하는 것을 염두에 두었다.

초등학교와 유사하게 중학교에서도 중학교 사회와 도덕을 1, 2학년 혹은 1,

3학년 혹은 2, 3학년에 배치하고, 남는 학년에 사회 문제 및 공공 쟁점 중심의 '시민' 과목을 신설하는 방안도 검토해 볼 수 있다. 초등학교와 달리 중학교에서는 사회와 도덕뿐만 아니라 사회과에 속하지만 역사 과목이 별도로 편성되어 있는 상황에서 '시민' 과목까지 개설할 경우 한 학년 혹은 한 학기에 가르치는 과목 수가 늘어날 수 있다. 그러므로 이를 적절히 배분하는 것이 중요하다. 예컨대 1학년에서는 사회/도덕, 2학년에서는 사회/도덕/역사, 3학년에는 역사/시민 등으로 배분하면 실질적인 학습 부담 증가가 거의 없는 선에서 과목 개설이 가능하다. 초등학교에서 '시민' 과목을 일종의 마감 과목으로 6학년에 개설한다면 중학교에서도 3학년에 배치하는 것이 적절할 것이다.

한편, 고등학교에는 이미 시민교육에 적합한 과목으로 통합사회가 있으므로 굳이 새로운 과목을 신설할 필요는 없다고 판단된다. 대신, 통합과학에 '실험'이 추가된 것처럼 통합사회에 '토론'을 추가하여 매주 1시간씩 통합사회 내용과 사회적 현안을 가지고 토론하는 방안 등을 검토할 수 있다. 이 경우 통합사회를 '시민'이라는 과목으로 명칭 변경하는 것도 고려해 볼 수 있다.

다만 기존처럼 통합사회가 고등학교 1학년에 배치된다면 중학교 3학년에 이어 연달아 '시민' 과목을 배우게 된다는 점에서 중학교 시민 과목과의 차별화가 요구된다. 경우에 따라서는 초등학교의 마감 학년(6학년)과 통일성을 기하기 위해서는 중학교 3학년에 '시민' 과목을 개설하는 것이 적절할 수도 있다. 그러나 고등학교 1학년에서 통합사회를 가르치는 것을 고려할 경우에는 자유학기제 또는 자유학년제가 운영되고 있는 중학교 1학년에 '시민' 과목을 개설하여 학교 밖 시민교육과의 연계를 도모할 수도 있을 것이다.

2) 장단점

이 방안이 지닌 장점은 시민교육에 대한 요구를 수용하면서도 현실적으로 실천 가능성이 높은 방안이라는 점이다. 즉, 기존의 교과 체제 유지를 전제로 '사회·도덕' 교과군 범주 내에서 일부 학년에 통합 과목인 '시민' 과목을 개설함으로써 시민교육에 대한 요구를 수용함과 동시에 기존 교과 체제 및 교사 양성 체제를 유지하여 실천할 수 있다는 점에서 이상과 현실이 상당 부분 조화를 이루고 있는 방안이다.

특히 2015 개정 교육과정의 통합사회 과목과 이를 가르치기 위해 사대 등에 마련된 '통합사회' 연계 전공을 '시민' 연계 전공으로 바꾸어 바로 활용할 수 있다는 측면에서도 현실성이 높은 편이다. 또한, 최근 읍·면 지역을 중심으로 증가하고 있는 소규모 중학교에서 상치과목을 가르치는 일반사회, 역사, 지리, 윤리 전공의 교사들에게 통합사회 혹은 시민 연계 전공을 통해서 광역형 교사 자격증을 제공할 수 있다는 점에서도 의미 있는 방안이라 할 수 있다.

이 방안이 지닌 단점은 체계적이고 지속적인 시민교육을 실천하는 데는 다소 한계가 있다는 것이다. 즉, 학교급별로 일부 학년이나 학기에만 '시민' 과목을 개설하기 때문에 '시민' 교과 개설과 달리 통합적인 시민교육이 초·중등학교에서 간헐적으로 이루어질 수 있다. 이로 인해 체계적이고 지속적인 시민교육을 원하는 국가·사회적 요구를 충족시키기에는 일정 부분 한계가 있을 수 있다.

또한, 이 방안은 기존의 사회와 도덕과 체제를 유지하면서 일부 학년에만 통합 과목을 개설한다는 점에서 상당히 현실적인 방안이지만, 아무리 일부 학년, 일부 과목이라 하더라도 통합 교육과정을 구성하는 과정 자체에는 어려움이 있을 것으로 예상된다. 그래서 초등학교와 고등학교에서는 지리, 역사, 일반사회, 도덕(윤리)을 아우르는 대통합형 '시민' 과목을 개설하고, 중학교에서는 일반사회와 도덕을 통합한 소통합형 '시민' 과목을 모색해 볼 수도 있다.

그러나 기존 사회과와 도덕과 체제를 유지하면서 다른 교과로 분리되어 있는 일반사회와 도덕만을 통합한 소통합형 시민 과목을 개설하는 것은 다소 일관성이 떨어지는 측면이 있다. 시민교육은 모든 학교 교육과정, 모든 교과에서 추구하는 것이고 지리와 역사 영역도 시민교육에서 여전히 중요한 분야이다. 그런데 일반사회와 도덕만 통합하는 것이 용이하고 효율적이라는 이유로 기존의 사회와 도덕과 체제를 그대로 유지하면서 부분적으로 소통합형 시민 과목 개설을 추진하는 것은 다소 모순적인 측면도 있다.

3) 사례

이 방안은 기존 교과 개편과 시민 교과 개설이라는 어려운 작업 없이도 사실상 시민 교과 개설 못지않은 교육적 효과를 누릴 수 있다는 점에서 매력적이다. 다시 말해서, 일부 학년이나 학기에만 '시민' 과목을 개설하기 때문에 관련 교육과정 개발 난이도는 낮추고 현실성은 높일 수 있다. 또한, 이후에 소개될 기존 과목에서 시민교육 내용만 강화하는 방식에 비해 더욱 폭넓은 형태의 쟁점 중심 교육과정 구성이 가능하다. 즉, 기존의 교과목 및 배경 학문으로부터 자유로운 보다 통합적인 교육과정 구성을 시도해 볼 수 있는 것이다.

그래서 예컨대 쟁점 중심의 통합 교육과정을 시도할 경우, 기존 과목에서 시민교육 내용만 강화하는 방식에서 주로 채택했던 공공 정책 위주의 쟁점 중심 교육에서 벗어나 그동안 금기시되거나 많이 반영되지 않았던 논쟁적인 사안도 쟁점으로 다루어볼 수 있는 여지가 생길 것이다. 표 6은 시민교육 활성화를 위해 '시민' 과목 개설을 염두에 두고 일반사회 영역에서 사회 문제 및 공공 쟁점을 중심으로 만들어 본 교육과정 내용체계표이다(노경주 외, 2018: 69).

표 6 쟁점 중심 '시민' 과목 내용체계 안(중등학교용)

대단원	학습 요소
성, 결혼, 가족생활	성, 성적 취향
	결혼, 동거, 이혼
	가족생활의 변화, 1인 가구
친구, 학교, 이웃들	친구, 왕따
	학교, 학교폭력
	이웃과 지역사회의 문제
일과 진로, 취미와 여가	일과 소득, 보람, 경제적 독립
	진로와 직업, 일과 노동
	취미와 여가, 워라벨(일과 삶의 균형)
대중매체와 대중문화	대중매체의 두 얼굴
	대중문화의 상업성, 선정성
	새로운 미디어, 신세대 문화
소비, 경제생활과 신용	소비와 행복

대단원	학습 요소
	합리적 소비와 바람직한 소비
	고령화 사회와 재정 건전성, 신용
불평등, 다양성, 소수자	계층, 계급, 불평등
	다양성, 사회적 소수자
	소수자의 인권
민주주의, 권력, 돈	민주주의와 권력
	돈과 권력, 정경유착, 권언유착
	민주주의의 미래, 민주시민의 역할
지구촌과 환경문제	지구촌, 환경오염
	재화의 소비, 환경의식
	기업의 사회적 책임, 정부, 국제기구의 역할
국제사회와 평화	우리나라와 남북분단, 통일
	국제협약, 반전, 평화
	난민문제와 세계시민성

4. 기존 교과목 체제 내의 시민교육 강화: 사회과를 중심으로

1) 특징

2015 개정 사회과 교육과정의 내용(성취기준) 개정을 통해서 쟁점 중심의 통합 교육과정을 구현하여 시민교육을 강화하는 방안도 모색할 수 있다. 그 과정에서 사회 문제 및 공공 쟁점과 사회과학이 밀접하게 연결될 수 있다. 사회문제와 공공 쟁점은 사회과학 개념과 용어, 원리 등을 통해 더 명확히 표현되고 정리될 수 있기 때문에 이 방안은 쟁점의 구조화에 상당 부분 기여할 수 있다. 그리고 현실적으로 교과서의 모든 내용을 사회 문제나 공공 쟁점으로 구성하기가 어려울 뿐만 아니라 정치적·교육적으로 논란의 소지가 있어서 결과적으로 상당수의 문제나 쟁점을 교과서에 담지 못할 수 있다는 점에서, 사회과학과 공공 쟁점을 연계하는 방식으로 교육과정 내용을 재구성하거나 일부 개정하여 쟁점 중심

교육과정을 구현하는 것은 좋은 전략이 될 수 있다.

이 방안을 실현하기 위해서는 어떻게 사회과학과 사회 문제 및 공공 쟁점을 하나의 대단원이나 중단원에서 함께 다룰 수 있을지를 고민해야 한다. 이러한 고민은 교과 및 학문 중심 교육과정과 문제 및 쟁점 중심 교육과정의 종합을 시도할 때 교육과정 개발, 교과서 집필, 수업 기획 및 실행 등의 과정에서 지속적으로 제기될 수 있는 문제이다. 이 책에서는 기본적으로 교과 및 학문 중심과 문제 및 쟁점 중심 교육의 종합이 현실적으로 어렵지 않다고 본다.

왜냐하면 사회과학 개념 자체가 기본적으로 사회 현상 설명뿐만 아니라 사회 문제 해결을 위해 활용될 여지가 매우 많기 때문이다. 예컨대 사회 계층이라는 개념을 다루다 보면, 하층의 빈곤 문제를 언급하게 될 것이고 우리 사회에서 현실로 나타나고 있는 양극화 문제도 제시하게 될 것이다. 그 과정에서 이른바 '흙수저와 금수저' 논쟁, 더 구체적으로는 직업의 대물림 성격이 강하게 나타나는 로스쿨 입시 문제, 로스쿨 출신 판검사 임용 문제 등도 등장할 수 있다. 이러한 사례들은 사회과학의 개념을 우리 사회 현실의 적용할 때 어렵지 않게 찾을 수 있는 것들이다(강대현, 2017: 14).

이러한 전략은 학교 현장 교사들이 기존의 교육과정 성취기준을 재구성하여 수업을 기획·실행하는 것을 통해서도 가능하고 향후 교육과정 개정에서 쟁점 중심 교육을 강화하는 것을 통해서도 가능하다. 개정의 주요 방식은 학문적 개념과 일반화를 중심으로 구성된 성취기준에 쟁점 요소를 추가하는 방식이 될 것이다. 일례로 기존의 교육과정 성취기준을 토대로 재구성할 경우 대단원을 구성하는 세 가지 성취기준 중 하나를 쟁점 중심으로 기술하는 것을 고려해 볼 수 있다.[14] 또한, 대주제의 성격과 내용을 수정하여 대단원 전반에 걸쳐 학문 중심과 쟁점 중심 교육의 종합을 시도해 보는 것도 좋을 것이다.

2) 장단점

이 방안이 지닌 장점은 교과 체제 개편이나 과목 개설 없이 비교적 용이하게 시민교육을 강화할 수 있다는 점이다. 2015 개정 사회과 교육과정을 반성적으

14 2015 개정 사회과 교육과정의 중학교 사회의 대주제(대단원)는 각 단원이 3개의 성취기준으로 되어 있다.

로 고찰해 온 연구자들 사이에서는 향후 사회과 교육과정에서는 특히 초등학교와 중학교 사회 과목에서 가치 태도 교육 혹은 쟁점 중심의 교육을 강화할 필요가 있다는 요구가 적지 않다. 그리고 이러한 공감대가 학계와 현장에 폭넓게 형성될 경우 향후 교육과정 개정에서는 특별한 걸림돌 없이 그런 변화가 이루어질 수 있을 것이다. 이 방안은 바로 그러한 요구를 일정 부분 실현하는 것이기도 하다.[15]

이 방안이 지닌 단점은 교과 체제 개편이나 과목 개설 없이 기존의 교과목 체제에서 시민교육이 충분히 강화될 수 있겠는가 하는 점이다. 예컨대 쟁점 중심의 통합 교육과정을 통해 시민교육을 강화한다고 해도 '시민' 교과나 과목이 개설되지 않은 상태이기 때문에 사실상 교과 및 학문 중심 교육과정의 일부 단원에 쟁점 중심의 통합 교육과정이 가미되는 정도에 머물 수도 있다. 또한, 실제로 쟁점을 다루더라도 그 범위가 크게 넓어지기보다는 관련 학문의 범위 내에서 공공 정책 중심의 쟁점만 선택적으로 다루게 될 소지가 있다.

3) 사례

이미 앞에서 언급한 바와 같이 기존 교과목, 예컨대 사회과의 일반사회 영역에 시민교육 내용을 학문과 쟁점 중심의 통합 교육과정 방식으로 강화할 경우 ① 대주제(대단원)를 학문 중심으로 유지하면서 세 가지 성취기준 중 하나를 쟁점 중심으로 수정하거나, ② 대주제 전체를 학문 중심과 쟁점 중심의 종합적인 형태로 수정하는 방안을 고려해 볼 수 있다.

표 7 은 2015 개정 사회과 교육과정의 중학교 '사회' 과목의 일반사회 영역의 네 번째 대단원인 '정치과정과 시민 참여' 내용에 쟁점 중심 교육과정을 가미한 것이다. A안은 해당 주제의 세 번째 성취기준을 쟁점 중심으로 바꾼 것이고, B안은 대단원 전반에 걸쳐 쟁점 중심 교육을 반영한 것이다(노경주 외, 2018: 66).

15 실제로 2022 개정 중학교 사회 교육과정에서 쟁점 중심 교육 관련 성취기준들이 늘어난 것으로 파악되고 있다.

표 7 쟁점 중심 시민교육 성취기준 반영 안

구분	성취기준
기존	[9사(일사)04-01] 정치과정의 의미를 이해하고, 정치과정에 참여하는 다양한 정치 주체의 역할을 설명한다. [9사(일사)04-02] 선거의 기능과 기본 원칙을 이해하고, 공정한 선거를 위한 제도 및 기관에 대해 조사한다. [9사(일사)04-03] 지방 자치 제도의 의미와 특징을 이해하고, 지역사회의 문제를 해결하기 위한 시민 참여 활동을 조사한다.
A안	[9사(일사)04-01] 정치과정의 의미를 이해하고, 정치과정에 참여하는 다양한 정치 주체의 역할을 설명한다. [9사(일사)04-02] 선거의 기능과 기본 원칙을 이해하고, 공정한 선거를 위한 제도 및 기관에 대해 조사한다. [9사(일사)04-03] 지방 자치 제도의 의미와 특징을 이해하고, 우리나라(혹은 우리 지역) 지방자치의 문제 및 쟁점(연고주의, 권언유착 등)에 대해서 토론한다.
B안	[9사(일사)04-01] 대의 민주주의의 필요성과 한계를 분석하고, 우리나라에서 토의 민주주의(공론조사 등)의 가능성에 대해 토론한다. [9사(일사)04-02] 우리나라의 선거 제도를 다른 나라의 선거제와 비교하여 분석하고, 공정한 선거 제도 방안에 대해 정당성과 효율성 측면에서 토론한다. [9사(일사)04-03] 지방자치제도의 의의와 중앙 및 지방정부의 역할을 인식하고, 우리나라 지방자치 현황과 개선 방안에 대해 토론한다.

물론 이러한 방안을 완전한 통합 혹은 간학문적 교육과정의 형태로 보기는 어려울 것이다. 그러나 해당 주제의 배경 학문을 토대로 사회적 현안을 접목할 경우, 기존에 비해 더욱 통합 지향적인 교육과정이 구성될 수 있을 것이다. 이 경우 그동안 금기시되어 왔거나 아주 논쟁적인 사회적 현안보다는 경제, 복지, 교육 정책 등과 같은 공공 정책 중심으로 쟁점이 구성될 가능성이 높다. 그럼에도 불구하고 이 방안은 기존의 사회과학 중심 시민교육의 문제점을 일정 부분 해소하면서 쟁점 중심 교육의 시민교육적 가치를 활용하는 데 일조할 수 있다.

5. 시민교육 교과목 개설 및 내용 강화 방안의 특징과 장단점

지금까지 논의된 시민 교과 개설 방안, 시민 과목 개설 방안, 기존 과목을 활용한 시민교육 내용 강화 방안의 주요 특징과 장점, 단점(과제) 등을 정리하면

표 8과 같다.

표 8 시민교육 교과목 개설 및 내용 강화 방안 정리

구분		방안	특징	교과 수	주요 장점	주요 단점/과제
교과 개설	A안	대통합(광역)형 시민 교과 개설	지리, 역사, 일반사회, 도덕을 통합하여 시민 교과로 개편	9개	-교과 수 1개 감소 -통합적 시민교육의 이상에 부합 -중학교 상치 과목 수업 관행 개선	-대통합형 교육과정 구성의 어려움 -전공과 교과 간 높은 장벽 극복 어려움
	B안	소통합형 시민 교과 개설	지리, 역사를 제외한 일반사회와 도덕을 통합하여 시민 교과로 개편	10개	-대통합형에 비해 교육과정 구성 용이 -시민교육이라는 명분에 부합(일사+도덕) -한국사를 포함해야 한다는 부담 경감	-일반사회와 도덕, 지리와 역사 통합의 어려움 -국사 교육 약화라는 비판 소지
	C안	도덕과를 시민 교과로 개편	도덕과의 질적 변화를 통해 시민 교과로 개편	10개	-다른 과목에 주는 영향이 적어 개편 작업이 상대적으로 용이 -시민 교과로서의 도덕과의 정체성 변화	-명칭 변경에 불과할 우려 -관련 전공자들의 반발 우려 -전인적, 종합적 시민교육 미흡
	D안	일반사회를 시민 교과로 개편	일반사회 영역을 사회과에서 독립시켜 시민 교과로 개편	11개	-현실적으로 교육과정 개발과 운영 용이 -사회 문제 및 쟁점 중심의 시민교육 가능	-교과 수 1개 증가 -전인적, 종합적 시민교육 미흡
	E안	시민 교과 신설	사회과(지리, 역사, 일반사회), 도덕과 이외의 시민 교과를 신설	11개	-시민교육의 획기적 전기 마련 가능 -기존 시민교육에서 나타난 잘못된 관행과 실패 극복 시도	-교과 수 1개 증가 -사회, 도덕과 차별화되는 시민 교과 개발의 어려움
과목 개설		시민 과목 개설	기존 교과 체제 내에서 시민 과목을 개설하여 일부 학년이나 학기에 배치	10개	-기존 교과 체제 및 교사 양성 체제 유지 -중학교 상치 과목 수업 관행 개선 -쟁점 중심 교육과정 구성 가능	-체계적, 지속적인 시민교육 실천에 다소 한계 -통합 교육과정 구성 자체의 어려움
내용 강화		기존 과목 내에서 시민교육 강화	사회과의 학문 중심 교육과정에 쟁점 중심 교육과정을 결합	10개	-기존 교육과정의 일부 개정만으로도 실행 가능	-사회과학과 사회 문제 및 공공 쟁점의 결합 방식 고민

제14장 교과 외 시민교육 교육과정의 개선 방안

1. 범교과 학습 주제 개편의 필요성과 방안

범교과 학습 주제에 대한 논의에 앞서 범교과 학습의 개념을 살펴보고자 한다. 현재 우리나라의 학교 교육과정은 교과(curriculum), 범교과 학습(cross-curricular learning), 교과 외 활동(extra-curricular activities)으로 구성되어 있다. 이 중 범교과 학습은 여러 교과에서 두루 다루어질 수 있는 주제를 중심으로 실시되는 교육 영역을 가리킨다. 효과적인 범교과 학습을 위해서는 여러 교과를 아우르는 주제를 선정하는 것이 중요하다.

범교과 학습 주제 선정의 본래 취지는 특정한 주제를 여러 교과의 교육과정에 반영해 달라는 국가·사회적 요구를 수용하려는 데 있다. 특히 교육과정 개정기에는 특정 주제나 개념이 교육과정에 포함되기를 원하는 정부 부처나 민간기관의 요구가 적지 않다. 2015 개정 교육과정에서도 범교과 학습 주제를 선정하여 여러 교과에, 특히 사회과에 반영해 달라는 다양한 주체의 수많은 요구가 있었고, 실제로 이를 적절히 반영하여 사회과 교육과정이 개정된 바 있다(설규주, 2015).

한편, 우리나라의 경우 범교과 학습 주제는 교과 교육과정뿐만 아니라 교과 외 활동인 창의적 체험활동에서도 다루어지고 있다. 창의적 체험활동의 네 가지 영역인 자율활동, 봉사활동, 동아리활동, 진로활동 중 특히 공식적으로 시수가 배정된 자율활동 시간에 범교과 학습 주제를 다루는 경우가 많다. 물론 이것이 학교 현장에서 범교과 학습과 창의적 체험활동(특히 자율활동)의 연계가 반드시 원활하게 이루어지고 있음을 의미하는 것은 아니다. 그럼에도 불구하고 교과목으로 만들어 전통적인 교과 및 학문 중심의 교육과정에 반영하기 어려운 학습 주제 및 내용을 범교과 학습 주제로 편성하는 것은 교육과정 개정 당시의 국가·사회적 요구를 교육과정에 적절히 반영하는 나름의 전략이라고 할 수 있다.

범교과 학습 주제는 제1차 교육과정 시기부터 존재해 왔다. 시대와 상황에 따라 그 내용이 일부 변화하기는 했지만, 그 이면을 살펴보면 사실상 범교과 학습 주제의 선정은 교육적인 선택의 결과이기보다는 여러 정부 부처의 정책적 요구와 관련된 측면이 많았다. 또한, 범교과 학습 주제로 한번 선정되고 나면, 이후의 변화나 논의를 반영하여 수정·삭제되기보다는 계속 유지되는 경향을 보였다(구정화 외, 2013). 그렇기 때문에 범교과 학습 주제 수는 그동안 대체로 꾸준히 증가해 왔다. 2009 개정 교육과정에서 범교과 학습 주제가 무려 39개에 이르렀던 것도 이와 무관하지 않다.

이에 구정화 등(2013)은 2015 개정 교육과정 개발에 앞서 범교과 학습 주제의 재조직을 시도하였다. 전문가 델파이 조사, 학생 및 학부모 대상 수요 조사 등을 통해 기존의 39개 범교과 학습 주제를 일부 정리하고 몇 가지를 추가하여 5개 범주, 25개의 하위 주제로 다음과 같이 재구성하였다.

2009 개정 교육과정의 범교과 학습 주제	민주시민교육, 인성교육, 환경교육, 경제교육, 에너지교육, 근로정신함양교육, 보건교육, 안전교육, 성교육, 소비자교육, 진로교육, 통일교육, 한국 정체성 교육, 국제이해교육, 해양교육, 정보화 및 정보윤리 교육, 청렴·반부패교육, 물보호교육, 지속가능발전교육, 양성평등 교육, 장애인 이해교육, 인권교육, 안전·재해 대비 교육, 저출산·고령사회 대비교육, 여가활용교육, 호국·보훈교육, 효도·경로·전통윤리교육, 아동·청소년 보호교육, 다문화교육, 문화예술교육, 농업·농촌이해교육, 지적재산권교육, 미디어교육, 의사소통·토론중심교육, 논술교육, 한국문화사 교육, 한자교육, 녹색교육, 독도교육 등

⬇

재조직 방안	범주	주제
	범주 1. 개인적 삶을 위한 영역	주제 1. 건강 교육 주제 2. 자기 정체성 이해 교육 주제 3. 성 이해 및 성폭력 예방 교육 주제 4. 진로교육 주제 5. 안전·재해 대비교육 주제 6. 삶의 철학과 가치 판단 교육
	범주 2. 인간관계를 위한 영역	주제 1. 인성교육 주제 2. 다문화교육 주제 3. 의사소통교육 주제 4. 리더십 교육
	범주 3. 문화예술적 삶을 위한 영역	주제 1. 예술 문해 교육 주제 2. 미디어교육 주제 3. 집단 창작 주제 4. 한국 전통 문화예술 교육 주제 5. 독서교육
	범주 4. 시민(경제적/국민/세계 시민)적 삶을 위한 영역	주제 1. 인권교육 주제 2. 민주시민교육 주제 3. 국가 정체성 교육 주제 4. 경제교육 주제 5. 인구교육 주제 6. 통일교육 주제 7. 지구촌 교육
	범주 5. 과학/기술/자연환경을 고려한 삶을 위한 영역	주제 1. 생태 교육 주제 2. 정보 교육 주제 3. 신공학 기술 이해 및 평가 교육

그림 1 범교과 학습 주제의 재조직

이러한 연구를 토대로 하여, 2015 개정 교육과정에서는 범교과 학습 주제가 10개로 대폭 개편되었다. 그 10가지 주제는 다음과 같다.

① 안전·건강교육	② 인성교육	③ 진로교육	④ 민주시민교육	⑤ 인권교육
⑥ 다문화교육	⑦ 통일교육	⑧ 독도교육	⑨ 경제·금융교육	⑩ 환경·지속가능발전교육

그림 2 2015 개정 범교과 학습 주제

10개로 재구성된 범교과 학습 주제 중 하나가 민주시민교육이다. 그런데 위와 같이 민주시민교육이 10개 주제 중 하나로서 인권교육, 다문화교육, 인성교육 등과 병렬적으로 제시되는 것은 민주시민교육의 폭을 너무 제한하는 문제를 야기할 수 있다. 예컨대 민주시민교육이 정치참여교육이나 준법교육 정도로 축소되거나 오해될 소지가 있다. 또한, 현재 제시된 10가지 학습 주제 자체도 상호 중복이 심하고 위계와 범주가 일정하지 않을 뿐만 아니라 직·간접적으로 민주시민교육에 포함되거나 연관된다는 점에서 체계적인 시민교육 강화 측면에서 검토가 필요하다.

시민교육 활성화를 위해서는 10개 범교과 학습 주제가 지금과 같은 방식으로 나열되기보다는 최소한의 논리와 기준에 따라 재구성되는 것이 필요하다. 예컨대 '인간의 역량'이나 '인간의 생활 영역' 등을 중심으로 범주를 구분하고 각 범주에 해당하는 하위 교육을 설정함으로써 각 교육 간의 차별성과 전체적인 효율성을 높이는 데 기여할 수 있을 것으로 생각된다.

여기서는 인간의 생활 영역을 중심으로 범교과 학습 주제를 몇 가지로 범주화하려고 한다. 예컨대 개인의 사적 생활의 필요를 다루는 영역, 사회생활에서 필요한 역량을 기르는 영역, 공동체 구성원으로서의 자질을 기르는 영역으로 구분해 보는 것이다. 이 과정에서 기존의 10개 범교과 학습 주제를 그대로 유지하면서 그 세 영역에 배치해 볼 수도 있고, 부분적으로 개편하면서 배치해 볼 수도 있다.

표 1은 인간 생활을 중심으로 범교과 학습 주제의 주요 영역을 범주화하는 다양한 방식을 보여주고 있다. 두 개의 범주만 활용하여 각 영역의 범위를 넓게 설정하는 방식으로는 A안처럼 개인 생활과 시민 생활로 구분하는 것이 가능하

다. 여기서 개인 생활은 대체로 사적 영역에서의 생활을 가리킨다. 자기 관리, 대인관계, 일과 삶 등이 여기에 해당한다. 시민 생활은 주로 공적 영역에서의 생활을 가리킨다. 사회 참여, 문제해결, 공동체 역량 등이 이와 관련된다. 그런데 인성교육처럼 개인의 품성뿐만 아니라 부분적으로 사회적인 태도 및 자질과 관련되는 경우도 있고 경제·금융교육처럼 자기 관리만이 아니라 대인관계나 사회 생활, 일과 여가 등과 관계되는 경우도 있기 때문에 B, C, D안처럼 더욱 세분화된 구분 방식도 가능하다. 물론 여기 제시된 안들은 범교과 학습 주제를 범주화하는 몇 가지 방식의 예일 뿐이다. 이를 정리하면 표 1과 같다.

표 1 '범교과 학습 주제' 범주화 및 시민교육 강화 방안

<table>
<tr><th>구분</th><th colspan="4">학습 주제 범주화</th><th>영역 수</th></tr>
<tr><td rowspan="2">A안</td><td>개인 생활</td><td colspan="2">안전·건강교육, 진로교육, 인성교육</td><td rowspan="2">경제·금융교육</td><td rowspan="2">2</td></tr>
<tr><td>시민 생활</td><td colspan="2">민주시민교육(정치참여교육), 인권교육, 다문화교육, 통일교육, 독도교육, 환경·지속가능발전교육</td></tr>
<tr><td rowspan="3">B안</td><td>개인 생활</td><td colspan="2">안전·건강교육</td><td rowspan="3">경제·금융교육</td><td rowspan="3">3</td></tr>
<tr><td>사회 생활</td><td colspan="2">진로교육, 인성교육</td></tr>
<tr><td>시민 생활</td><td colspan="2">민주시민교육(정치참여교육), 인권교육, 다문화교육, 통일교육, 독도교육, 환경·지속가능발전교육</td></tr>
<tr><td rowspan="4">C안</td><td>개인 생활</td><td colspan="2">안전·건강교육</td><td rowspan="4">경제·금융교육</td><td rowspan="4">4</td></tr>
<tr><td>일과 여가</td><td colspan="2">진로·여가교육[1]</td></tr>
<tr><td>인간 관계</td><td>인성교육</td><td rowspan="2">인권교육, 다문화교육</td></tr>
<tr><td>시민 생활</td><td>민주시민교육(정치참여교육), 통일교육, 독도교육, 환경·지속가능발전교육</td></tr>
<tr><td rowspan="5">D안</td><td>개인 생활</td><td colspan="2">안전·건강교육</td><td rowspan="4">경제·금융교육</td><td rowspan="5">5</td></tr>
<tr><td>일과 여가</td><td colspan="2">진로·여가교육</td></tr>
<tr><td>인간 관계</td><td>인성교육</td><td rowspan="2">인권교육, 다문화교육</td></tr>
<tr><td>시민 생활</td><td>민주시민교육(정치참여교육), 통일교육, 독도교육</td></tr>
<tr><td>과학/기술/환경</td><td colspan="3">환경·지속가능발전교육</td></tr>
</table>

1 일과 여가라는 영역에 맞게 진로교육을 진로·여가 교육으로 확장해 보았다.

2. 범교과 학습 주제 개편을 통한 시민교육 강화 방안

1) A안: 개인 생활과 시민 생활

학교 교육은 학습자의 자아실현 등 개인적 필요를 채우는 측면도 있고, 공동체 구성원으로서 역할을 담당할 수 있는 자질을 기르는 측면도 있다. 이러한 특성을 반영하여 개인으로서의 사적 생활과 시민으로서의 공적 생활이라는 2개 범주로 범교과 학습 주제를 개편하는 방식을 먼저 떠올려 볼 수 있다.

이 방식에 따라 기존의 범교과 학습 주제를 분류하면, 개인 생활 영역에는 안전·건강교육, 진로교육, 인성교육 등을 설정할 수 있다. 시민 생활 영역에는 민주시민교육, 인권교육, 다문화교육, 통일·독도교육, 환경·지속가능발전교육 등을 배치하는 것이 가능하다. 노동, 소비, 자산 관리 등을 두루 다루게 되는 경제·금융교육은 개인 생활과 시민 생활 영역에 모두 걸쳐 있다고 보아도 무방하다. 물론 기존의 범교과 학습 주제를 일부 수정하여 좀 더 체계화할 수도 있을 것이다. 이를 제시하면 표 2와 같다.

표 2 개인 생활과 시민 생활의 범주화

<table>
<tr><th>구분</th><th>개인 생활
(자기 관리, 일과 삶, 대인관계)</th><th>시민 생활
(사회참여, 문제해결, 공동체)</th><th>학습
주제 수</th></tr>
<tr><td rowspan="2">A안</td><td>안전·건강교육, 진로교육, 인성교육</td><td>민주시민교육, 인권교육, 다문화교육, 통일교육, 독도교육, 환경·지속가능발전교육</td><td rowspan="2">10</td></tr>
<tr><td colspan="2">경제·금융교육</td></tr>
<tr><td rowspan="2">A-1안</td><td>안전·건강교육, 진로·여가교육, 인성교육</td><td>정치참여교육, 인권·다문화교육, 통일·독도교육, 지속가능발전교육, 미디어교육</td><td rowspan="2">9</td></tr>
<tr><td colspan="2">경제·금융교육</td></tr>
</table>

A안은 기존의 범교과 학습 주제를 그대로 활용하는 방안이고, A-1안은 일부는 통합하거나 연계하고 일부는 새로운 요소를 추가한 방안이다.

A-1안에서 범교과 학습 주제는 9개로 줄어든다. 이는 상대적으로 관련성이

높은 주제들끼리 연계함으로써 학습 주제 수를 줄이고 보다 집중적이고 효과적인 교육을 추구하기 위한 목적에서 비롯된 것이다. 그래서 사회적 소수자를 매개로 인권교육과 다문화교육의 연계(인권 · 다문화교육), 우리 국토를 매개로 통일교육과 독도교육의 연계(통일 · 독도교육)를 모색해 본 것이다. 또한, 민주시민교육은 범교과 학습 주제에 속하는 다른 교육과 대등한 수준의 주제가 아니라 시민생활 전반에 걸쳐 있는 것으로 설정하고, 그 대신 '정치참여교육'이라는 보다 구체적인 표현을 통해 그동안 실시되어 왔던 협의의 민주시민교육을 대체하는 방안을 구상해 볼 수 있다. '정치참여교육'이라는 명칭이 다소 제한적이라면 '정치교육'이라는 표현으로 좀 더 폭넓게 표현하는 것도 가능하다.

그리고 여가 활동, 문화 예술 활동에 대한 교육을 추가하는 것도 고려해 볼 필요가 있다. 최근 고령화의 급속한 진전과 여가 문화 확산 상황을 반영하여 '여가교육' 관련 사항을 다루는 것도 시의적절하다고 할 수 있다. 여가교육에는 여가로서의 문화 예술 활동이 포함된다. 여기서는 범교과 학습 주제 개수가 늘어나는 부담을 고려하여 진로교육과 묶었는데, 안전·건강·여가로 묶는 방식도 가능하다. 여가교육 관련 내용은 최근의 노동 시간 단축, 일과 여가의 균형을 꾀하고자 하는 사회적 흐름에도 부합할 것으로 생각된다. 그리고 정보화의 흐름 속에서 미디어 리터러시 능력이 중시되는 상황을 반영하여 '미디어교육'을 추가해 볼 수 있다. 이를 통해 기기 활용 능력 함양, 가짜 뉴스 판별 및 대응 등과 같은 것을 다룰 수 있을 것으로 기대된다.

한편, 경제·금융교육은 그 폭이 너무 넓어서 어느 하나에만 배치하는 것이 쉽지 않다. 개인의 경제생활이나 금융은 자기 관리·계발에 가깝지만, 노동 문제 등은 사회 참여·문제 해결과 같은 시민 생활에 더 가까운 부분도 있기 때문이다. 경제·금융교육이라는 명칭을 지금보다 더 포괄적인 표현으로 바꾸거나 아예 세부적으로 분리하는 방식도 대안으로 고려해 볼 수 있다.

환경·지속가능발전교육의 경우 지속가능발전교육이라는 명칭으로 대체하는 방안을 제안한다. 지속가능발전교육의 범주가 매우 넓어서 이미 환경이라는 주제를 포함하고 있으므로 '환경'이라는 표현을 빼더라도 그것이 가리키는 교육을 나타내는 데 무리가 없다고 판단되기 때문이다.

2) B안: 개인 생활, 사회 생활, 시민 생활

개인 생활과 시민 생활 사이에 하나의 범주를 더 만들어 영역을 좀 더 세분화하는 방안도 있다. 개인의 사적 생활과 시민의 공적 생활이 때로는 명백히 구분되지 않을 수 있고, 사적 영역과 공적 영역에 걸쳐 있는 주제들도 있기 때문이다. 따라서 개인 생활, 사회 생활, 시민 생활이라는 3개의 범주로 개편하는 것도 고려해 볼 수 있다. 그런데 사회 생활의 범위는 매우 넓기 때문에 그 자체로는 시민 생활을 포함할 수 있다. 따라서 여기서의 사회 생활은 조작적 정의를 통해 일과 삶, 대인관계 등과 같은 영역으로 한정할 필요가 있다. 일단 기존의 주제를 최대한 존중하는 선에서 소폭 조정한 방식과 이를 좀 더 체계적으로 개편한 방식으로 나누어 제시하면 표 3과 같다.

표 3 개인 생활, 사회 생활, 시민 생활의 범주화

구분	개인 생활 (자기 관리)	사회 생활 (일과 삶, 대인관계)	시민 생활 (사회참여, 문제해결, 공동체)	학습 주제 수
B안	안전·건강교육	진로교육, 인성교육	민주시민교육, 인권교육, 다문화교육, 통일교육, 독도교육, 환경·지속가능발전교육	10
	경제·금융교육			
B-1안	안전·건강교육	진로·여가교육, 인성교육	정치참여교육, 인권·다문화교육, 통일·독도교육, 지속가능발전교육, 미디어교육	9
	경제·금융교육			

일과 삶, 대인관계 등의 영역은 때로는 개인 생활이나 시민 생활과 완전히 구분되지 않는 측면이 존재한다. 이러한 부분을 중심으로 사회 생활 영역이라는 것을 구상해 볼 수 있다. 사회 생활 영역 중에서 일과 삶 측면에서는 진로·여가 교육이, 대인관계 측면에서는 인성 교육이 각각 강조될 수 있다. A안과 마찬가지로 경제·금융교육은 개인 생활, 사회 생활, 시민 생활에 두루 관련되는 특성을 띤다. 이는 이후 제시되는 C안, D안에서도 동일하다.

3) C안: 개인 생활, 일과 여가, 인간관계, 시민 생활

이 방식은 개인 생활과 시민 생활이 좀 더 뚜렷이 부각될 수 있도록 하기 위해 사회 생활 영역을 일과 여가 및 인간관계로 구분한 것이 특징이다. 여기서 일과 여가 영역에는 진로·여가교육을 두고 인간관계 영역에는 기본적으로 인성교육을 배치한다. 한편, 인간관계를 단지 대인관계 수준이 아니라, 인간에 대한 존중, 인간의 존엄성 등과 같은 부분을 포함하는 것으로 보면 인성교육뿐만 아니라 인권교육과 다문화교육을 포함하는 방식도 고려해 볼 수 있다.[2] 물론 인권교육, 다문화교육은 시민 생활에 배치해도 전혀 무리가 없다. 이 경우 개인 생활은 안전·건강교육 등 주로 개인의 몸과 관련된 교육적 필요로 한정되고, 시민 생활도 민주시민교육, 통일교육, 독도교육, 환경·지속가능발전교육 등으로 재편된다. 이를 제시하면 표 4와 같다.

표 4 개인 생활, 일과 여가, 인간관계, 시민 생활의 범주화

<table>
<tr><th>구분</th><th>개인 생활</th><th>일과 여가</th><th>인간관계</th><th>시민 생활</th><th>학습 주제 수</th></tr>
<tr><td rowspan="3">C안</td><td rowspan="2">안전·건강교육</td><td rowspan="2">진로·여가교육</td><td>인성교육</td><td>민주시민교육, 통일교육, 독도교육, 환경·지속가능발전교육</td><td rowspan="3">10</td></tr>
<tr><td colspan="2">인권교육, 다문화교육</td></tr>
<tr><td colspan="4">경제·금융교육</td></tr>
<tr><td rowspan="3">C-1안</td><td rowspan="2">안전·건강교육</td><td rowspan="2">진로·여가교육</td><td>인성교육</td><td>정치참여교육, 통일·독도교육, 지속가능발전교육, 미디어교육</td><td rowspan="3">9</td></tr>
<tr><td colspan="2">인권·다문화교육</td></tr>
<tr><td colspan="4">경제·금융교육</td></tr>
</table>

이러한 방식은 인간 생활의 여러 측면을 포괄하면서도 일정한 기준에 따라 각 영역을 대략적으로 구분할 수 있게 해 준다. 인간은 몸을 지닌 존재로서

2 범주는 이처럼 네 가지로 설정하되, 인권교육과 다문화교육은 인간관계 영역에서 시민 생활 영역으로 이동하는 방안도 가능하다. '인간관계'라는 표현이 직관적으로는 대인관계를 의미하는 경우가 일반적이기 때문이다. 그에 비해 인권교육이나 다문화교육에서 의미하는 '인간'의 의미는 그보다 훨씬 규범적이고 공적인 성격을 띠기 때문에 시민 생활에 포함하는 것도 충분히 가능하다.

안전·건강의 필요가 채워져야 하며 생계유지를 위한 직업 활동과 스트레스 해소를 위한 여가 활동, 문화 예술 활동, 휴식과 재충전 등이 필요하다. 또한, 타인과의 관계 속에서 인간관계를 잘 맺으며 존중해야 할 뿐만 아니라 다른 동료 시민들과 함께 공동체의 중요한 의사결정에 참여하여 우리 사회를 규율하는 법, 제도, 정책들을 만들고 이를 지켜나가야 한다. C안은 이처럼 인간 삶의 여러 영역을 체계적으로 구분하면서도 전체를 아우르는 데 도움을 줄 수 있다.

4) D안: 개인 생활, 일과 여가, 인간관계, 시민 생활, 과학/기술/환경

구정화 등(2013)에서는 10개 주제로 축소되기 이전의 주제들을 개인 생활, 일과 여가, 인간관계, 시민 생활, 과학/기술/환경 등으로 범주화한 바 있다. 이러한 방식은 C안과 대부분 동일하고, 시민 생활에 포함되어 있는 환경·지속가능발전 교육을 과학/기술/환경으로 이동시킴으로써 시민 생활 부분을 더욱 명확히 하는 장점이 있다. 이를 제시하면 표 5와 같다.

표 5 개인 생활, 일과 여가, 인간관계, 시민 생활, 과학/기술/환경의 범주화

<table>
<tr><th>구분</th><th>개인 생활</th><th>일과 여가</th><th>인간관계</th><th>시민 생활</th><th>과학/기술/
환경</th><th>학습
주제 수</th></tr>
<tr><td rowspan="3">D안</td><td rowspan="2">안전·건강
교육</td><td rowspan="2">진로·여가
교육</td><td>인성교육</td><td>민주시민교육,
통일교육,
독도교육</td><td rowspan="3">환경·지속가능
발전교육</td><td rowspan="3">10</td></tr>
<tr><td colspan="2">인권교육, 다문화교육</td></tr>
<tr><td colspan="4">경제·금융교육</td></tr>
<tr><td rowspan="4">D-1안</td><td rowspan="3">안전·건강
교육</td><td rowspan="3">진로·여가
교육</td><td>인성교육</td><td>정치참여교육,
통일·독도교육</td><td rowspan="2">지속가능발전
교육</td><td rowspan="4">9</td></tr>
<tr><td colspan="2">인권·다문화교육</td></tr>
<tr><td>-</td><td colspan="2">미디어교육</td></tr>
<tr><td colspan="4">경제·금융교육</td><td>-</td></tr>
</table>

5) 범교과 학습 주제 개편 방안의 적용: 교과 교육과정에 1차 반영

범교과 학습 주제를 반영해서 교육과정을 개정하고 운영해야 하는 부분은 정확히 이야기하면 창의적 체험활동 이전에 교과 교육과정이어야 한다. 왜냐하면 범교과 학습 주제가 하나의 교과가 아니라 여러 교과에 걸쳐 가르칠 수 있는 주제를 의미하기 때문이다. 그동안 범교과 학습 주제는 주로 관련성이 높은 사회과, 도덕과 등에만 반영되는 경향을 보여 왔다. 만약 시민 생활(시민교육)을 범교과 학습 주제의 주요한 영역으로 삼아서 가르치게 된다면 사회과와 도덕과뿐만 아니라 모든 교과에서 가르칠 수 있도록 교과 교육과정 개정 과정에서 반영하고, 또한 학교 현장에서 교과 교육과정을 실질적으로 운영하는 데도 반영되어야 할 것이다.

예컨대 국어과, 과학과 등은 여러 측면에서 시민교육에 대한 내용을 강화해야 할 것이다. 국어과에서 다루는 다양한 주제 중에는 시민교육 관련 내용이 지금보다 더 추가되어야 할 것이다. 학생들은 문해력을 익히는 과정에서 민주주의와 시민에 대한 이해를 더 확장할 수 있을 것이다. 과학과 등에서도 과학기술이 지닌 문제점을 다루면서 토론을 하고 이를 과학적 측면뿐만 아니라 사회적 측면에서도 비판해 볼 수 있도록 가르칠 필요가 있다. 이처럼 범교과 학습 주제로서 시민교육은 창의적 체험활동에 반영되기에 앞서서 사회과와 도덕과뿐만 아니라 모든 교과에서 연계하여 가르칠 수 있는 방안을 모색해야 할 것이다.

3. 창의적 체험활동 등의 활용을 통한 시민교육 강화 방안

1) 창의적 체험활동을 최대한 활용하기

현재 범교과 학습 주제는 주로 창의적 체험활동 시간에 활용되거나 연구학교 등에서 다소 특별한 방식으로 운영되는 경우가 많다. 새로운 범교과 학습 주제를 제안하더라도 이러한 방식이 근본적으로 변화하기는 어렵다. 하지만 기본적으로 시민교육 활성화라는 방향 속에서 재구성된 범교과 학습 주제는 예컨대 자유학기제 등과 같은 시간을 잘 활용하면 유용한 학습 내용과 경험을 제공해 줄 수 있을 것이다.

현실적으로 현재의 교과 교육과정이 대폭 변화하지 않는 한 이 책에서 제안하는 범교과 학습 주제도 기존의 방식처럼 창의적 체험활동을 주로 활용하게 될 것이다. 2015 개정 교육과정에서 창의적 체험활동 시간은 대략 주당 3시간 정도[3]인데 이 시간에 자율활동, 동아리활동, 봉사활동, 진로활동을 모두 소화해야 한다는 점에서 앞서 제시한 모든 범교과 학습 주제를 실시하는 것은 사실상 불가능하다. 이러한 점을 고려하여 다음과 같은 몇 가지 운영 방안을 고려할 수 있다.

첫째, 창의적 체험활동 시간에 범교과 학습 주제를 다룰 경우에는 앞서 제시한 10개의 주제를 모두 다루기보다는 개별 학교의 여건이나 교사의 전공 등을 고려하여 5개 안팎의 주제를 정하고 학년별 배치를 통해 중복되지 않게 사용하는 것이 좋을 것이다. 이 경우에는 교사들의 전공을 고려한 지도가 가능하고, 학생들에게 계열성을 고려한 지도가 가능하다는 장점이 있다.

둘째, 학교 교육과정을 정비하여 주당 1시간 정도의 창의적 체험활동 시간을 추가로 확보하는 노력도 고려해 볼 수 있다. 이 경우 교과 활동과 연계함으로써 절대적인 수업 시수 증가 부담이 발생하지 않도록 하는 방안을 함께 모색할 필요가 있다. 한편, 일부 고등학교의 경우 짧은 창의적 체험활동 시간마저 교과 활동으로 대체, 운영되는 사례도 있는데 현재 주어진 주당 4시간의 시수가 준수되도록 하는 노력이 뒷받침되어야 한다. 그리고 향후 교육과정 개정 시 창의적 체험활동 시수를 지금보다 늘리는 방안도 고려해 볼 수 있다.

셋째, 필요한 경우에 재구성된 범교과 학습 주제를 학년별로 분산, 배치하여 시간표를 운영함으로써 범교과 학습 주제 전체를 다룰 수도 있다. 또는 각 영역(예컨대 개인 생활, 일과 여가, 인간관계, 시민 생활 등)별로 일부 주제를 선택하고 결합함으로써 10개의 주제 전체는 아니더라도 각 영역만큼은 부분적으로라도 모두 다루는 방식도 고려해 볼 수 있다. 더 나아가 학교의 특성화 사업 등으로 운영하는 방안도 모색해 볼 수 있다.

3 고등학교는 주당 4시간이 배정되어 있다.

넷째, 창의적 체험활동 중 자율활동에 속하는 학생 자치활동 등을 적극 활용할 필요가 있다. 학급회, 학생회 등은 학교 내에서 공식적으로 보장하는 민주주의 학습의 장이라고 할 수 있다. 그러나 실질적으로는 학교의 다른 행사나 활동 등에 밀려 학생 자치활동이 제대로 구현되지 못하는 경우가 적지 않다. 또한, 학급회나 학생회가 단순히 교사의 전달 사항이 공유되거나 일부 학생회 간부 등에 의해 주도되는 자리가 되기도 한다. 단지 미래의 꿈나무가 아니라 오늘의 주권자로서 시민을 길러내기 위해서는 학급과 학교 구성원 누구나 자유롭게 의사를 표출하고 의사결정과 자치활동에 참여할 수 있도록 학급회와 학생회 활동이 실질적으로 보장되어야 한다(설규주, 2017).

다섯째, 방법적 측면에서는 쟁점 중심 학습과 사회 참여 학습을 적극 활용할 수 있다. 시민교육에서 쟁점 중심 학습을 실시하는 목적은 학생들이 쟁점에 대해 충분하고 정확한 이해를 바탕으로 자신의 입장을 선택하고 그 입장을 정당화할 수 있는 능력을 갖도록 하는 데 있다. 쟁점 중심 학습에서는 쟁점의 해결 자체보다도 다른 생각을 가진 사람들과의 토론 등 논의 과정을 매우 중시한다. 이 같은 쟁점 중심 학습이 추구하는 바는 시민교육의 그것과 같다. 사회 참여 학습이란 사회 현장에의 실제 참여를 통해 시민성 형성에 필요한 인지적·정의적·행동적 차원의 능력을 함양해 가는 실천적인 행위와 활동 중심의 시민교육 방법이다. 사회 참여 학습은 교실 밖 실제 사회를 학습의 장으로 삼으며 학습자의 능동성과 자발성을 전제로 실제 행위와 경험을 중시한다. 그리고 이러한 실제적 지식을 통해 시민으로서의 참여 능력을 기르고자 한다(김영인 외, 2017). 사회 참여 학습의 주요 절차는 ① 동기부여 및 학습팀 구성, ② 문제발견 및 계획, ③ 문제해결을 위한 조사 및 분석, ④ 해결책 모색과 실천, ⑤ 평가와 발표 및 격려 등이다.

2) 자유학기제에서 운영하기

이 책에서 재구성한 10가지 범교과 학습 주제를 효과적·효율적으로 다룰 수 있는 시기로 중학교의 자유학기제 및 자유학년제를 꼽을 수 있다. 10가지 주제와 그에 따른 다양한 대영역(예컨대 개인 생활, 일과 여가, 인간관계, 시민 생활 등)은 기존의 교과교육과 달리 지식 위주의 내용이 아니라 다양한 교과 지식과 기능, 가치 등을 고려하여 학생들이 활동이나 체험을 하는 토의·토론학습, 협력학습, 프로젝트학습 등의 방법을 사용하여 익힐 수 있는 내용이다. 어떤 체험활동은 한두 시간 정도가 아니라 하루 종일 혹은 그 이상의 시간을 들여서 구체적인 활동을 해야만 효과를 볼 수 있는 경우도 있다. 이러한 점을 고려하면 재구성된 10가지 범교과 학습 주제는 자유학기제, 자유학년제의 유연하고 자유로운 시간을 활용하여 고루 학습할 수 있도록 운영하는 것이 바람직하다.

구체적인 운영 방안을 제시하면 다음과 같다. 첫째, 본 연구에서 제안한 범교과 학습 주제 영역별로 최소한 1~2개 정도씩 주제를 선정해서 5개 안팎으로 시간표를 구성하도록 하는 방법이 가능하다. 이렇게 하면 학생들은 자유학기제에 다양한 영역에서 범교과 학습 주제를 활용한 활동 수행이 가능할 것이다.

둘째, 10개 범교과 학습 주제 중에서 예컨대 일과 여가 영역의 진로·여가교육과 인간관계 영역의 인성교육을 기본으로 하고, 이 책에서 제안한 개인 생활 영역과 관련되는 교육을 묶어서 운영하는 방법도 고려해 볼 수 있다. 이를 통해서 학생들은 자유학기제에 자신의 현재를 즐기고 미래를 준비하는 과정으로서 자기 이해와 존중이라는 활동을 체험할 수 있을 것이다.

3) 연구학교에서 운영하기

현재 많은 학교에서 연구학교 등의 이름을 달고 다양한 범교과 학습 주제를 운영하고 있다. 이 경우 앞에 제시한 두 가지 방식과는 다른 특징을 보인다. 기본적으로 창의적 체험활동이나 자유학기제를 통해 범교과 학습 주제를 다룰 경우 어느 하나의 주제만 학습하는 경우는 거의 없다. 대체로 5개 내외의 주제를 다루는 편이다.

이에 비해 연구학교를 통해 범교과 학습 주제를 다루는 경우에는 학교마다 특정 주제별로 심도 있는 교육과정 운영을 하게 된다. 그래서 특정 주제와 관련한 창의적 체험활동 시간도 많아지고 교과 활동에서도 범교과 학습 주제를 연관시켜서 수업을 하는 것이 가능하다. 또한, 특정한 범교과 학습 주제를 전 학년에 걸쳐서 다루기에 적합하다는 장점도 있다.

이러한 점을 고려하여 새롭게 재구성된 범교과 학습 주제에 대해서도 주제별로 연구학교를 운영한 후 그 결과를 공유하는 노력이 필요하다. 연구학교에서 활용한 범교과 학습 운영 계획이나 자료, 사례 등은 일반 학교에서 그것을 여건에 맞게 변환하여 적용하는 데 기본적인 안내가 될 수 있다.

4) 학교 밖 기관과 연계하기

창의적 체험활동이나 자유학기제와 연동하면서 학교 밖 기관과 연계하여 시민교육을 실시할 수도 있다. 다른 나라의 시민교육 사례에서는 학교와 정부 및 민간기관 간의 연계 활동이 적극적으로 이루어지고 있었는데, 그러한 방식을 우리나라 학교에서도 충분히 활용할 수 있다. 여기서는 실제로 서울의 한 중학교에서 창의적 체험활동 중 동아리 활동과 연계한 시민교육 사례를 소개하고자 한다(설규주, 2008; 손동빈, 2000). 그 주요 내용은 표 6과 같다.

표 6 동아리 활동과 연계한 인권교육 사례

구분	NGO 탐방반	
참가자	중학교 2학년, 3학년 36명	
운영 시간 및 횟수	월 1회 특별활동 시간 활용 (연 8회)	
운영 방식	1) 학교 내 사전교육: 지구촌 좋은 이웃 되기 캠페인 2) 시민단체 방문 및 활동 참여: 실제로 시민단체 회원과 함께 시민활동에 직접 참여하고 체험	
주요 활동	1) 참여 동기 고취 2) 인권에 대한 기본적 이해 3) 시민단체 활동의 의미 공유: 인권 관련 시민단체 활동에 대한 조사 및 발표, 시민의 참여 행위가 갖는 의미 인식 4) 시민단체 탐방 및 활동 참여: 학생의 관심에 부합하는 시민단체 선정 및 탐방, 시민단체 프로그램에 직접 참여하거나 학생의 제안에 따라 프로그램 재구성 및 활용 5) 참여 결과에 대한 검토 및 반성: 프로그램 참여로 인해 생긴 자신의 변화 발견, 자신의 참여가 문제해결에 끼친 영향 발견, 일상생활에서 해결해야 할 문제 발견 및 해결책 제시	
세부 내용	1회	•인권에 대한 일반적 접근: 나와 내 이웃이 소중한 이유 토의 •우리의 소비 생활 뒤에 가려진 노동자들의 모습 알기 •지구촌 좋은 이웃되기 캠페인 소개 및 소감문 작성

구분	NGO 탐방반	
	2회	•외국에 있는 우리 기업에서 일하는 이주 노동자들의 생활 알아보기 •지구촌 좋은 이웃 되기 캠페인 준비: 피켓, 전단지, 노래, 율동 등 •소감문 작성
	3회	•A 시민단체 방문 및 보고서 작성 •지구촌 좋은 이웃 되기 거리 캠페인 실시 및 소감문 작성
	4회	•그동안의 활동을 알리기 위한 자료 제작 및 발표, 활동 평가
	5회	•B 시민단체 방문 및 보고서 작성 •이주 노동자와 함께 대화 후 소감문 작성
	6회	•C 시민단체 방문 및 보고서 작성 •지하철역에서 쓰레기 문제해결을 위한 캠페인 실시 후 소감문 작성
	7회	•D 시민단체 방문 및 보고서 작성 •시민단체와 함께 활동 후 소감문 작성
	8회	•그동안의 활동 내용, 활동 태도, 결과 평가하기

참고문헌

논문, 단행본, 보고서 등

강대현(2001). 한국시민교육에 대한 사적 고찰. **시민교육연구**, 33(1), 1-22.

______(2007). 사회과 교육 목표로서의 '시민' 개념에 대한 분석. **사회과 교육**, 46(1), 83-105.

______(2008). 시민교육과 사회과 교육과정: 시민교육을 위한 사회과 교육 내용 구성 방안 연구. **사회과 교육**, 47(3), 165-188.

______(2009). 시민교육과 학교 개혁: 시민교육을 위한 학교 개혁 방안 연구. **사회과 교육**, 48(2), 79-93.

______(2015). 한국 사회과 교육과정의 변천과 양상: 교수요목기에서 2009 개정 교육과정까지. **사회과 교육**, 54(1), 63-89.

______(2017). 시민교육 관점에서 본 사회과학 교육의 역할. **시민교육연구**, 49(3), 1-19.

강대현·모경환(2013). 한국 사회과 교육과정 개정의 과정과 양상: 2007, 2009개정 교육과정을 중심으로. **교육연구와 실천**, 79, 1-23.

강대현·최소옥·이강준(2004). **사회과 교육 내용 적정성 분석 및 평가**. 한국교육과정평가원 연구보고 RRC 2004-1-4. 한국교육과정평가원.

강영혜·양승실·유성상·박현정(2011). **민주 시민교육 활성화 방안 연구**. 한국교육개발원 연구보고 RR 2011-09.

강환국(2002). **사회과 교육학**. 서울: 학연사.

곽한영(2018). 미국 각 주의 사회과 필수화 입법 사례 연구: 일리노이 주의 사례를 중심으로. **법교육연구**, 13(2), 1-23.

교육과정·교과서연구회 편(1990a). **한국 교과교육과정의 변천(국민학교)**. 서울: 대한교과서주식회사.

교육과정·교과서연구회 편(1990b). **한국 교과교육과정의 변천(중학교)**. 서울: 대한교과서주식회사.

교육과정·교과서연구회 편(1990c). **한국 교과교육과정의 변천(고등학교)**. 서울: 대한교과서주식회사.

교육과학기술부(2009a). **사회과 교육과정**. 교육과학기술부 고시 제2009-10호 [별책 7].

교육과학기술부(2009b). **사회과 선택과목 개정 내용**. 교육과학기술부 고시 제2009-41호.

교육과학기술부(2009c). **초·중등학교 교육과정 총론**. 교육과학기술부 고시 제2009-41호.

교육과학기술부(2010). **역사과 교육과정 부분 개정 내용**. 교육과학기술부 고시 제2010-24호.

교육과학기술부(2011). **사회과 교육과정**. 교육과학기술부 고시 제2011-361호 [별책 7].

교육과학기술부(2012a) **사회 과목 교육과정**. 교육과학기술부 고시 제2012-3호.

교육과학기술부(2012b). **사회과 교육과정**. 교육과학기술부 고시 제2012-14호 [별책 7].

교육부(1997). **사회과 교육과정**. 교육부 고시 제1997-15호 [별책 7].

교육부(2001). **제7차 교육과정의 개요**. 교육과정자료29(2001. 1).

교육부(2014). 2015 **문·이과 통합형 교육과정 개정을 위한 교과 교육과정 개발 정책연구진**

합동 워크숍 자료집. 세종: 교육부.

교육부(2015a). **초·중등학교 교육과정 총론**. 교육부고시 제2015-74호 [별책 1].

교육부(2015b). 2015 **개정 교육과정을 위한 교과 교육과정 개발 정책연구진 2차 합동 워크숍 자료집**. 세종: 교육부.

교육부(2015c). **사회과 교육과정**. 교육부 고시 제2015-74호 [별책 7].

교육부(2015d). **도덕과 교육과정**. 교육부 고시 제2015-74호 [별책 6].

교육부(2017). **초·중등학교 교육과정 총론**. 교육부 고시 제2015-74호 [별책 1] (교육부 고시 제2015-80호, 제2017-108호 부칙 개정 포함).

교육부(2018). **민주시민교육 활성화를 위한 종합계획**. 교육부 민주시민교육과 발표자료.

교육인적자원부(1997). (교육부 고시 1997-15호에 따른) **초등학교 교육과정 해설(III): 국어, 도덕, 사회**. 국가교육과정정보센터.

교육인적자원부(2007). **사회과 교육과정**. 교육인적자원부 고시 제2007-79호 [별책7].

구정화·박윤경·설규주(2018). **다문화교육의 이해와 실천**. 서울: 동문사.

구정화·안금희·송현순·박새롬(2013). **행복교육 실현을 위한 국가·사회적 요구 사항 분석 및 반영 방안 연구**. 교육부 과제번호 11-1342000-000033-01.

구정화·박철웅·박병기·모경환·권정화·김남준·김정인·온정덕·황미영(2014). **문·이과 통합 사회과 교육과정 재구조화 연구**. 교육부.

굿네이버스(2018). **서울특별시 아동참여 정책토론회 자료집**.

권오정·김관수·김일기·김주성·김태헌·한균형(1992). **제6차 사회과 교육과정 개발 연구**. 한국교원대학교 제6차 교육과정(사회과) 개발 연구 위원회.

권오정·김영석(2006). **사회과 교육학의 구조와 쟁점(증보판)**. 서울: 교육과학사.

권진욱·송주영·이광훈·이기라·조철민(2016). 시민사회의 시민교육 체계 구축 과정 연구: 독일, 프랑스, 스웨덴, 미국, 영국을 중심으로. 서울: 한국민주주의연구소.

권태환·홍두승·설동훈(2012). **사회학의 이해**. 서울: 다산출판사.

김미경(2009). 한국과 독일의 정치교육 비교. **교육문화연구**, 15(1), 33-64.

김미란(1998). **시민·사회단체의 시민교육 현황 분석**. 이화여자대학교 석사학위논문.

김영석(2013). 제6차 사회과 교육과정 개정 과정에 대한 기억의 재구성: 국민에서 시민으로. **사회과 교육연구**, 20(2), 13-28.

김영인·설규주(2017). **시민교육론**. 서울: 한국방송통신대학교 출판부.

김용만(1993). 제6차 초등학교 사회과 교육과정의 특징. **사회과 교육**, 26, 391-410.

김정호 외(2005). **사회과 교육과정 개정(시안) 연구 개발**. 한국교육과정평가원 연구보고 CRC 2005-9.

김진영(2009). **중등 사회과(일반사회 영역) 교육과정 내용 체계 보완을 위한 교육과정 개정(안)**. 사회과 교육과정 개정(안) 공청회 자료집.

김태준(2010). **한국청소년의 시민교육 국제비교 연구**. 충북: 한국교육개발원

김혜숙·이미경·양윤정·배주경·신호재·김종윤(2018). **국가별 교과서 발행 제도의 특징과 운영 실태**. KICE 이슈 페이퍼. 한국교육과정평가원 연구자료 ORM 2018-39-18.

노경주·강대현(2018). 시민교육 관점에 본 쟁점 중심 교육의 의의와 전략. **시민교육연구**, 50(4), 49-76.

노철현(2015). 초등학교 도덕과 교육과정의 변천과정에 나타난 도덕교육의 성격 고찰. **서울**

교대 한국초등교육, 26(1), 143-159.

모경환·박철웅·강대현·김병연·김석용·박선미·박정서·박형준·설규주·심승희·안보형·안종욱·은지용·이간용·이윤정·이정우·이진석·임미연·전종한·조영매·조윤호·차조일·최병택·한진수·한춘희·황미영(2015a). 2015 개정 교과 교육과정 시안 개발 연구 I: 사회과 교육과정. 한국교육과정평가원 연구보고 CRC 2015-23.

모경환·박철웅·은지용·강대현·김병연·김석용·김현경·김현주·박선미·박정서·박형준·석병배·설규주·심승희·안보형·안종욱·이간용·이윤정·이정우·이진석·임미연·전종한·조영매·차조일·최병택·한진수·한춘희·황미영(2015b). 2015 개정 교과 교육과정 시안 개발 연구 II: 사회과 교육과정. 한국교육과정평가원 연구보고 CRC 2015-25-5.

모경환·강대현·은지용(2016). 2015 개정 사회과 교육과정의 변화와 쟁점. **시민교육연구**, 48(1), 1-30.

문교부(1986). **초·중·고등학교 교육과정**(1946~1981). 사회과·국사과.

박광기(2010). 독일의 정치교육을 통해 본 한국 통일교육의 방향 정립. **대한정치학회보**, 18(2), 105-130.

박광기·박채복·유진숙·차조일·설규주·박정란(2007). **한반도 평화교육 거버넌스 활성화 방안**. 통일연구원 협동연구총서 07-11-09.

박명호·오용호(2011). 한국 정당과 정당연구소의 민주시민교육 실태와 대안. **분쟁해결연구**, 9(3), 101-123.

박선영(2007). 영국 시민교육의 비형식·무형식교육. **청소년복지연구**, 9(1), 39-61.

박순경·이광우·이미숙·정영근·민용성·이근호·김평국·이경진·홍후조·김재춘·박창언·강익수·백경선·성열관·김진규·김동원·소경희·한혜정·박소영·최호성·서경혜·박상철·김동원(2008). **초·중등학교 교육과정 선진화 개혁 방안 연구(I)-총괄-**. 교육과학기술부.

박순경·허경철·이광우·김평국·이미숙·정영근(2004). **교육과정 개정 관련 국가·사회적 요구 조사**. 한국교육과정평가원.

박진동 외(2006). **사회과 교육과정 개정 시안 수정·보완 연구**. 한국교육과정평가원 연구보고 CRC 2006-8.

서강식(2010). 도덕·윤리과 교육의 초·중등 연계 방안 모색: 도덕·윤리과 교육과정의 변천 분석을 중심으로. **초등도덕교육**, 32, 151-182.

서강식(2017). 교과서 분석을 중심으로 한 영국의 도덕교육 고찰. **도덕윤리과교육**, 57, 131-157.

서울대 교육연구소(1998). **교육학 대백과 사전**. 서울: 하우동설.

설규주(2005). 제7차 사회과 교육과정의 운영실태와 개선방안: 수업관찰과 면담 결과를 중심으로. **시민교육연구**, 37(3), 111-146.

______(2008). 한국 민주시민교육의 방법과 실천 사례. 2008 민주시민교육 국제심포지엄 발표 원고. 선거연수원.

______(2015). 2015 사회문화 교육과정 개발 과정과 특징에 대한 반성적 고찰. **시민교육연구**, 47(4), 63-105.

______(2017). **청소년을 위한 정치학 에세이**. 서울: 해냄.

______(2018). 민주시민교육을 위한 보이텔스바흐 합의의 관점에서 살펴본 2015 개정 사회과 교육과정. **시민교육연구**, 50(3), 153-179.

성낙돈(2000). 한국 민주주의 시민교육 평가: 참여사회 아카데미의 성과와 과제를 중심으로. **평생교육학연구**, 6(1), 185-212.

손동빈(2000). 시민사회단체를 통한 학교시민윤리교육 활성화와 그 실천사례 연구. **시민교육연구**, 30(1), 127-146.

송용구(2010). 프랑스 학교 시민교육에 관한 연구: 한국의 학교 시민교육에 시사하는 바를 중심으로. **시민교육연구**, 42(2), 83-118.

신형식(2012). 시민사회와 민주시민교육. **한국민주시민교육학회보**, 13(2), 29-50.

심성보(2017). 한국 민주시민교육의 현황과 과제. **한국학논집**, 67, 93-122.

______(2018). 사람다움과 시민다움의 조화를 통한 '민주적' 시민교육의 모색: 보이텔스바흐 합의와 크릭 보고서를 중심으로. **윤리교육연구**, 47, 253-282.

심성보·이동기·장은주·케르스틴 폴(2018). **보이텔스바흐 합의와 민주시민교육**. 서울: 북멘토.

심익섭(1998). 독일정치교육 조직체계에 관한 연구: 연방정치교육원을 중심으로. **민주시민교육논총**, 3, 281-305.

신두철(2010). 한국 국가기관의 민주시민교육 실태와 제도화. 한국민주시민교육학회, **한국민주시민교육학회 세미나**, 31-50.

심성은(2017). 프랑스 학교 민주시민교육: 초중고 교육 내 교육 의무화. **한국민주시민교육학회 세미나 자료집**, 2017. 11, 99-112.

양삼석(2015). 프랑스의 다문화 시민교육을 통해 본 한국의 시민교육 방안. **대한정치학회보**, 23(3), 195-215.

양흥권(2017). 한국의 민주시민교육 운영기반 분석과 개선 방안. **한국학논집**, 67, 123-155.

엄종식(2016). 국민통합을 위한 민주시민교육과 통일교육 개선방향. **한국행정학회 학술발표논문집**, 697-713.

염경미(2018). **선생님 민주시민교육이 뭐에요?**. 서울: 살림터.

옥일남·장원순·이정우·송선영·이윤주·정은식·길현주(2017). **학교 교육과정을 통한 민주시민교육 활성화 방안 연구**. 교육부 과제번호 11-1342000-000291-01.

옥일남·조대훈·장은주·이지향(2018a). **다문화시대 평생교육 관점에서의 세계·민주시민교육 과제 및 실천 방향**. 대통령직속국가교육회의.

옥일남·송선영·김국현·박정연·박하나(2018b). **충북 학교민주시민교육 활성화 방안 연구**. 충청북도교육청.

유시주·이희영·강현선·이지현(2007). **우리는 더 많은 민주주의를 원한다**. 서울: 창비.

유제순(2017). 교과와 창의적 체험활동의 통합적 설계를 통한 민주시민교육 방안. **한국민주시민교육학회 세미나**, 283-303.

윤성원(2014). **선거연수원 해외연구관** 2014-7**호 보고서**, 16-32.

은지용(2012). 초등 저학년 통합 교과 교육과정에 대한 비판적 고찰: '사회생활' 영역을 중심으로. **시민교육연구**, 44(3), 173-217.

음선필(2013). **민주시민교육의 국제적 동향과 시사점**, 한국법제연구원 글로벌 법제전략 연구, 13-22-⑤-4.

이기라(2015). 프랑스 교양교육의 역사와 이념: 인문교양에서 시민교육으로. **한국교육**, 42(4), 5-28.

______(2018). 인권과 시민 사이에서: 프랑스 민중교육 전통과 학교 시민교육. **국민주권시대의 학교 민주시민교육의 현황과 과제**, 3-22.

이동기(2018). 보이텔스바흐로 가는 길: 최소합의로 갈등 극복하기. 심성보(편), **보이텔스바흐 합의와 민주시민교육**(pp. 33-79). 서울: 북멘토.

이명희·김명숙·양호환·이영민·조영달(2000). **사회과 교육 목표 및 내용 체계 연구**(I). 한국교육과정평가원 연구보고 RRC 2000-12.

이범웅(2015). 한국에서의 민주시민교육의 발전 방향 모색. **초등도덕교육**, 49, 33-65.

이진석(2001). '신사회과'가 우리나라 사회과 교육과정에 끼친 영향에 대한 연구: 제3차 사회과 교육과정을 중심으로. **시민교육연구**, 32(1), 227-247.

______(2003). 한국과 일본의 미군정 초기 교육정책과 사회과 도입에 관한 연구. **시민교육연구**, 35(2), 95-118.

이혁규(2001). 제7차 사회과 교육과정 개정과정에 대한 문화기술적 연구: 7~9학년을 중심으로. **시민교육연구**, 32, 249-292.

임종헌(2013). 민주시민교육의 내용, 기능과 역할. **한국민주시민교육학회 세미나**, 51-66.

장은주(2017). 형성적 기획으로서의 민주시민교육. **한국학논집**, 67, 7-36.

전득주(1995). 민주화, 국제화 그리고 통일을 위한 민주시민교육의 발전방향 모색. **한국정치학회보**, 29(1), 29-52.

______(2000). 독일의 정치문화와 정치교육: 그 역사적 발전 과정을 중심으로. **민주시민교육논총**, 5, 1-29.

______(2002). 미국의 시민교육: 그 배경, 현황 그리고 문제점. **한국민주시민교육학회보**, 7, 41-65.

전득주 외(1992). **현대민주시민교육론**. 서울: 평민사.

정원규·김원태·김현진·옹진환·천희완·최은경·허진만·홍승균(2018). **민주시민교육: 초·중등학교 민주시민교육 추진 제안서**. 이화여자대학교 학교폭력예방연구소 OR-6ck-01-2018.

정재걸(1997). 6월 항쟁 10년, 교육개혁의 현주소. 한국사회과학연구소. **동향과 전망**, 34, 120-137.

정재원(2011). 영국의 시민교육 거버넌스 분석과 시사점. **한국시민윤리학회보**, 26(1), 1-23.

______(2013). 영국의 시민교육 제도화에 관한 연구. **인문사회과학연구**, 38, 6-37.

정철민(2017). 한국 시민교육에 대한 비판적 고찰: 시민교육의 목적과 내용을 중심으로. **교육철학연구**, 39(2), 175-192.

정하윤(2012). 남북한 통일 이후 사회통합과 민주시민교육의 방향. **한국민주시민교육학회보**, 13(2), 51-70.

______(2015). 한국민주시민교육의 현황-역사와 제도화 과정. **한국민주시민교육학회 세미나 자료집**, 91-109.

______(2017). 통일과 사회통합을 위한 민주시민교육. **한국민주시민교육학회 세미나 자료집**, 197-209.

정현이·남상준(2012). 프랑스 초등학교 '시민교육' 교과서 분석. **사회과학교육연구**, 14, 131-162.

조성욱(2004). 중등 사회과 교육과정의 분리적 통합. **한국지리환경교육학회지**, 12(2), 287-301.

조찬래(2012). 민주시민교육. **한국민주시민교육학회보**, 13(2), 71-92.

조철민(2017). 시민사회 발전과 민주시민교육-흐름, 현안, 전망. **한국민주시민교육학회 세미나**, 34-47.

조형우(2001). 신자유주의적 교육개혁의 성공조건으로서 교육시민운동. 서울대학교 석사학위논문.

차경수·모경환(2008). **사회과 교육**. 서울: 동문사.

차조일(1998). 사회과 통합교육과정모형에 대한 연구: 기존 논의의 문제점 해결을 위한 이론적 기반의 탐색. **시민교육연구**, 27, 125-148.

______(2016). 미국 사회과 성립 과정에 대한 역사적 고찰: 존스의 햄프턴 학교 사회과를 중심으로. **시민교육연구**, 48(1), 167-188.

______(2017a). 미국 사회과 성립 과정에 대한 역사적 고찰: 던의 공동체 공민을 중심으로. **시민교육연구**, 49(1), 113-114.

______(2017b). 미국 사회과 성립 과정에 대한 역사적 고찰: NEA 사회과 위원회의 성립 배경 및 활동을 중심으로. **시민교육연구**, 49(3), 147-170.

차조일·원준호(2013). **통일 이후 독일 사회과의 교육과정 변화**. 한국교육과정평가원 연구보고 RRC 2013-8.

추병완(2011). 한국과 싱가포르의 초등 도덕과 교육과정 비교 연구. **윤리교육연구**, 24, 125-141.

최미영(2017). 2015 개정 초등 도덕과 교육과정 내용 체계의 구성과 특징. **윤리연구**, 115, 363-387.

최병모(1993). 제6차 중·고등학교 사회과 교육과정의 특징. **사회과 교육**, 26, 411-443.

최석진·김정호·이명희·박선미·박인옥(2001). **사회과 교육 목표 및 내용 체계 연구**(II). 한국교육과정평가원 연구보고 RRC 2001-5.

최용규(2005). 초등 사회과 교육 60년: 변천과 전망. **사회과 교육연구**, 12(1), 229-256.

최용규·정호범·김영석·박남수·박용조(2014). **사회과, 교육과정에서 수업까지**(2차 수정판). 서울: 교육과학사.

최장집(2010). **민주화 이후의 민주주의**. 서울: 후마니타스.

최종덕(2000). 미국 시민교육의 전통과 쟁점. **시민교육연구**, 31, 345-368.

______(2007). 미국의 민주시민교육. **한국민주시민교육학회보**, 12(1), 1-30.

한국교육과정평가원(2009). **고등학교 도덕/사회 선택과목 교육과정 개정 시안 공청회 자료집**. 한국교육과정평가원 자료 ORM 2009-39.

한국교육과정평가원(2010). 2010 **교육과정·교육평가 국제동향연구사업: 영국**. 한국교육과정평가원 연구자료 ORM 2010-61-8.

한국정치학회(2014). **정치학: 인간과 사회 그리고 정치**. 서울: 박영사.

한규선(2013). 영국의 정치교육: 시티즌십 교육의 국가교육과정 필수교과 제정을 중심으로. **정치와 평론**, 12, 45-76.

한면희(2001). **새로운 패러다임에 기초한 사회과 교육**. 서울: 교육과학사.

한숭희 외(2002). **민주시민교육의 개념과 쟁점**. 서울: 민주화운동기념사업회.

함종규(2003). **한국교육과정변천사연구: 조선조 말부터 제7차 교육과정기까지**. 서울: 교육과학사.

허경철(2005). **초·중등학교 교육과정 총론 개정(시안) 연구 개발**. 한국교육과정평가원 연구보고서 CRC 2005-6.
허영식(1987). 서독 정치교육의 발전과정과 이에 비추어 본 정치교육의 목표와 과제. **시민교육연구**, 11(1), 109-128.
허영식(2018). 보이텔스바흐 합의에 관한 담론과 합의. **융합사회와 공공정책**, 11(4), 27-59.
허영식·신두철(2007). **민주시민교육 핸드북**. 서울: 도서출판 오름.
홍윤기(2017). 한국에서 민주시민교육 기반구축의 가능성과 그 제약. **한국학논집**, 67, 157-194.
홍태영(2012). 프랑스 시민교육과 정치교육: 학교의 시민교육과 정당의 정치교육 사례. **정치와 평론**, 10, 81-104.
한국민주시민교육학회 편(1998). **민주시민생활용어사전**. 서울: 유풍출판사.
21세기 정치연구회(2014). **정치학으로의 산책**. 서울: 한울아카데미.
Barr, Robert, Barth, James L. & Shermis, S. Samuel. (1978). *The nature of social studies*. Palm Springs: ETC Publication.
Brighouse, H. (2006). *On education*. London and New York: Routledge.
Engle, S. H. & Ochoa, A. S. (1988). *Education for democratic citizenship: Decision making in the social studies*. New York, NY: Teachers College Press. 정세구 외 역(1989). **민주시민교육**. 서울: 교육과학사.
Fiehn, J. & Fiehn, T. (2002). *This is citizenship: Teacher's resource book*. London: John Murray.
Giddens, Anthony. (2006). *Sociology*. 김미숙·김용학·박길성·송호근·신광영·유홍준·정성호 역(2010). **현대사회학**. 서울: 을유문화사.
Heater, D. (1990). *Citizenship: The civic ideal in world history, politics and education*. New York: Longman.
Hepburn, M. A. (1983). *Democratic education in school and classroom*. 이광성 역(2005). **학교와 교실에서의 시민교육**. 서울: 원미사.
Ross, E. W. ed. (2001). *Social studies curriculum: Purpose, problems, possibilities*. New York: State University of New York.
Shafir, G. ed. (1998). *The citizenship debate: A reader*. Minneapolis: University of Minnesota Press.

사이트, 신문 등

국가교육과정정보센터. [홈페이지]. http://ncic.re.kr.
교수신문(2017). '연방주의자-공화주의자'의 치열한 대립 역사 녹아있는 미국 헌법의 한계. [인터넷 신문 기사]. http://www.kyosu.net/news/articleView.html?idxno=34113 (2018년 12월 21일 추출).

독일의 시민교육 관련 자료

Gökbudak, Mahir & Hedtke, Reinhold (2018). Ranking Politische Bildung 2017. Politische Bildung an allgemeinbildenden Schulen der Sekundarstufe I. Universität Bielefeld.
Kalina, Andreas (2014). Erfolgreich. Politisch. Bilden. 2. Aufl., St. Augstin/Berlin: Konrad-

Adenauer-Stiftung.
Knierim, Alfred & Schneider Johannes (1978). Anfänge und Entwicklungstendenzen des Volkshochschulwesens nach dem Zweiten Weltkrieg (1945-1951). Stuttgart: Klett-Cotta.
Olbrich, Josef (2001). Geschichte der Erwachsenenbildung in Deutschland. Bonn: Leske + Budrich Verlag.
Oppermann, Detlef & Röhrig, Paul (1995). 75 Jahre Volkshochschule. Vom schwierigen Weg zur Humanität, Demokratie und sozialen Verantwortung. Bad Heilbrunn: Klinkhardt-Verlag.
Wehling., Hans-Georg (1977). Das Konsensproblem in der politischen Bildung. in: Siegfried Schiele/Herbert Schneider(Hrsg.). Stuttgart.
Schleswig-Holstein Ministerium für Schule und Berufsbildung, Fachanforderungen Wirtschaft/Politik.
연방정치교육원. [홈페이지]. http://www.bpb.de/
메클렌부르크-포어포메른 주 정치교육원. [홈페이지]. https://www.lpb-mv.de.
바덴-뷔르템베르크 주 정치교육원. [홈페이지]. https://www.lpb-bw.de.

※ 주별 교육과정 문서
- 노르트라인-베스트팔렌 주 교육과정
Lehrplan Sachunterricht. [online document]. https://www.schulentwicklung.nrw.de/lehrplaene/upload/klp_gs/GS_LP_SU.pdf.
Lehrplan Politik/Wirtschaft [online document]. https://www.schulentwicklung.nrw.de/lehrplaene/lehrplan/174/gym8_politik-wirtschaft.pdf.
- 니더작센 주 교육과정
Lehrplan Sachunterricht [online document]. http://db2.nibis.de/1db/cuvo/datei/kc_gs_sachunterricht_nib.pdf.
Lehrplan Politik/Wirtschaft [online document]. http://db2.nibis.de/1db/cuvo/datei/kc_go_powi_07_nib.pdf.
- 라인란트-팔츠 주 교육과정
Lehrplan Sachunterricht. [online document]. https://grundschule.bildung-rp.de/fileadmin/user_upload/grundschule.bildung-rp.de/TRP_Sachunterricht_f._Bildungsserver__2_.pdf /
Lehrplan Gemeinschaftskunde. [online document]. https://berufsbildendeschule.bildung-rp.de/fileadmin/user_upload/bbs/berufsbildendeschule.bildung-rp.de/Lehrplaene/Dokumente/Lehrplan_2010_11/BG_Lehrplan_Komplett_Gemeinschaftskunde.pdf.
- 메클렌부르크-포어포메른 주 교육과정
Rahmenplan Sachunterricht. [online document]. https://www.bildung-mv.de/downloads/rahmenplaene/rp-sachunterricht-gs.pdf
Rahmenplan Sozialkunde. [online document]. https://www.bildung-mv.de/downloads/unterricht/Rahmenplaene/Rahmenplaene_allgemeinbildende_Schulen/Sozialkunde/rp-sozialkunde-7-10-gym-02.pdf

- 바덴-뷔르템베르크 주 교육과정
Bildungsplan 2016 Sachunterricht. [online document].
http://www.bildungsplaene-bw.de/site/bildungsplan/get/documents/lsbw/export-pdf/depot-pdf/ALLG/BP2016BW_ALLG_GS_SU.pdf
Bildungsplan 2016 Gemeinschaftskunde. [online document].
http://www.bildungsplaene-bw.de/site/bildungsplan/get/documents/lsbw/export-pdf/depot-pdf/ALLG/BP2016BW_ALLG_GYM_GK.pdf
- 바이에른 주 교육과정
Lehrplan Heimat- und Sachunterricht. [online document].
https://www.lehrplanplus.bayern.de/fachprofil/grundschule/hsu
Lehrplan Sozialkunde. [online document]. https://www.isb.bayern.de/schulartspezifisches/lehrplan
- 베를린 주 교육과정
Rahmenlehrplan Sachunterricht [online document].
https://bildungsserver.berlin-brandenburg.de/fileadmin/bbb/unterricht/rahmenlehrplaene/Rahmenlehrplanprojekt/amtliche_Fassung/Teil_C_Sachunterricht_2015_11_16_web.pdf
Rahmenlehrplan Politische Bildung [online document].
https://bildungsserver.berlin-brandenburg.de/fileadmin/bbb/unterricht/rahmenlehrplaene/Rahmenlehrplanprojekt/amtliche_Fassung/Teil_C_Politische_Bildung_2015_11_16_web.pdf
- 브란덴부르크 주 교육과정
Rahmenlehrplan Sachunterricht. [online document].
https://bildungsserver.berlin-brandenburg.de/fileadmin/bbb/unterricht/rahmenlehrplaene/Rahmenlehrplanprojekt/amtliche_Fassung/Teil_C_Sachunterricht_2015_11_16_web.pdf
Rahmenlehrplan Politische Bildung. [online document].
https://bildungsserver.berlin-brandenburg.de/fileadmin/bbb/unterricht/rahmenlehrplaene/Rahmenlehrplanprojekt/amtliche_Fassung/Teil_C_Politische_Bildung_2015_11_16_web.pdf
- 브레멘 주 교육과정
Lehrplan Sachunterricht [online document].
https://www.lis.bremen.de/schulqualitaet/curriculumentwicklung/bildungsplaene/primarstufe-15222
Lehrplan Gesellschaft und Politik. [online document].
https://www.lis.bremen.de/schulqualitaet/curriculumentwicklung/bildungsplaene/sekundarbereich_i-15226
- 슐레스비히-홀슈타인 주 교육과정
Lehrplan Primarstufe Heimat-, Welt- und Sachunterricht [online document].
https://fachportal.lernnetz.de/files/Fachanforderungen%20und%20Leitf%C3%A4den/Grundschule_Primarstufe/Lehrpl%C3%A4ne/_Heimat _und_Sachunterricht_%28PS%29.pdf
Lehrplan Sekundarstufe I Wirtschaft/Politik/Lehrplan Sekundarstufe II Wirt schaft/Politik, [online document].
https://fachportal.lernnetz.de/files/Fachanforderungen%20und%20Leitf%C3%A4den/Sek.%20I_II/Lehrpl%C3%A4ne/Wirtschaft_Politik_%28Sek_II%2C_GY_GS%29%20%281%29.pdf

- 작센 주 교육과정
Lehrplan Grundschule Sachunterricht [online document].
https://www.schule.sachsen.de/lpdb/web/downloads/lp_gs_sachunterricht_2009.pdf?v2
Lehrplan Gymnasium Gemeinschaftskunde Rechtserziehung/Wirtschaft. [online document].
https://www.schule.sachsen.de/lpdb/web/downloads/1531_lp_gy_gemeinschaftskunde_rechtserziehung_wirtschaft_2013.pdf?v2
- 자를란트 주 교육과정
Lehrplan Sachunterricht. [online document].
https://www.saarland.de/dokumente/thema_bildung/KLPSUGS.pdf
Lehrplan Sozialkunde/Politk. [online document].
https://www.saarland.de/dokumente/thema_bildung/LP_SK_Gym_9_Mai_2012.pdf
- 작센-안할트 주 교육과정
Lehrplan Sachunterricht. [online document].
https://www.bildung-lsa.de/pool/RRL_Lehrplaene/Entwuerfe/lpgssach.pdf?rl=112
Lehrplan Sozialkunde. [online document].
https://www.bildung-lsa.de/pool/RRL_Lehrplaene/Erprobung/Gymnasium/FLP_Gym_Sozi_LTn.pdf?rl=112
- 튀링겐 주 교육과정
Thüringer Bildungsplan bis 18 Jahre. [online document].
https://www.thueringen.de/mam/th2/tmbwk/bildung/bildungsplan/thuringer_bildungsplan-18_web.pdf
- 함부르크 주 교육과정
Bildungsplan Grundschule Sachunterricht. [online document].
https://www.hamburg.de/contentblob/2481914/1d0fd23fd4cf31935c9eadc288340ec7/data/sachunterricht-gs.pdf
Bildungsplan Gymnasium Skundarstufe I Politik/Gesellschaft/Wirtschaft. [online document]
https://www.hamburg.de/contentblob/2373332/5a6fdf3718977660bac767cc03688b0b/data/pgw-gym-seki.pdf
- 헤센 주 교육과정
Rahmenplan Sachunterricht. [online document].
https://kultusministerium.hessen.de/sites/default/files/media/kc_sachunterricht_prst_2011.pdf
Rahmenplan Politik und Wirtschaft. [online document].
https://kultusministerium.hessen.de/sites/default/files/media/kcgo-pw.pdf

미국의 시민교육 관련 자료

Arizona Department of Education(2018). *Arizona History and Social Studies Session* https://www.azed.gov/standards-practices/k-12standards/standards-social-studies/ (accessed on November 8, 2018).
Civics Education Initiative(n.d.). http://civicseducationinitiative.org/.
Citizen University(n.d.). https://www.citizenuniversity.us/.

Common Core State Standards Initiative(2018). What parents should know. In *Common Core Standard Initiative: Preparing American Students For College & Career*. http://www.corestandards.org/what-parents-should-know/

California Department of Education(2017). History-social science framework for California public schools: kindergarten trough grade twelve. Sacramento, CA: the California Department of Education. https://www.cde.ca.gov/ci/hs/cf/documents/hssframeworkwhole.pdf

Foundation for Individual Rights in Education(n.d.) Mission. in FIRE Webpage https://www.thefire.org/about-us/mission/

Education Week(April 8, 2018). Could requiring students to take the citizenship test do more harm than good. Education Week(Curriculum Matters at Education Week's blogs). http://blogs.edweek.org/edweek/curriculum/2018/04/citizenship_exam_unintended_consequences.html

Georgia Department of Education(2016). *Social Studies Georgia Standards of Excellence.*

Georgia Department of Education(2018a). *2018 - 2019 State-Funded List of K-8 Subjects and 9-12 Courses.* http://www.gadoe.org/Curriculum-Instruction-and-Assessment/Curriculum-and-Instruction/Documents/State-Funded-List-of-Subjects-and-Courses-Supported-by-SBOE-Rule-160-4-2-20.pdf (Accessed on November 8, 2018)

Georgia Department of Education(2018b). Georgia Department of Education(2018). American Government/Civics Curriculum Map for the Georgia Standards of Excellence in Social Studies. https://www.georgiastandards.org/Georgia-Standards/Documents/Social-Studies-American-Government-Civics-Curriculum-Map.pdf

Indiana State Department of Education(2018). Social Studies에 수록된 학년별 Academic Standards. https://www.doe.in.gov/standards/social-studies (Accessed on November 8, 2018).

Iowa Department of Education(2018). *Iowa social studies standards.* https://iowacore.gov/sites/default/files/k-12_socialstudies_508.pdf (Accessed on November 8, 2018).

National Council for the Social Studies(2013) *College, Career, & Civic life: C3 Framework for Social Studies State Standards*. Silver Spring, MD: NCSS.

National Council of Social Studies(2010). *National curriculum standards for social studies: a framework for teaching, learning, and assessment.* Silver Spring, MD: NCSS.

Oklahoma Department of Education(2014). Social Studies: Oklahoma Academic Standards. https://sde.ok.gov/sites/ok.gov.sde/files/documents/files/Social%20Studies%20OK%20Academic%20Standards.rev815pdf.pdf (Accessed on November 8, 2018).

Radford, J. & Budiman, A. (2018). 2016, Foreign-born population in the United States statistical portrait: Statistical portrait of the foreign-born population in the United States. Research Topics: Immigration & Migration, (September 15, 2016). Avaiable at https://www.pewresearch.org/hispanic/2018/09/14/2016-statistical-information-on-foreign-born-in-united-states/

Rhode Island Department of Education(2012). *Rhode Island Grade Span Expectations for Social Studies*. http://www.ride.ri.gov/Portals/0/Uploads/Documents/Instruction-and-Assessment-World-Class-Standards/Social-Studies/RI-SS-GSEs-K-12-Final-Version.pdf (Accessed on November 8, 2018).

Simulated Congressional Hearings(n.d). Simulated Congressional Hearings website. http://sch.hcpss.org (Accessed on November 10, 2018)

Stuteville, R. & Johnson, H. I. (2016) Citizenship education in the United States: perspective reflected in state education standards. *Administrative Issues Journal, 6*(1). 100-117. Available at: https://dc.swosu.edu/aij/vol6/iss1/11

The Center for Civic Education(2018). The Center for Civic Education website. http://civicedu.org (Accessed on November 10, 2018)

United States Census Bureau(2016). Table 4b: Reported voting and registration by sex, race and Hispanic origin, for states: November 16. *Voting and Registration* in the Election of November 2016.
https://www.census.gov/data/tables/time-series/demo/voting-and-registration/p20-580.html

U.S. Citizenship and Immigration Service(2018). The Naturalization Test. https://www.uscis.gov/us-citizenship/naturalization-test

United States Senates Youth Program(USSYP). About. https://ussenateyouth.org/about_overview/ (Accessed on November 10)

Zong, J., Batolova, J., & Hallock, J. (2018). Frequently requested statistics on immigrants and immigration in the United States. https://www.migrationpolicy.org/article/frequently-requested-statistics-immigrants-and-immigration-united-states#Numbers

영국의 시민교육 관련 자료

Kerr, D., Keating, A. and Ireland, E. (2009). Pupil assessment in citizenship education: purposes, practices, and possibilities. Report of a CIDREE collaborative project. NFER: Slough.

Department for Education (2014). The national curriculum in England – Framework document. https://assets.publishing.service.gov.uk/government/uploads/system/uploads/attachment_data/file/381344/Master_final_national_curriculum_28_Nov.pdf (2018. 11. 28 참조)

Fiehn, J. & Fiehn, T. (2002). *This is citizenship: Teacher's resource book*. London: John Murray.

Fiehn, J. & Fiehn, T. (2013a). *This is citizenship 2, second edition*. London: Hodder Education.

Fiehn, J. & Fiehn, T. (2013b). *This is citizenship 3, second edition*. London: Hodder Education.

Fiehn, J. & Fiehn, T. (2014). *This is citizenship 1, second edition*. London: Hodder Education.

NCS. https://www.ncsyes.co.uk/ (2018. 11. 8. 참조)

Qualifications and Curriculum Authority (QCA)(1998). Education for citizenship and the teaching of democracy in schools. London: QCA. 민주화운동기념사업회(역)(2008). 학교시민교육과 민주주의. 민주화운동기념사업회.

Qualifications and Curriculum Authority (QCA)(2007). Citizenship: Programme of study for key stage 3. Retrieval from hips://webarchive.nationalarchives.gov.uk/ 20110215/21020/http://curriculum.qccla.gov.uk/key-stages-3-and-4/subjects/key-stage-3/citizenship/programme-of-study/index.aspx?tab=2(검색일: 2020. 2. 6.)

Young Citizens. https://www.youngcitizens.org/ (2018. 11. 8. 참조)

프랑스의 시민교육 관련 자료

프랑스 교육부(2017). Rentrée 2017: Une nouvelle étape pour le college.

Côté, I., Sundström M. R., and Saanerstedt, A. (2013). 'The state of the debate': A media analysis of the debates on liberalization and citizenship education in France, Sweden, and England, 2001-2010. *Education, Citizenship and Social Justice. 8(2),* 215-228.

O'Connor, L. and Faas, D. (2012). The impact of migration on national identity in globalized world: a comparison of civic education curricula in England, France and Ireland. *Irish Educational Studies. 31(1)*. 51-66.

Osler, A. and Starkey, H. (2001). Citizenship education and national identity in France and England: inclusive or exclusive?. *Oxford Review of Education. 27(2)*. 287-305.

부 록

부록 1. 학교 시민교육에 대한 설문 조사

부록 2. 독일 시민교육(정치교육) 전문가 면담 질문지와 답변

부록 1

학교 시민교육에 대한 설문 조사

안녕하십니까?

우리 연구진은 교육부의 의뢰를 받아 학교 민주시민교육에 대한 연구를 수행하고 있습니다. 이 질문지는 학교 민주시민교육의 실태와 방향에 대한 초중고 선생님들의 의견을 듣고자 만들어진 것입니다. 조사 결과는 오직 연구 목적으로만 활용될 것을 약속드립니다.

학교당 총 3명의 교사가 응답해 주십시오. 초등학교의 경우 민주시민교육 업무 관련 교사 1명을 포함한 총 3명이 응답해 주십시오. 중고등학교의 경우 민주시민교육 업무 관련 교사 1명, 사회/도덕과 교사 2명 등 총 3명이 응답해 주십시오.

감사합니다.

2018년 11월

※ 선생님께 해당되는 난에 V표 하거나 내용을 적어 주세요.

1. 성별	① 여 ② 남
2. 연령	① 30세 미만 ② 30-39세 ③ 40-49세 ④ 50-59세 ⑤ 60세 이상
3. 교직 경력	① 5년 미만 ② 5년-10년 미만 ③ 10년-20년 미만 ④ 20년-30년 미만 ⑤ 30년 이상
4. 학교 유형	① 사립 ② 국·공립
5. 학교 규모	① 10학급 미만 ② 10-19학급 ③ 20-29학급 ④ 30-39학급 ⑤ 40학급 이상
6. 학교 소재지	① 특별·광역시 ② 중·소도시 ③ 읍·면지역
7. 근무 지역	① 서울 ② 경기 ③ 인천 ④ 강원 ⑤ 충북 ⑥ 충남 ⑦ 대전 ⑧ 세종 ⑨ 전북 ⑩ 전남 ⑪ 광주 ⑫ 경북 ⑬ 대구 ⑭ 경남 ⑮ 울산 ⑯ 부산 ⑰ 제주
8. 학교급	① 초등학교 ② 중학교 ③ 고등학교
9. 담당 과목 (중복체크가능)	① 초등 ② 중학교 사회 ③ 중학교 도덕 ④ 중학교 역사 ⑤ 통합사회 ⑥ 한국사 ⑦ 선택과목(지리) ⑧ 선택과목(역사) ⑨ 선택과목(일반사회) ⑩ 선택과목(윤리) ⑪ 기타________
10. 민주시민교육 관련 연수 경험 (최근 5년간)	① 없음 ② 1~5 시간 ③ 6~10시간 ④ 11~15시간 ⑤ 16~20 시간 ⑥ 21시간 이상
11. 심화/전공	① 초등, 심화(11-1번 문항으로) ② 중등 역사 ③ 중등 지리 ④ 중등 일반사회 ⑤ 중등 도덕 ⑥ 중등 공통사회 ⑦ 기타________
11-1. 초등심화	① 윤리 ② 국어 ③ 사회과 ④ 수학 ⑤ 과학 ⑥ 체육 ⑦ 음악 ⑧ 미술 ⑨ 생활과학 ⑩ 컴퓨터 ⑪ 교육 ⑫ 특수 ⑬ 유아 ⑭ 영어

〈1〉 민주시민교육의 실태와 그에 대한 인식

1. '민주시민교육' 하면 연상되는 이미지에 대해 답해 주십시오.

	① 매우 그렇다	② 대체로 그렇다	③ 보통	④ 대체로 그렇지 않다	⑤ 전혀 그렇지 않다
① 사회의 법 체계와 질서, 준법에 관한 교육이 연상된다.					
② 민주주의, 정부, 선거, 정치에 관한 교육이 연상된다.					
③ 국가가 추구하는 인간상과 가치에 관한 교육이 연상된다.					
④ 인간의 존엄성, 자유, 권리에 관한 교육이 연상된다.					
⑤ 바람직한 품성과 인격 함양에 관한 교육이 연상된다.					
⑥ 진보적, 비판적인 의식 함양에 관한 교육이 연상된다.					
⑦ 공동체 의식 함양에 관한 교육이 연상된다.					
⑧ 합리적 의사결정, 문제해결에 관한 교육이 연상된다.					
⑨ 경제생활에서의 노동과 소비에 관한 교육이 연상된다.					
⑩ (학교 및 일상의) 자치, 참여에 관한 교육이 연상된다.					
⑪ 기타 ____________					

2. 민주시민교육에서 어떤 영역이 중요시되어야 하는지에 대한 의견을 표시해 주십시오.

	① 매우 중요	② 대체로 중요	③ 보통	④ 중요하지 않음	⑤ 전혀 중요하지 않음
① 국가의 교육 이념					
② 준법					
③ 민주주의					
④ 인권					
⑤ 인성					
⑥ 비판적 사고					
⑦ 노동, 경제					
⑧ 미디어					
⑨ 의사결정, 문제해결					
⑩ 사회 문제 및 쟁점					
⑪ 참여와 실천					
⑫ 민주적 가치					
⑬ 민주적 절차					
⑭ 기타 ___________					

3. 현재 선생님의 학교에서는 교과 수업과 창의적 체험활동을 포함하여 민주시민교육이 얼마나 이루어지고 있습니까?(주 단위로 대략 환산하여 답해 주십시오.)
   ① 이루어지지 않는다. ② 주 1시간 이내 ③ 주 1~2시간 이내
   ④ 주 2~3시간 이내 ⑤ 주 3~4시간 이내 ⑥ 주 4시간 이상

4. 현재 선생님의 학교에서 실시되는 민주시민교육의 유형별 비율을 대략적으로 표시해 주십시오.(* 합이 100이 되도록 적어 주세요.)
   교과 수업 : 창의적 체험활동 : 기타(학교 자체 프로그램 등) =   :   :
   (예, 25:55:20)

5. 어느 과목(또는 영역)이 교과수업을 통한 민주시민교육에 가장 적합하다고 생각하십니까?
① 사회(일반사회) ② 사회(역사) ③ 사회(지리)
④ 도덕/윤리 ⑤ 창의적 체험활동 ⑥ 기타 ________

6. 현재 선생님의 학교에서 교과수업을 통한 민주시민교육은 잘 이루어지고 있다고 생각하십니까?
① 매우 그렇다 ② 대체로 그렇다
③ 보통 ④ 대체로 그렇지 않다
⑤ 전혀 그렇지 않다

7. 교과수업을 통한 민주시민교육이 잘 이루어지지 않는 가장 큰 이유는 무엇이라고 생각하십니까?
① 민주시민교육에 대한 사회적 합의 부재
② 민주시민교육에 대한 인식과 관심 부족
③ 민주시민교육을 위한 수업시수 부족
④ 민주시민교육에 특화된 과목의 부재
⑤ 교과 교육과정 속의 민주시민교육 내용 부족
⑥ 민주시민교육 관련 교과 교사의 전문성 부족
⑦ 민주시민교육 관련 교수학습 및 평가 자료의 부족
⑧ 민주시민교육에 적합한 학습 활동 수행의 어려움
⑨ 기타 ________________________________

8. 현재 선생님의 학교에서 창의적 체험활동을 통한 민주시민교육은 잘 이루어지고 있다고 생각하십니까?
① 매우 그렇다 ② 대체로 그렇다
③ 보통 ④ 대체로 그렇지 않다
⑤ 전혀 그렇지 않다

9. 창의적 체험활동을 통한 민주시민교육이 잘 이루어지지 않는 가장 큰 이유는 무엇이라고 생각하십니까?
   ① 민주시민교육에 대한 인식과 관심 부족
   ② 민주시민교육을 실시할 수 있는 시간 부족
   ③ 민주시민교육 담당 교사의 전문성 부족
   ④ 민주시민교육 관련 교수학습 자료의 부족
   ⑤ 민주시민교육에 적합한 학습 활동 수행의 어려움
   ⑥ 강의 중심의 민주시민교육 방법 활용
   ⑦ 기타 ______________________

10. 학교 민주시민교육의 전반적인 문제점에 대해서 평가해 주십시오.

	① 매우 그렇다	② 대체로 그렇다	③ 보통	④ 대체로 그렇지 않다	⑤ 전혀 그렇지 않다
① 민주시민교육의 개념, 목적 등에 대한 합의가 되어 있지 않다.					
② 정부나 교육청의 성향에 따라 민주시민교육의 방향이 달라진다.					
③ 일부 교사들이나 단체의 이념 교육으로 활용된다.					
④ 민주시민교육이 민주적인 방식으로 실시되지 않는다.					
⑤ 민주시민교육을 위한 기회(시수, 자료 등)가 부족하다.					
⑥ 민주시민교육의 필요성에 대한 공감대가 약하다.					
⑦ 민주시민교육의 영역이 분명하지 않다.					
⑧ 민주시민교육의 내용과 방법에 대한 교사 전문성이 부족하다.					
⑨ 기타 ______________					

11. 현재 선생님의 학교에서는 10개의 범교과 학습 주제 중 어떤 부분을 강조하고 있는지 평가해 주십시오.

	① 매우 강조	② 대체로 강조	③ 보통	④ 강조 하지 않음	⑤ 전혀 강조하지 않음
① 안전·건강교육					
② 인성교육					
③ 진로교육					
④ 민주시민교육					
⑤ 인권교육					
⑥ 다문화교육					
⑦ 통일교육					
⑧ 독도교육					
⑨ 경제·금융교육					
⑩ 환경·지속가능발전교육					

〈2〉 민주시민교육 개선을 위한 방안

12. 학교 민주시민교육 활성화를 위한 각 방안의 필요성을 평가해 주십시오.

	① 매우 필요	② 대체로 필요	③ 보통	④ 대체로 불필요	⑤ 매우 불필요
① 민주시민교육 진흥법(가칭) 제정					
② 정부 차원의 민주시민교육 전담기구 설치					
③ 민주시민교육을 위한 교육과정 개편					
④ 민주시민교육의 이수 필수화 (시수 확보)					
⑤ 민주시민교육을 위한 자료 개발·보급					
⑥ 민주시민교육을 위한 교수학습방법 개발·보급					
⑦ 민주시민교육을 위한 합리적 평가체제 구축					
⑧ 학교와 학급 자치의 강화					
⑨ 민주시민교육을 위한 교사 연수 강화					
⑩ 민주시민교육을 위한 학교장 연수 강화					
⑪ 민주시민교육을 위한 학부모 연수 강화					
⑫ 학교 밖 민주시민교육 기관과 학교의 연계 강화					
⑬ 기타 ______________________					

13. 민주시민교육을 위한 학교 교육과정 개선 방안에 대해 그 적절성을 평가해 주십시오.

	① 매우 적절	② 대체로 적절	③ 보통	④ 대체로 부적절	⑤ 매우 부적절
① 민주시민 교과목 개설					
② 기존 교과목 속에 민주시민교육 관련 내용 강화					
③ 범교과 학습 주제를 민주시민교육 중심으로 개편					
④ 창의적 체험활동에서 민주시민교육 관련 내용 강화					
⑤ 초중고 특정 학기나 학년에 민주시민교육 관련 활동 배정					
⑥ 기타 ____________					

14. 민주시민교육을 위한 교과목 개편 및 활용 방안에 대해 그 적절성을 평가해 주십시오.

	① 매우 적절	② 대체로 적절	③ 보통	④ 대체로 부적절	⑤ 매우 부적절
① 사회과(지리, 역사, 일반사회), 도덕과 이외의 민주시민교과 개설					
② 사회과, 도덕과를 유지하면서 일부 학년에 통합적 성격의 민주시민과목 개설					
③ 지리, 역사, 일반사회, 도덕을 통합하여 민주시민교과로 개편					
④ 지리, 역사를 제외한 일반사회와 도덕을 통합하여 민주시민교과로 개편					
⑤ 일반사회 영역을 민주시민교과로 개편					
⑥ 일반사회 영역에 민주시민교육 관련 단원과 내용을 보강					
⑦ 도덕을 민주시민교과로 개편					
⑧ 도덕 교과에 민주시민교육 관련 단원이나 내용을 보강					
⑨ 기타 ____________					

15. 현재 민주시민교육은 아래와 같이 10개의 범교과 학습 주제 중 하나로 편성되어 있습니다. 그러나 민주시민교육의 관점에서 볼 때 기존 범교과 학습 주제는 중복되는 부분이 많아 재구조화가 필요합니다. 범교과 학습 주제를 대영역으로 재구조화하는 각 방안의 적절성에 대해서 평가해 주십시오.

① 안전·건강교육 ② 인성교육 ③ 진로교육 ④ 민주시민교육 ⑤ 인권교육
⑥ 다문화교육 ⑦ 통일교육 ⑧ 독도교육 ⑨ 경제·금융교육 ⑩ 환경·지속가능발전교육

	① 매우 적절	② 대체로 적절	③ 보통	④ 대체로 부적절	⑤ 매우 부적절
① 개인의 사적 생활과 시민의 공적 생활 등 2개의 범주로 개편					
② 개인 생활, 인간관계, 시민 생활 등 3개의 범주로 개편					
③ 개인 생활, 인간관계, 일과 여가, 시민 생활 등 4개의 범주로 개편					
④ 개인 생활, 인간관계, 일과 여가, 시민 생활, 과학/기술/환경 등 5개의 범주로 개편					
⑤ 기존대로 10개 주제를 각각 유지하면서 민주시민교육을 중심으로 운영					
⑥ 기타 ____________					

16. 민주시민교육을 위한 창의적 체험활동 운영 방안에 대해 그 적절성을 평가해 주십시오.

	① 매우 적절	② 대체로 적절	③ 보통	④ 대체로 부적절	⑤ 매우 부적절
① 교과수업 비중을 줄이고 창의적 체험활동 비중을 확대					
② 창의적 체험활동 4개 영역(자율·봉사·동아리·진로)과 민주시민교육의 연관성 확대					
③ 창의적 체험활동 중 일부 시수를 민주시민교육 이수로 의무화					
④ 창의적 체험활동 계획 수립 시 학교 구성원의 의견 수렴 강화					
⑤ 창의적 체험활동과 학교 밖 민주시민교육 활동과의 연계 강화					
⑥ 기타 ______________					

감사합니다.

부록 2 독일 시민교육(정치교육) 전문가 면담 질문지와 답변

독일 민주시민교육(정치교육) 전문가 면담 질문지

1. 민주주의 교육/민주시민교육(정치교육)을 위해 슐레스비히-홀슈타인 주에서는 학교 교과목들을 어떻게 개설하고 있는가?

2. 민주주의 교육/민주시민교육(정치교육) 관련된 교과목의 교육과정에서는 민주주의(민주 시민의 자질)와 관련해서 어떤 역량을 강조하고 있는가?

3. 민주주의 교육/민주시민교육(정치교육) 교과목의 교육과정 및 교과서 개발은 어떠한 절차와 방식으로 이루어지고 있는가?

4. 교과 수업 이외의 학교 및 학급 활동(예컨대 학생회 등)에서 어떻게 시민교육이 이루어지고 있는가?

5. 시민교육과 관련된 교과 및 교과 외 활동에서 교사와 학생은 어떤 역할을 수행하며, 학생과 학부모들의 반응과 참여는 어떠한가?

6. 주정부 정권 교체 등과 정치적 상황 변화로 인해 학교의 시민교육과 지역사회의 시민교육이 영향을 받는가? 받는다면 어떤 영향을 받는가?

7. 민주주의 교육/민주시민교육(정치교육)과 관련하여 연방과 주의 관련 기관(교육부, 정치교육센터 등)의 관계는 어떠하며, 주의 교육 자치는 어떻게 운영되고 있는가?

8. 연방정치교육센터와 주정치교육센터는 학교 민주주의 교육/민주시민교육(정치교육)을 위해 어떠한 역할을 수행하고 있는가?

9. 연방정치교육센터와 주정치교육센터는 성인에 대한 민주주의 교육/민주시민교육(정치교육)을 위해 어떠한 역할을 수행하고 있는가?

10. 홀슈타인 주에서는 주 차원에서 추구하는 시민성(citizenship), 연방 차원에서 추구하고 있는 시민성, 유럽(연합) 차원에서 추구하고 있는 시민성, 지구촌 차원에서 추구하고 있는 시민성의 관계를 어떻게 설정하고, 어떤 방식으로 민주주의 교육/민주시민교육(정치교육)을 실천하고 있는가?

독일 민주시민교육(정치교육) 전문가 답변

Julian Wollmann(킬대학교)

1. 민주주의 교육/민주시민교육(정치교육)을 위해 슐레스비히-홀슈타인 주에서는 학교 교과목들을 어떻게 개설하고 있는가?
   김나지움과 게마인샤프츠학교에는 '경제/정치'라는 과목이 있습니다. 일부 게마인샤프츠학교에서는 '세계연구'라고 하기도 합니다. '경제/정치' 과목은 사회(학), 정치(학), 경제(학) 주제들로 구성된 통합과목입니다. 이 과목의 목적은 정치적 역량, 즉 판단력을 향상시키는 것입니다. '세계연구' 과목의 목적은 역사(학), 지리(학), 경제(학), 정치(학), 사회(학) 주제들로 구성된 통합과목입니다.

2. 민주주의 교육/민주시민교육(정치교육) 관련된 교과목의 교육과정에서는 민주주의(민주 시민의 자질)와 관련해서 어떤 역량을 강조하고 있는가?
   슐레스비히-홀슈타인 주 교육법에 의하면, 학생들은 사회적으로 지향적이며, 비판적으로 생각하는 법을 배워야 한다고 나와 있습니다. 이것은 민주주의와 사회, 자유주의적 가치에 기초합니다. 정치교육에서 중요한 것은 공공의 정치 생활에 참여하는 능력입니다. 핵심 역량으로는 방법론적 기술, 판단 능력, 행동 능력을 포함하고 있습니다. 이 중 가장 중요한 것은 판단 능력입니다(합리적 = 논쟁적 근거, 차별적 = 다양한 관점과 수준, 반영적 = 자신의 가치관을 명시적으로 논의하는 것).

3. 민주주의 교육/민주시민교육(정치교육) 교과목의 교육과정 및 교과서 개발은 어떠한 절차와 방식으로 이루어지고 있는가?
   슐레스비히-홀슈타인 학교 교육과정은 슐레스비히-홀슈타인 주 학교 질적 발전을 위한 연구소와 교사들의 협력하에 개발됩니다. 교과서는 출판사와 슐레스비히-홀슈타인 주 학교 질적 발전을 위한 연구소의 작업으로 만들어집니다. 출판사는 기본적인 교수자료를 생산하는데, 이것은 교사에 의해 수정되고 교육과정에 맞게 만들어진 것입니다. 김나지움의 경우, 8학년과 9학년을 위한 교과서가 한 권 있습니다. 또 중등영역 Ⅱ단계(E학년)에서 사용하는 교과서가 한 권 있고, 중등영역 Ⅱ단계(Q학년)에서 사용하는 교과서가 두 권(Q1, Q2)이 있습니다.

4. 교과 수업 이외의 학교 및 학급 활동(예컨대 학생회 등)에서 어떻게 시민교육이 이루어지고 있는가?

학교 외 교육은 정당재단, 기업, 고등교육시설(대학교, 전문대학 등)에서 제공합니다. 슐레스비히-홀슈타인 주에는 주 정치교육원이 있습니다. 이곳은 학생들에게 다양한 세미나를 제공합니다. 킬에는 또한 젊은 정치인들을 위한 단체가 있습니다.

5. 시민교육과 관련된 교과 및 교과 외 활동에서 교사와 학생은 어떤 역할을 수행하며, 학생과 학부모들의 반응과 참여는 어떠한가?

교사들은 정치교육을 위한 연수에 참여할 수 있습니다(슐레스비히-홀슈타인 주 학교 질적 발전을 위한 연구소에서 하는 평생교육 또는 주 전문가 회의). 그렇지 않으면, 교사들은 학생들이 참여하는 정치교육을 수업합니다. 교사와 학생은 선거 전에 학교에서 패널토론에 참여할 수 있습니다. 또 많은 기관은 정치교육을 위해 학생들이 참여할 수 있는 세미나들을 제공합니다. 부모님들은 정치교육에 대해 직접적으로 의견을 말하지는 않습니다.

6. 주정부 정권 교체 등과 정치적 상황 변화로 인해 학교의 시민교육과 지역사회의 시민교육이 영향을 받는가? 받는다면 어떤 영향을 받는가?

학교의 정치교육은 정당이나 정부의 직접적인 영향을 받지 않습니다. 1970년에 정당 정치 영향력에 대한 많은 토론이 있었습니다. 그 이후 정치교육은 관련 전문가들에게 맡겨졌습니다. 학교가 정부나 기업체로부터 직접적으로 정치적 영향력을 받지 않는 것은, 즉 독립적인 것은 매우 중요합니다. 즉, 학교의 정치교육은 정당과 정부에 의해 정치적으로 영향을 받지 않습니다. 학교 밖에서는 다양한 기관에서 정치교육을 제공하고 있습니다. 정당들은 재단을 설립해 교육을 제공하고 있습니다.

7. 민주주의 교육/민주시민교육(정치교육)과 관련하여 연방과 주의 관련 기관(주 교육부, 연방정치교육원, 주 정치교육원 등)의 관계는 어떠하며, 주의 교육 자치는 어떻게 운영되고 있는가?

슐레스비히-홀슈타인 주에는 주 정치교육원이 있습니다. 이곳은 슐레스비히-홀슈타인 주의 정치교육을 위해 존재한다고 볼 수 있습니다. 슐레스비히-홀슈타인 주 정치교육원은 주 의회에 의해 만들어졌습니다. 그러나 슐레스비히

-홀슈타인 주 정치교육원은 정치적으로 독립되어 있습니다. 슐레스비히-홀슈타인 주 정치교육원은 정부의 영향을 받지 않으며, 그 어느 정당의 영향권하에 있지도 않습니다. 학교에서 하는 정치교육은 슐레스비히-홀슈타인 주 학교 질적 발전을 위한 연구소가 슐레스비히-홀슈타인 주 교육부와 협력하여 결정됩니다. 정치교육과 관련해서 중요한 결정은 전문가의 도움을 받아 조정하게 됩니다.

8. 연방정치교육원과 주정치교육원은 학교 민주주의 교육/민주시민교육(정치교육)을 위해 어떠한 역할을 수행하고 있는가?
주 정부와 연방정치교육원은 학교 밖 정치교육을 위해 다양한 자료를 개발하고 있습니다. 또한 학교에서 정치교육을 하는 교사들을 위해 다양한 수업 자료들을 개발하고 이를 배포하고 있습니다.

9. 연방정치교육원과 주정치교육원은 성인에 대한 민주주의 교육/민주시민교육(정치교육)을 위해 어떠한 역할을 수행하고 있는가?
주 정부와 연방정치교육원은 성인들을 위해 다양한 자료들을 개발하고 있으며, 많은 세미나를 개최하고 있습니다. 예를 들어 ‘APuZ’이라는 잡지가 있습니다.

10. 슐레스비히-홀슈타인 주에서는 주 차원에서 추구하는 시민성(citizenship), 연방 차원에서 추구하고 있는 시민성, 유럽(연합) 차원에서 추구하고 있는 시민성, 지구촌 차원에서 추구하고 있는 시민성의 관계를 어떻게 설정하고, 어떤 방식으로 민주주의 교육/민주시민교육(정치교육)을 실천하고 있는가?
슐레스비히-홀슈타인 주 의회는 주 의회에서 하는 것과 관련해서 다양한 정보와 자료를 제공합니다. 재단과 기관들은 연방 선거, 주 선거, 지방 선거를 위해 학회를 제공합니다. 예를 들어, Hermann-Ehlers-Akademie, Gustav-Heinemann-Bildungsstaette가 있습니다.

저자약력

■ 강대현

서울대학교 사범대학 사회교육과와 동 대학원을 졸업하여 교육학 박사학위를 받았다. 중등학교 교사와 한국교육과정평가원 연구원을 거쳐서, 현재 전북대학교 사범대학 일반사회교육과 교수로 재직 중이다. 주요 저서로는 한국 시민사회와 시민교육(한국학술정보, 2006), 시민교육과 사회과(한국학술정보, 2008), 한국교육을 말한다(교육과학사, 2013, 공저), 사회과 교육론(동문사, 2021) 등이 있다.

■ 설규주

서울대학교 사범대학 사회교육과와 동 대학원을 졸업하여 교육학 박사학위를 받았다. 중학교 사회과 교사를 거쳐, 현재 경인교육대학교 사회과교육과 교수로 재직 중이다.
주요 저서로는 시민사회, 피해자 그리고 시민윤리교육(한국학술정보, 2006), 시민교육론(한국방송통신대학교 출판부, 2017, 공저), 다문화교육의 이해와 실천(정민사, 2018, 공저), 청소년을 위한 정치학 에세이(해냄, 2018) 등이 있다.

■ 송미리

서울대학교 사범대학 사회교육과 졸업 후, 동 대학원을 석사 및 박사과정을 수료하였다. 서울대학교 사회교육과 조교로 재직 중이며, 청주교육대학교 강사를 겸하고 있다.
사회과 교육, 사회문화교육, 미디어 리터러시 교육에 관심을 두고 연구를 진행하고 있다.

■ 송현정

서울대학교 사범대학 사회교육과와 동 대학원을 졸업하여 교육학 박사학위를 받았다. 중학교 사회 교사와 춘천교육대학교 교수로 재직했으며, 십여 년 동안 홈스쿨링을 하며 살다가 현재 서울대, 경인교대 등에서 사회과 교육, 시민교육 관련 과목을 강의하고 있다.
주요 저서로는 땅콩 선생, 드디어 인권교육하다(우리교육, 2003, 공저), 교사를 위한 학교 인권교육의 이해(국가인권위원회, 2004, 공저), 사회를 달리는 십대-경제(우리학교, 2021, 공저), 사회를 달리는 십대-사회문화(우리학교, 2021, 공저) 등이 있다.

■ 이승연

서울대학교 사범대학 사회교육과 학부 및 동 대학원 석사를 마치고 유학, 조지아대학교 대학원 박사과정을 졸업하여 교육학 박사학위를 받았다. 청주교육대학교 전임연구원, 경인교육대학교 강사를 거쳐 현재 한신대학교 교육혁신원 연구교수로 재직 중이다.
주요 논문은 사회과 문해력 증진을 위한 카운터 내러티브의 적용 가능성 탐색-『82년생 김지영』과 관련된 논란에 대한 분석을 중심으로이다. 현재 대학에서의 데이터 기반 거버넌스 구축과 평화시민교육과정의 개발 및 적용에 관심이 있다.

■ **전영은**

독일 Marburg 대학교에서 문화예술미디어경영학과를 졸업하고 인하대학교 다문화교육학과에서 교육학 박사학위를 받았다. 경인교육대학교 강사, 광주교육대학교 강사를 거쳐 현재 기독간호대학교 간호학과 교수로 재직 중이다.

주요 저서로는 다문화사회교수방법론(교육과학사, 2022), 주요 논문으로는 독일의 통일교육 내용과 방법에 관한 질적 사례 연구(2021), 한국과 독일 중학교 사회교과서의 인권 관련 내용 비교 분석(2021), 독일과 한국 중학교 사회교과서의 선거교육 관련 내용 비교분석(2021), 독일 중등학교 사회교과서의 저출산·고령화 내용 분석(2019) 등이 있다.

■ **정문성**

서울대학교 사범대학 사회교육과와 동 대학원을 졸업하여 교육학 박사학위를 받았다. 중등학교 교사와 한국청소년정책연구원 연구원을 거쳐서, 현재 경인교육대학교 사회과교육과 교수로 재직 중이다. 주요 저서로는 협동학습의 이해와 실천(교육과학사, 2008), 다문화사회교수방법론(교육과학사, 2022), 토의·토론수업방법99(교육과학사, 2022) 등이 있다.

■ **정수진**

경인교육대학교 사회교육과를 졸업하고 서울대학교 사범대학 사회교육과에서 석사 및 박사과정을 수료하였다. 현재 보라매초등학교 교사로 재직 중이다.

초등 사회과 교육, 반편견 교육 및 인권 교육 등에 관심을 두고 연구를 진행하고 있다.

한국 시민교육론

- 학교 시민교육, 무엇을 어떻게 할 것인가? -

초판 1쇄 인쇄 / 2022년 12월 15일
초판 1쇄 발행 / 2022년 12월 20일

•

공저자 / 강대현 · 설규주 · 송미리 · 송현정 ·
이승연 · 전영은 · 정문성 · 정수진
발행인 / 이 중 수
발행처 / **동 문 사**

•

서울특별시 서대문구 홍제원 1길 12
(홍제동 137-8)
Tel: 02)736-3718(대), 736-3710, 3720
Fax: 02)736-3719
등록번호: 1974.04.27 제9-17호
가격: 21,000원

•

ISBN: 979-11-6328-459-8(93370)
E-mail: dong736@naver.com
www.dongmunsa.com